날고 싶은 아이 잡고 싶은 엄마의
열두달 야영일기

날고 싶은 아이 잡고 싶은 엄마의
열두달 야영일기

2013년 11월 10일 초판 1쇄 발행

지은이 | 김선미
펴낸이 | 양승윤

펴낸곳 | (주)영림카디널
서울특별시 강남구 강남대로 354 혜천빌딩
(전화) 555-3200 (팩스) 552-0436

출판등록 | 1987. 12. 8. 제16-117호
http://www.ylc21.co.kr

ISBN 978-89-8401-431-2 13370

ⓒ 2013, 김선미

값 13,800원

「이 도서의 국립중앙도서관 출판시도서목록(CIP)은
e-CIP홈페이지(http://www.nl.go.kr/ecip)와
국가자료공동목록시스템(http://www.nl.go.kr/kolisnet)에서
이용하실 수 있습니다.(CIP제어번호: CIP 2013021009)」

날고 싶은 아이 잡고 싶은 엄마의

열두 달 야영일기

김선미 지음

영림카디널

다시 펴내며

'바람과 별의 집'도 자란다

달콤한 동화의 세계에서 빠져나와 처음 읽은 책이《폭풍의 언덕》이었다. 중학교 1학년 여름방학 때, 두툼한 하드커버의 소설을 읽느라 난생 처음 밤을 새웠다. 책장을 덮고 난 새벽, 나는 분명 어제와는 다른 사람이 되었다고 느꼈다.

올 여름 나는 30여 년 만에 그 책을 다시 읽었다.《폭풍의 언덕》의 원제목인 '워더링 하이츠Wuthering Heights'는 주인공들의 집을 부르는 이름이다. 워더링은 폭풍이 불어올 때 바람을 정면으로 받는 위치의 혼란스런 대기를 일컫는다. 마치 사춘기를 맞는 아이들과 부모의 팽팽한 긴장감이 느껴진다. 대신 강한 바람을 맞는 언덕 높은 곳에 있으니 별빛도 가까운 집일 것이다. '바람과 별의 집'과 비슷하구나, 문득 그런 생각을 하게 되었다.

'바람과 별의 집'은 자연을 깊이 만날 수 있는 열린 공간이던, 우리 텐트를 부르는 말이다. '강한바람'이라는 엄마와 '빛나는 별'이란 아빠가 꾸린, 우리 가족의 보금자리라는 숨은 뜻도 있었다. 그 집에서 뛰어놀던 딸들은 어느새 훌쩍 자라 대학생과 고등학생이 되었다. 이제는 더 이상 엄마 아빠와 캠핑을 함께 할 시간도, 마음도 없다.
　우리가 텐트 안에 살을 맞대고 뒹굴던 옛날과 비교하면 요즈음 캠핑 풍경은 조금 낯설다. '바람과 별의 집'이 고생을 사서하는 별난 가족처럼 여겨지던 예전에 비해 지금은 텔레비전 예능프로그램에 단골로 등장할 만큼 캠핑은 대세가 되었다. 우리가 일상으로부터 가벼워지고 싶어 떠나던 야영이 복잡한 장비의 경연장처럼 달라진 점도 그렇다. 우리는 막 휴대전화에 조악한 카메라가 장착되기 시작했을 때 여행을 떠났다. 길 위에선 내비게이션 대신 지도책을 뒤적였다. 도시를 벗어나면 대부분 통신 상태도 열악했다. 무엇이든 곧바로 접속해 찾기보다 직접 가서 보고 느끼는 것에 충실할 수밖에 없었다. 느리고 불편한 대신 텐트 안에 함께 있는 서로에게는 집중할 수 있었다. 문득 매우 '스마트해진' 여행은, 지금 여기 함께 있는 우리보다 어딘가에 있을 낯선 무엇을 향해 있는 것은 아닐까 하는 생각마저 든다.
　'바람과 별의 집'은 입춘부터 대한까지 계절을 깊이 만날 수 있는 곳으로 찾아갔다. 다달이 텐트 안으로 드나드는 바람의 결이 달랐고 하늘의 별자리도 계절 따라 빠르게 흘러갔다. 행복한 추억의 보물창고였지만 그 속에도 소소한 갈등은 있었다. 대부분 울타리 밖으로 훨훨 날고 싶은 아이와 조금이라도 더 곁에 붙잡고 싶은 부모 사이의 실랑이였다. 심지어 우리는 아이가 MP3로 혼자 음악을 듣는 것도 서운했다.

엄마가 되어 다시 읽은 《폭풍의 언덕》을 덮으면서 나는 바람의 길목에 서 있던 주인공의 집을 떠올려보았다. 사랑하던 사람들이 모두 떠난 뒤에도 그대로 남아 있던 집은 죽은 껍데기일 뿐이다. 미망에 사로잡혀 일생을 고통 속에 보내야 했던 연인들의 격정적인 이야기는 내게, 집도 생명이 있다는 사실을 새삼스레 일깨워주었다.

생명은 나고 자라고 또 소멸하기 때문에 아름답다. 자라는 아이들과 부모의 관계도 매 순간 낡은 껍질을 부수어가면서 계속 성장해야 한다. 아이 몸이 자라면서 입고 있던 옷이 잘 맞지 않는 것처럼 집도 그렇게 변화하지 않으면 갑갑한 새장이 될 뿐이다. 어쩌면 우리는 눈에 보이는 탈피를 할 수 없기 때문에 어제의 집을 부수고 내일을 위한 새 집을 짓기 위해 부단히 노력해야 하는지도 모른다. '바람과 별의 집'도 그렇게 자라야 한다.

　2008년 《바람과 별의 집》이란 제목으로 처음 책이 나왔을 때, 큰 딸 아이는 커서 돈을 벌면 엄마가 쓴 책을 모조리 사들여 불태워버리겠다고 했다. 고등학생이 된 둘째도 학교도서관에서 엄마의 책을 발견하고 친구들이 읽지 못하게 숨겨놨다고 고백한 일도 있다. 그런 우여곡절을 겪은 책이 '날고 싶은 아이 잡고 싶은 엄마의' 《열두 달 야영 일기》로 다시 태어나게 되었다. 다시 책을 내는 일을 과연 딸들이 허락해줄까 걱정했는데, 누구도 반대하지 않아 조금은 놀랐다. 망설였던 것은 오히려 나였다.

　새로 나온 책은 전보다 가벼워졌다. 나이 들수록 많이 버리고 말을 아끼고 싶은 마음 때문일까. 그럼에도 '바람과 별의 집'은 계속 성장하고 있으며, 우리의 여행이 아름다운 성장통이었다는 사실에는 변함이 없다.

　날고 싶은 것은 아이의 본능이고 엄마는 누구보다 그것을 응원한다. 하지만 보이지 않는 곳에 아이를 놓치고 싶지 않은 욕망이 숨어 있었다. 달라진 제목을 그런 고백으로 받아들여도 좋겠다는 생각을 했다. 지나고 보니 그때가 엄마에게도 또 다른 사춘기의 시작이었나 보다.

  이제 곧 찬바람이 불어올 테고 별빛은 더욱 명징해질 것이다. '바람과 별의 집'도 그렇게 겨울을 기다리고 있다.

여는 글

한 달에 한 번
집을 새로 짓자

'한 달에 한 번 자연 속에 작은 집을 새로 짓자. 이왕이면 절기에 맞춰 계절의 변화를 몸으로 느낄 수 있는 곳으로 가자.'

우리 가족의 '열두 달 야영 일기'는 이렇게 해서 시작되었다.

우리가 자연 속에 짓는 집은 어디든 원하는 곳에서 마음대로 펴고 접을 수 있는 자유로운 공간이다. 콘크리트 기초 위에 쌓아올리는 딱딱하고 육중한 집 그리고 그걸 유지하기 위해 생활의 거의 모든 것을 저당 잡혀야 하는 무거운 짐 같은 집이 아니다. 한 손으로 거뜬히 들 수 있는 작고 가벼운 집 그리고 여행 가방 속에 넣고 자유롭게 옮겨 다닐 수 있는 집이다. 하지만 한 평도 안 되는 그 작은 텐트는 전국 어느 곳이나 아름다운 풍경을 우리 집 정원으로 만들 수 있는, 자연을 향해 무한하게 열려 있는 '바람과 별의 집'이다. 그래서 사실은 세상에서 가장 큰 집이다.

나는 아이들과 함께 다달이 그런 집을 만들었다. 그렇게 봄을 맞고 여름을 즐기고 가을을 기다렸고 겨울을 보냈다. 그러는 사이에도 아이들은 자랐다. 내게는 철 따라 변하는 것과 계절이 수도 없이 바뀌어도 절대로 변하지 않는 것이 무엇인가, 물끄러미 바라볼 수 있는 시간이었다.

여행에서 돌아올 때면 아이들이 즐겨하는 말이 있다.

"엄마, 나는 내 침대를 너무 사랑해. 집에 오는 게 너무 좋아."

자연 속에 새집을 짓고 돌아오면, 일상의 평범한 것들이 달리 보이는 모양이다. 푹신한 침대도 고맙고, 비바람에도 끄떡없는 창문도 고맙고, 수도꼭지만 틀면 더운 물이 나오는 부엌과 화장실도 고맙다고 했다. 나는 그런 작고 평범한 것들의 고마움을 알아준 딸들이 고마웠다.

2007년 3월, 입춘이 오기를 기다려 변산반도 칠산 앞바다로 처음 떠난 여행은 2008년 1월 대한 무렵에 제주도에서 끝이 났다. 큰딸아이가 중학교 1학년, 작은딸이 초등학교 5학년 때 있었던 일이다.

나의 첫 번째 여행이야기 《아이들은 길 위에서 자란다》는 딸들이 초등학교 5학년, 3학년 때, 직장에 휴직계를 내고 텐트 하나 달랑 싣고서 집 앞 3번 국도를 따라 남쪽 끝까지 내려갔던 여름날, 보름간의 기록이었다. 그걸 보고 주위 사람들이 덩달아 텐트를 사들였다. 분명 '소심한 저이도 하는 일을 나라고 못 할까' 하는 용기를 주었던 것 같다. 하지만 나처럼 먼 길을 떠날 수 있는 사람은 그리 많지 않았다.

모든 여행은 언제고 돌아오기 위해서 떠나는 것이다. 돌아오지 않는 여행은 죽음으로 가는 기나긴 생명의 여정뿐이다. 나는 여행에서 돌아온 뒤에야, 휴직계를 내거나 사표를 던지고 화끈하게 떠나버릴 수 있는 기회가 많지 않다는 것을 깨달았다.

그리고 짧고도 긴 여행에서 돌아온 뒤로는 아예 직장을 그만두었다. 이제는 더 이상 호기를 부려 '휴직'이니 '사표' 따위를 입에 담을 수조차 없게 되었다. 가정이라는 일터는 무료하고도 지루하게, 그러면서도 숨 가쁘게 움직이는데도 휴일은 없었다. 계획에 없던 두 번째 여행기를 책으로 묶게 된 것에도 나와 같은 엄마들도 쉽게 떠날 수 있는 새로운 여행을 제안해보고 싶었다는 핑계를 단다. 일상에서 꿈꿀 수 있는 소박하지만 꾸준한 여행. 삶이 여행인 것처럼 여행도 일상이 되는 그런 것 말이다.

✝ 차례

다시 펴내며 · 004
여는글 _ 한 달에 한 번 집을 새로 짓자 · 009

하나/ 더 늦기 전에 떠나야겠다 · 015
　　　__입춘立春과 우수雨水 즈음 변산반도에서

둘/ 매화학교에서 봄을 사다 · 037
　　　__경칩驚蟄과 춘분春分 즈음 섬진강에서

셋/ 하늘만 보지 말고 발밑도 봐야지 · 063
　　　__청명淸明과 곡우穀雨 즈음 금산사와 만경평야에서

넷/ 여름에 든다 아이들도 여문다 · 085
　　　__입하立夏와 소만小滿 즈음 주왕산과 주산지에서

다섯/ 사는 데 필요한 진짜 공부는 뭘까 · 113
　　　__망종芒種과 하지夏至 즈음 월악산과 하늘재에서

여섯/ 길이 수고로워야 추억도 값지다 · 137
　　　__소서小暑와 대서大暑 즈음 태안과 서산에서

일곱/ 우리의 가을도 태풍 뒤에 온다 · 161
　　　__입추立秋와 처서處暑 즈음 울릉도에서

여덟/ 만파식적 따라 신라의 달밤으로 · 191
　　　__백로白露와 추분秋分 즈음 경주 토함산과 감포에서

아홉/ 함께 모닥불만 피울 수 있다면 · 213
　　　__한로寒露와 상강霜降 즈음 포천 산정호수에서

열/ 저마다의 천국으로 가는 숲 · 235
　　　__입동立冬과 소설小雪 즈음 원주 치악산에서

열하나/ 아이가 등 뒤에서 나를 가르치고 · 257
　　　__대설大雪과 동지冬至 즈음 춘천 중도에서

열둘/ 우리 생애 최고의 순간은 언제나 지금 · 277
　　　__소한小寒과 대한大寒 즈음 제주도에서

닫는 글 · 300
감사드리며 · 303

하나 /

더 늦기 전에 떠나야겠다

— 입춘立春과 우수雨水 즈음
변산반도에서

가족 모두가 살을 맞대고 눕는 정겨움, 텐트에서의 하룻밤에는 여전히 그런 오붓함이 살아 있기 때문이다. 이미 엄마보다 훌쩍 키가 커버린 딸을 바라보면, 이젠 네 식구가 한 텐트를 쓸 수 있는 시간조차 얼마 남지 않았다는 사실에 흠칫 놀라게 된다. 단칸방의 낭만 따위를 이야기하는 것은 분명 배부른 소리다. 그래도 우리는 그리웠다. 어찌어찌 배는 불렸을지 몰라도 정신의 허기가 커져가고 있었기 때문이다.

　서른여덟 살이 되던 해 봄, 나는 직장을 그만두는 대신 방 한 칸을 늘렸다. 딸들이 6학년, 4학년 되던 해였고, 시골에 작은 보금자리를 만들어 이사한 지 8년 만이었다. 젓가락 같던 사과나무와 살구나무 묘목을 심으며 잘 자라줄까 조마조마했는데, 나무들은 어느새 마당에 그늘을 드리우고 열매를 맺을 만큼 훌쩍 자라 있었다. 그사이 아이들도 어린 나무처럼 쑥쑥 자라서, 이제는 각자 독립된 방을 갖고 싶어 했다. 숲의 나무는 간벌을 하거나 옮겨심기를 해서 다른 나무에 간섭받지 않을 만큼 최소한의 간격을 만들어주어야 제대로 자랄 수 있다. 우리는 아이들에게도 그런 때가 왔다고 생각했다.

　나는 젊고 의욕적인 목수 두 명과 함께 40여 일간 증축공사를 했다. 비용을 아끼기 위해 남편과 내가 도배와 칠, 전등을 다는 등 실내 인테리어 작업에 직접 팔을 걷어붙였다. 목수들에게 매일 다른 종류의 새참을 만들어주고, 간단한 건축 부자재를 사러 다니는 잔심부름을 하는 동안, 마당에서는 봄꽃들이 소리 없이 피었다 지고 있었다. 그사이 나는 눈에 띄게 흰머리가 늘었다.

그렇게 고생한 덕분에 딸들은 자기 방 하나씩을, 우리 부부도 비로소 여유로운 공간을 갖게 되었다. 딸들은 더 이상 방 청소 문제로 싸우거나, 벽에 거는 장식 따위로 서로에게 간섭할 일도 없어졌다. 그런데 생각지도 못했던 문제가 생겼다. 각자의 방이 생기면서 온 가족이 함께 있는 시간이 절대적으로 줄어든 것이다. 딸들은 밥 먹을 때를 빼고는 껍데기 속에 몸을 숨기는 달팽이처럼 각자 자기 방으로 '쏘옥' 들어가길 좋아했다. 특히나 큰아이는 제 방문을 꼭꼭 닫아걸었다. 음악도 제 방에서 자기 취향에 맞는 걸 들었고, 전화가 와도 전화기를 가지고 방으로 들어가버렸다. 그럴 나이였다.

나는 관계의 질이 단순히 함께 보내는 시간의 많고 적음이나, 공간의 크기로 결정되는 것이 아니라는 사실을 새롭게 이해하기 시작했다. 사실 그다지 이상한 일도 아니었다. 모든 게 아이가 자라면서 자연스럽게 찾아오는 성장의 징표였다. 그럼에도 엄마 아빠는 머리로는 이해하지만, 아직 가슴으로 충분히 받아들일 준비가 안 되었다. 허전하고 서운했다. 더 이상 품 안의 자식이 아니라는 것을 실감해야 한다는 게 두렵기까지 했다. 아이가 자라는 만큼 우리도 빠르게 늙어간다는 사실을 인정하는 것이 불편했던 모양이다.

우리는 어린 시절 한 번도 자기만의 방을 가져본 적이 없었다. 단칸방에서 온 식구가 모여 사는 데 익숙했다. 그래서 딸들에게 자기 방을 준다는 것을 대단한 선물처럼 생각했다. 그 뒤에 이런 쓸쓸한 일들이 기다리고 있을 줄은 몰랐다. 그래서 가끔은 다 같이 다시 한방에 모여

자자고 아이들에게 조르기까지 했다.

　더 늦기 전에 자주 캠핑을 떠나야겠다고 결심한 데는 이런 이유가 가장 컸다. 가족 모두가 살을 맞대고 눕는 정겨움, 텐트에서의 하룻밤에는 여전히 그런 오붓함이 살아 있기 때문이다. 이미 엄마보다 훌쩍 키가 커버린 딸을 바라보면, 이젠 네 식구가 한 텐트를 쓸 수 있는 시간조차 얼마 남지 않았다는 사실에 흠칫 놀라게 된다. 단칸방의 낭만 따위를 이야기하는 것은 분명 배부른 소리다. 그래도 우리는 그리웠다. 어찌어찌 배는 불렸을지 몰라도 정신의 허기가 커져가고 있었기 때문이다.

　사실 단지 방이 하나 더 늘었다고 해서 생겨난 문제는 아니었다. 철따라 꽃이 피고 열매를 맺고 또 잎이 지는 것처럼 아이들에게 자연스럽게 찾아오는 변화를 제대로 이해하지 못한, 우리가 당혹스러웠던 것이다.

봄은 어디에서 오나

"복수초가 피었나요?"
　1월 말부터 오대산국립공원 사무소로 여러 차례 전화를 걸었다. 통상 2월 말이 지나야 꽃이 만개한다고 들었지만, 워낙 이상고온으로 수상한 시절이었다. 낯선 사람에게 전화를 걸어 꽃들의 안부만 묻는 나를 보고, 딸아이는 실없다고 했다.

나는 몇 해 전 겨울, 오대산 종주길에 만난 오대산장 주인에게 동피골 캠핑장 주변에 피는 복수초가 곱다는 이야기를 들었다. 노란 꽃이 무리 지어 필 때, 꼭 한 번 다시 와보라는 소리를 잊지 않고 있었다. 새 봄의 전령으로, 복을 기원하는 노란 복수초만 한 게 없겠다 싶었다. 복수초는 야생화로 꾸민 달력의 첫 장을 장식하는 꽃이다. 이제껏 눈밭 한가운데서 샛노랗게 올라온, 다분히 작위적인 구도 속 복수초 사진만 보아왔다. 그런데 동피골에선 숲 속 양지바른 자리에 무리 지어 피어 있는 금빛 꽃 무더기를 볼 수 있다고 했다. 보고 싶었다. 또 보여주고 싶었다.

그러나 아무리 봄이 너무 빨리 온다고 호들갑을 떨고 있어도, 오대산 깊은 골짜기 속은 아직 겨우내 다져진 눈조차 녹지 않았다고 했다. 그나마 인간의 손길이 덜 미치는 곳이라 이상고온에서 안전하다는 소리로 들렸다. 차라리 기다리던 꽃이 아직 피지 않았다는 게 오히려 다행이라고 느껴지는 봄이었다.

오대산의 복수초를 포기하고, 무작정 남쪽으로 달렸다. 동피골에 눈이 녹지 않았다는 소식을 듣고는, 강화도 마니산 자락에 텐트를 치고 근처 동막리 갯벌에서 이제 막 떠날 채비를 하는 철새들을 보든가, 김제 모악산 금산사 캠프장에 여장을 풀고 아지랑이가 피어오르는 만경평야를 걷자고 했다. 처음부터 캠핑을 부모를 위한 '효도숙제'처럼 느끼던 딸들은 무조건 집에서 가까운 강화도에 손을 들었다. 그러나 운전대를 잡은 남편은 "그래도 봄인데 말이야……." 하면서 무작정 '남행南行'을 주장했다.

결국 호남고속도로로 들어선 그는 동백꽃이 피는 거제도의 봄 바다가 눈앞에 아른거린다고 했다. 그 말에 아이들도 눈을 반짝거렸지만, 그러기엔 토요일 아침 출발 시각이 너무 늦었다. 그러나 생각했던 것보다 고속도로 사정이 좋았다. 남편은 대전을 지나면서부터 "기왕 가는 거 땅끝으로 갈까?"라고 말했다. 그 소리를 들은 둘째가 뒷자리에서 혼자 지도책을 들춰 보더니, 눈물이 날 것 같다고 했다. 멀미가 심한 녀석은 '땅끝'이란 이름만 듣고 '설마?' 했는데, 그곳이 정말 우리나라 지도 끝자락에 있다는 걸 확인하자 눈앞이 캄캄했던 것이다.

"일단 밥부터 먹고 생각하자. 정읍에 가면 아빠가 옛날에 진짜 맛있게 먹었던 백반집이 있는데 거기 한번 가보자."

금산사가 있는 김제를 지나쳐 정읍까지 내처 달리는 그를 보고 있자니 뭔가 어긋나고 있는 것 같았다. 나는 행선지를 결정하는 과정이 민주적이지 못하다고 생각했다. 하지만 남편은 처음부터 여행을 제안하고 기획한 내가 우왕좌왕하는 바람에 그렇게 된 일이라고 했다.

갈피를 잡지 못한 것은 사실이다. 나는 입춘을 지나 우수로 가는 길목에 떠나는 첫 캠핑지가 봄을 만나기에 안성맞춤인 곳이길 바랐다. 그러나 그곳을 찾는 일은 수상한 날씨를 가늠하는 것보다 어려웠다.

어쩌면 나는 꼭 어디를 가고 싶은 게 아니었는지도 모르겠다. '봄은 정말 어딘가 먼 곳에서 우리에게로 오는 걸까?' 하고 근원에 대해 묻고 있었는지도 모르겠다.

지난 날은 모두 '엊그제' 같은데

"2천 원짜리 백반인데 반찬이 스무 가지가 넘더라니까. 돼지불고기, 생선조림, 산나물, 계란찜……. 어찌나 맛있던지."

하지만 남편이 기대하던 밥집은 추억 속에만 있었다. 아무리 먹어도 허기가 가시지 않는 스무 살 청년, 그것도 경상도 집안에서 태어난 서울 '촌사람'이, 어찌 '남도의 밥상' 앞에서 감동하지 않을 수 있으랴. 설사 뜨내기손님만 상대하는 터미널 근처 식당이라 해도 그곳은 전라도 아닌가.

하지만 지방 중소도시의 터미널들이 활기를 잃은 지는 오래다. 정읍도 사정은 마찬가지여서 주변 밥집들은 먼지를 뒤집어쓴 채 굳게 문을 걸어 잠그고 있었다. 이 많던 밥집 주인들은 이제 어떻게 밥을 먹고살까. 우리 네 식구 배 속만큼 풍경도 허했다. 17년 전 기억만 믿고 호기롭게 가족들을 이끌고 온 남편을 두고 순진하다 해야 할지, 답답하다고 해야 할지. 그는 모든 옛날을 하나의 시제로 통일해버리는 '엊그제 같은데…….' 하는 마법에 걸려들었다. 하지만 '엊그제' 뒤에 남는 것은 언제나 흘러간 세월과 잃어버린 자신을 발견하는 허탈함뿐이다.

나는 남편의 해묵은 추억 대신, 몇 해 전 내장산 출장길에 들렀던 정읍 시내에 있는 밥집 이름을 정확히 기억해냈다. 114에서 전화번호 안내를 받고 "거기 마당 있는 한옥 집 맞지요?" 확인까지 하고 나니, 마치 어려운 수학문제를 푼 것처럼 으쓱해졌다. 예전에 숙소 근처를 어슬렁거리다 우연히 들어갔던 곳이다. 1인분에 만 원 하는 한정식 밥상은 두

말할 필요가 없고, 5천 원짜리 가정식 백반도 서울 인사동의 웬만한 식당보다 나았다. 그런데 가까스로 식당 이름은 생각해냈지만, 내 기억력은 딱 거기까지였다.

정읍 시내를 한참 동안 빙글빙글 돌아야 했다. 우리가 낯선 간판들 속에서 식당을 찾는 동안, 모처럼 아이들이 차창 밖 풍경에 관심을 보이기 시작했다. 특히 중학교 입학을 앞둔 큰딸은 '아이비 클럽'이란 브랜드를 흉내낸 '아이디 클럽'이라는 교복 집 간판을 보고 재미있어했다. 대기업들 틈바구니 속에서 살아남기 위해 안간힘을 쓰는 지방 소도시 자영업자의 애처로움이 느껴지는 이름이었다. 더구나 이 도시의 학생 수는 분명 줄어들고 있을 것이다. 아이들은 붕어빵 집에 붙은 '천 원에 열 개'라는 가격표를 보고도 놀라워했다. 마치 우리가 옛날 영화 속으로 들어온 게 아닐까 싶었다.

"우리 동네에서는 천 원에 네 개밖에 안 주는데! 여기 애들은 진짜 좋겠다!"

아이들은 100원짜리 붕어빵과 250원짜리 붕어빵 사이에 벌어져 있는 삶의 간극을 알지 못한다. 붕어빵 하나에서 서로 다른 삶의 무게와 속도가 느껴진다.

어렵게 찾은 식당은 우리의 기대를 저버리지 않았다. 아이들은 긴 상 두 개를 가득 채운 반찬의 가짓수를 기어이 다 세어보고 나서야 숟가락을 들었다.

"와! 모두 오십 개야."

노르스름한 조밥에 게장과 갖가지 감칠맛 나는 젓갈들과 장독에서 오래 묵은 장아찌들의 깊은 맛……. 우리는 정읍의 밥상에서 염전이 있는 바다가 멀지 않다는 것을 알 수 있었다. 오후 3시가 넘어 늦은 점심상을 물리고 나서야, 드디어 행선지가 정해졌다. 봄이 오는 바다로 가자고.

바람 부는 바닷가에 새 둥지를 꾸리며

"여긴 흙이 진짜 빨갛네!"

정읍에서 변산반도까지 고부면을 통과해 부안군 줄포면으로 나아가는 길이었다. 고부는 우리 역사상 탐관오리의 대표선수 격인 '고부군수 조병갑'을 먼저 떠올리게 하는 곳이다. 아이들은 눈길 닿는 곳마다 마주치는 들판의 붉은 흙에 놀란다. 이곳에서 황토현 전적지가 지척이었다. 길가에는 그 옛날 황톳길 위에 나부끼던 동학농민군의 깃발 대신 새로 뚫린 국도의 중앙분리대에서 FTA 반대 깃발이 펄럭이고 있다. '보국안민 척양척왜' 그날의 함성은 100여 년이 지난 지금도 여전히 끝나지 않은 현실임을 상기시켜주었다. 그러나 수입개방을 저지하는 현대판 농민군들의 깃발 사이에서, 베트남에서 배우자를 '수입'하려는 결혼정보회사의 플래카드를 함께 보고 있자니 씁쓸했다. 이 붉은 흙을 지키고, 이 땅의 아이들을 낳아 기를 어머니들마저 멀리 바다 건너에서 '수입'해오고 있었다.

시간이 넉넉하다면 황토현 전적지나 전봉준 장군 생가터, 만석보 같

은 동학혁명 유적지들을 꼼꼼히 둘러보겠지만, 해가 저물기 전에 텐트 칠 생각을 하니 마음이 바빴다. 날은 흐리고 바람도 거세어지고 있었다.

채석강이 있는 변산반도국립공원의 격포 캠핑장에 겨우 짐을 푼 것은 해거름이 다 지나서였다. 바닷가 주변에 모텔과 횟집들이 즐비하게 늘어서 있어 번잡한 곳이었다. 그래도 해수욕장 방파제 위쪽에 텐트를 칠 수 있어서 바람을 피하기에는 좋았다.

우리는 서둘러 텐트를 치고, 바다로 달려나갔다. 흐린 하늘과 잿빛 바다 사이 수평선의 경계가 모호했다. 그 언저리에서 등대가 혼자 거친 바람에 흔들리고 있는 것처럼 보였다. 만조 때라 모래사장 코앞까지 성큼 바다가 밀려들어와 있었다. 그 바다의 격렬한 움직임이 세찬 바람과 함께 온몸으로 오롯이 전해져왔다.

요즘 '사춘기 소녀'라는 말을 꼬리표처럼 달고 사는 큰딸은 바다를 보고는 더욱 감상적이 되었다. 우수에 젖은 눈동자를 카메라에 들이대고서 혼자 멀찌감치 떨어져 걸었다. 우리는 아직은 엄마 아빠 품에 안기기를 좋아하는 둘째 딸을 꼭 끌어안고서, 어둑토록 모래톱 위를 걸었다.

딸의 가슴속에 일기 시작한 격랑을 기쁘게 받아들여야 한다. 마흔을 앞둔 엄마의 바다도 여전히 파도가 잦아들지 않는데, 이제 막 발목을 담근 어린 딸은 오죽할까.

파도의 격렬한 곡선과 먹구름의 둔탁한 곡선들, 그 속에 하늘에서 바다로, 높은 곳에서 낮은 곳으로 쏟아져내려오는 햇살만 거침없는 직선이었다. 새삼 직진하는 빛이 경이로웠다. 느리고 구불구불한 게 새로운 시대의 미덕이라고 생각하고 있었는데……. 저 멀리 있는 태양에서 쏟아져나오는 햇살의 일관된 방향성이 섬뜩하게 아름다웠다. 그런데 직진하는 빛에도 눈에 보이지 않은 파동의 곡선이 숨어 있지 않은가. 결국 우리도 파도처럼 끝없는 곡선으로 요동치면서도, 끈질기게 한 길로만 나아갈 수 있지 않을까.

구불구불 흔들리는 것들을 두려워하지 말자. 파도가 그렇게 말하는 건지, 내가 스스로에게 최면을 거는 건지 모르겠다.

바다를 만난 기쁨은 잠시였다. 금세 어둠이 사위를 뒤덮었다. 아이들은 건너편 모텔 불빛들 때문에 풀이 죽었다. 캠핑장 가스등 아래서 엄마가 야심차게 준비한 버섯 샤브샤브보다 네온사인 번쩍이는 식당의 횟집 메뉴가 더 당기는 모양이다.

"우리도 저런 데 가서 자면 좋겠다!"

"너무 추워. 따뜻한 물에 샤워도 하고 싶은데……."

아이들이 투덜거렸다.

"너희가 언제까지 엄마 아빠랑 텐트에서 잘 수 있을 것 같아? 저런 데는 아무 때나 갈 수 있지만 같이 캠핑할 날은 정말 얼마 안 남았다고."

나는 '열두 달 캠핑' 계획을 세우면서 어쩌면 올해가 한 텐트 안에서 온 가족이 같이 잘 수 있는 마지막이 아닐까 생각했다. 큰아이가 5학년 때 3인용에서 5인용으로 평수를 넓힌 가족 텐트도, 금세 좁아질 것이다. 하지만 그보다 큰 문제는 눈에 보이지 않는 공간이다. 부모가 만든 둥지 안에만 웅크리고 있기에 아이들의 날개가 너무 커버렸다.

"엄마는 나중에 너희가 남자친구 데려오면 캠프 면접을 볼 거야."

"그거 좋은 생각이네. 하룻밤만 같이 자보면 우리 딸을 믿고 맡길 만한 녀석인지 제대로 알 수 있겠는걸."

남편이 맞장구를 치고 아이들은 기겁을 했다.

무거운 짐을 지고 힘겨운 산길을 오르내리면서 야외 생활을 함께 해보면, 자연스레 됨됨이가 드러난다. 산에서는 어려울수록 남을 먼저 배려하고 솔선수범하는 사람들의 진가가 드러나기 때문이다. 우리는 학창 시절부터 5년이란 짧지 않은 연애 끝에 결혼을 했다. 그런 우리에게도 결혼을 이상이 아닌 현실로 받아들일 무렵 빗속을 뚫고 오랫동안 함께 걸었던 지리산 종주가 큰 도움이 됐다. 절대 '결혼 안 한다'는 딸들이 언제 낯선 사내 녀석을 데리고 올지 모를 일이다. 그날이 그리 머지않았을 것이다.

염려했던 것과 달리 잠자리는 따뜻했다. 수건으로 감싼 뜨거운 물병을 하나씩 침낭 속으로 가지고 들어갔기 때문이다. 우리는 따끈해진 침낭에 몸을 묻고서, 텐트 안에서 카드놀이를 하다가 채 9시가 되기도 전에 잠자리에 들었다. 재미있는 것은 나이가 많은 순서대로 곯아떨어졌다는 사실이다.

텐트 밖은 바람인지 파도인지 분간할 수 없는 소리로 밤새 어수선했다. 그날 밤 격포 바닷가 캠핑장에 텐트를 친 것은 우리뿐이었다.

아침 이슬 속에 우리가 있네

　텐트 밖으로 나가 보니 어젯밤 캠핑장에서 저녁 무렵 사라졌던 한 가족이 되돌아와 아침식사 준비를 하고 있었다. 우리와 비슷한 또래의 딸만 둘 있는 집이었는데, 밤사이 차에서 잠을 잔 모양이었다. 의자를 눕혀 평평하게 만들 수 있는 승합차를 캠핑카 삼아 새우잠을 잤을 텐데도 즐거워 보였다. 우리만큼이나 극성맞은 가족 같았다. 서로 눈인사를 하면서 동지를 만난 듯 흐뭇했다. 값비싼 수입 캠핑카를 가진 사람들보다 자연에서 더 많은 것을 누릴 수 있는 사람들처럼 보였다.
　캠핑장에서는 아침이면 텐트 플라이를 걷어내고, 침낭과 텐트를 말리는 게 가장 먼저 할 일이다. 방수 플라이를 걷어내고 보니 노란 텐트 내피에 맺힌 물방울들이 또르르 굴러 떨어졌다.
　"와! 텐트에 이슬 맺힌 거 봐!"
　밤사이 좁은 텐트에서 우리 네 식구가 뿜어낸 숨을 통해 빠져나간 수증기들이 풀잎에 매달린 아침 이슬처럼 맺힌 셈이다. 크고 단단한 일상의 집에서는 보기 힘든 광경이었다.
　각자의 몸속에서 숨구멍을 통과한 수증기가 얇은 텐트의 내피를 빠져나가면서 한데 뭉쳐졌다. 이 물방울처럼 우리 네 사람도 본디 한 몸이었다. 인류의 조상이 물에서 왔고 몸의 70퍼센트가 물이라는데, 우리의 일부가 물과 함께 거대한 지구를 끊임없이 순환하고 있다고 해도 틀린 말은 아닐 것이다. 저 먼 열대우림이나 극지방의 빙하 아래를 흐르는 물속에도 우리가 있다. 그 먼 곳의 우리가 북태평양이나 오호츠크

해 기단 속에서 하늘을 떠돌다가 빗물이 되어 다시 내 몸으로 들어온다고 생각해본다. 절로 가슴이 뛴다. 우리는 텐트를 걷으며 아침 햇살에 반짝이는 작은 물방울들 속에서 새삼 놀랐다.

텐트와 침낭을 말리는 동안 아침식사로 간단하게 누룽지를 끓이고 계란과 고구마를 삶았다. 그런데 고구마를 삶는 도중에 버너 불이 꺼져버렸다. 연료가 바닥난 것이다.

"한 통이면 항상 쓰고 남았었는데……. 이상하네."

짐을 꾸리며 화기를 담당했던 남편이 의아해한다.

"어젯밤에 물을 많이 끓였잖아!"

평소대로 하면 두 끼 식사를 만들고도 남는 양이었다. 하지만 밤사이 보온용 물병을 채우느라 2리터들이 주전자로 한가득 물을 끓인다는 것을 미처 계산하지 못했다. 가스버너가 연료를 사기도 쉽고 여러모로 간편하다. 하지만 아직 날이 추워서 달랑 동계용 휘발유 버너만 챙겨온 게 후회스러웠다. 버너 연료인 화이트가솔린은 전문 장비점이 아니면 사기가 힘들기 때문이다.

그러나 다행히도 이번 캠핑에서 처음 챙겨 온 작은 무쇠 가마솥이 효자 노릇을 톡톡히 했다. 솥 안에 물이 끓다 말고 불이 꺼졌는데도 무쇠를 달군 복사열만으로 고구마가 폭신폭신하게 익은 것이다. 양은 냄비와 다를 바 없는 코펠 요리에선 불가능한 일이었다. 문득 부모가 되기 위해서는 양은 냄비 같던 가슴을 가마솥처럼 은근하고 무던한 성정으로 바꾸어야 하는 게 아닐까 싶었다.

개양할미가 지키는 엄마의 바다

아침 바다에 물이 꽉 들어차 있었다. 어제 저녁 도착했을 때처럼 만조가 된 것이다. 밤사이 아무 일 없었다는 듯 태연해 보이지만, 우리가 곤히 잠든 사이에도 바다는 먼 곳까지 나갔다가 부리나케 돌아왔을 것이다. 지난밤 구름 속에 숨은 달은 정확히 하현이었다. 조차가 가장 적은 때지만 채석강의 물때표를 보면 그래도 만조와 간조 때 해수면 높이 차가 271센티미터나 됐다.

어젯밤에는 몰랐는데 좁은 모래톱이 갑갑하게 느껴졌다. 문득 예전에 강화도 동막갯벌 앞에서 나고 자란 어떤 사람이, 처음 동해안에 가보고는 숨이 막힐 지경으로 답답했다던 말이 떠올랐다. 그는 수평선 너머로 물러서는 법 없이, 언제나 눈앞에 꽉 차 있는 바다가 감옥 같더라고 했다.

바닷물이 해안을 집어삼킬 듯 거대한 혀를 날름거리는 것 같았다. 입춘이 지난 지 벌써 7일째지만, 우리는 바람이 매워 목도리와 장갑으로 중무장을 한 채 해안 절벽을 따라 걸었다.

아이들에게 켜켜이 쌓인 채석강의 지층이 그 자체로 거대한 지구의 역사책이라고 일러주려다 그냥 있는 그대로 느끼게 내버려두었다. 언젠가 과학이나 사회 교과서에서 이곳을 만나게 될 때, 지식보다는 우리가 함께 했던 바닷가의 '느낌'이 더 생생하게 살아 있기를 바라기 때문이다. 매운바람에 목덜미를 여며주던 엄마의 손끝이나 파도 소리와 함께 울려 퍼지던 사랑하는 사람들의 목소리 같은 것들 말이다. 채석강이나 적벽강이 이태백과 소동파가 놀던 중국 땅의 이름을 빌려 쓰느라 뜬금없이 바닷가 절벽에 '강江' 자가 붙었다는 사실들은 머지않아 배우게 될 것이다.

검은 채석강과 붉은 적벽강 사이에는 봄기운이 완연한 초록 언덕이 있다. 서해를 돌보는 개양할미의 집, 수성당이 있는 곳이다. 바다를 관망하기 좋은 절벽에 있는 당집은 그곳으로 가는 길이 더 인상적이다. 후박나무 군락지와 부안 전죽箭竹으로 유명한 조릿대가 숲을 이루고 있어 사계절 푸른 언덕이다. 대나무의 빛깔은 해묵은 초록이지만 이제 막 붉은 흙을 뚫고 올라온 유채밭의 새순은 눈이 시린 새 초록이었다. 조릿대 줄기로 낮게 울타리를 두른 밭두렁 사이사이 길을 내어준 밭 임자의 마음 씀씀이가 고마운, 조붓한 길이 언덕으로 이어져 있었다. 조선시대에는 전쟁 물자였던 대나무가 이제는 한가롭게 유채밭의 울을 두르고 있다는 사실도 인상적이다.

개양할미는 굽 달린 나막신을 신고 첨벙첨벙 바다를 걸어다녔는데, 아무리 깊은 곳이어도 버선목까지밖에 물이 안 찰 정도로 거인이었던 서해의 수호신이다. 개양할미의 당집이란 말에 큰아이는 호기심에 눈을 반짝인 반면, 둘째는 엄마 등 뒤로 숨어 몸을 사린다.

"뭐가 무서워. 절에 부처님 있는 거랑 똑같은 거야. 우린 정말 행운이야. 아무나 이런 걸 볼 수 있는 게 아니거든!"

때마침 전주에서 제를 지내러 온 당골네가 있어, 평소 굳게 자물쇠가 채워져 있던 수성당 내부를 들여다볼 수 있었기 때문이다.

"그러니까 저게 개양할머니 가족사진이네!"

　수성당 벽에 걸린 무신도는 일곱 딸을 각 도에 하나씩 시집보내고, 이곳에서 막내딸만 데리고 산다는 개양할미의 전설을 아주 순진하게 재현해놓고 있었다. 개양할미는 머리를 올리지 않은 막내딸을 아기처럼 품에 안은 채, 나머지 일곱 딸과 함께 나란히 앉아 있었다. 그 주름진 미소에서 저 거친 칠산 앞바다를 지키는 비장함 따위는 느껴지지 않았다. 다만 애틋한 어미의 마음만 읽힐 뿐이었다. 달랑 딸이 둘뿐인 나도 두 살 터울의 작은딸을 여전히 어린 아기처럼 느낄 때가 많다. 6남매의 막내인 남편 역시 마흔이 넘어서도 팔순이 넘은 시어머니에게 여전히 물가에 내놓은 어린아이 취급을 받는 것처럼 말이다.

　처음 것(수성당이 처음 세워진 때는 1864년경으로 추정하고 있다)은 불에 타 없어지고 나중 것은 도둑맞았다고 하니, 이 그림은 분명 현대적 감각으로 되살려낸 개양할미의 모습일 것이다. 문득 저 바다를 두려워하던 옛사람들의 눈에 비친 개양할미의 얼굴이 어떠했을까 궁금했다.

이곳은 수성당보다는 '죽막동제사유적지'란 이름으로 더 유명하다. 아마도 학창 시절 국사책의 앞부분, 삼국시대 이전 페이지에서 제기와 향로 등이 있는 흑백사진으로 만났을 것이다. 이곳에서는 신석기시대부터 조선시대까지 계속 제사 유물들이 출토되었다고 하니, 대대로 이 땅이 얼마나 신성한 곳이었을지 짐작할 수 있다. 머리를 정갈하게 쪽진 것 말고는 평범한 중년의 아낙네와 별반 다를 바 없어 보이는 저 당골네, 그는 아득한 옛날의 제사장이 하던 일과 크게 다르지 않은 일을 지금도 계속하고 있는 것이다.

요즘 뱃사람들에겐 이 외진 절벽 위에 간절한 기도로 불을 밝힌 촛불보다, 바다 한가운데 전기로 밝힌 등대가 더욱 믿음직스러울 것이다. 그럼에도 수성당은 거친 바다에 대한 외경을 느끼기에 조금도 부족함이 없었다.

수성당 앞으로 절벽을 따라 내려가면 깎아지른 바위벼랑 사이로, 불쑥 용이라도 튀어나올 것 같은 여울골이 있다. 전설은 개양할미가 여울골에서 나와 바다를 열었다고 하니, 해신海神을 키운 자궁인 셈이다. 좁은 바윗골 사이로 밀려들어온 바다가 둥근 바위벽을 때리고 소용돌이쳐나가는 소리가 사나웠다. 바위틈 곳곳에 촛농이 떨어져 있는 것을 보니 '기도발깨나' 서는 곳인 모양이다.

아이들은 잔뜩 겁을 먹은 표정이었다. 아무 거리낌 없이 성큼성큼 앞으로 나아가는 우리들보다 순수하기 때문일 것이다. 그래서 어린 딸들이 엄마 아빠 보다 대자연의 신성神性을 훨씬 가깝게 느낀다고 여겨졌다.

날이 풀리고 살랑살랑 봄바람 불어오는 우수가 내일모레다. 봄은 남쪽 바다에서 오는 줄 알았는데, 사실 그 바다가 모두 하나였음을 잊고 있었다. 봄기운 가득 실은 서쪽 칠산 앞바다가 벼랑 아래 남실거렸다.

둘 /

매화학교에서 봄을 사다

— 경칩驚蟄과 춘분春分 즈음
섬진강에서

나는 큰딸에게 대숲 사이를 지나온 바람 소리를 느껴보라고 했다. 사실은 계속 음악만 들으면서 혼자 딴 세상을 거닐고 있는 듯한 아이가 못마땅했다. 그런데 아이는 단 한 마디로 내 입을 막아버렸다.
"엄마, 난 몸으로도 들을 수 있어."
소름이 돋았다. 그것은 "엄마, 울지 말고 나하고 같이 살아."라는 매화 목소리를 들었다던 홍쌍리 씨 이야기처럼 여운을 남겼다. 바람 소리를 귀로만 들어야 한다고 강요하는 엄마는 얼마나 고리타분한가. 나도 어쩔 수 없는 잔소리꾼이다.

"이게 우리식의 대안학교라 생각하자!"

첫 번째 캠핑을 마치고 돌아오던 차 안에서 남편이 한 말이다. 뒷좌석에는 아이들이 노곤해진 몸을 웅크린 채 새우잠을 자고 있었다. 길은 막히고 차는 더디고, 창 밖 달빛은 교교했다.

어느새 차가 비좁게 느껴질 만큼 아이들이 자랐다. 유난히 다리가 긴 큰딸의 잠든 모습은 애처롭기까지 했다.

'그래, 좋은 학교를 찾아 이사하는 대신, 우리는 담장도 교실도 없는 자연 속 학교로 더 자주 떠나련다.'

오늘은 큰아이가 중학생이 되어 처음으로 맞는 토요 휴업일이다. 경칩이 지난 지 나흘째인데, 36년 만에 가장 추운 경칩을 기록했다고 떠들썩하던 한파가 채 가시지 않았다. 개구리만 놀란 게 아니라, 봄이 깜짝 놀라 줄행랑을 칠 만큼 코끝이 찡했다. 우리는 섬진강변의 매화가 꽁꽁 얼어버리지는 않았을까 걱정하면서 남쪽으로 달렸다.

나는 교복을 벗고 밖으로 나온 딸아이의 모습이 마냥 좋았다. 자줏

빛 교복을 입은 아이는 학교 생활에 대한 긴장이 풀리지 않아서인지, 등굣길에는 아직도 어깨에 힘이 잔뜩 들어간 신참병 같았다. 지각을 밥 먹듯 하면서도 태연하던 초등학교 때와는 사뭇 달랐다. 한 학년에 50명뿐인 시골 학교에서 300여 명이나 되는 읍내 학교로 진학한 것부터 엄청난 변화였다. 아이는 입학식 날 곧바로 수업을 시작한 것에서부터 분위기가 심상치 않다고 느낀 모양이다.

과연 지금까지 해온 것처럼 학원에 의지하지 않고 혼자 힘으로 꿋꿋하게 버텨낼 수 있을까……. 사실 딸아이보다 걱정이 앞서는 것은 우리였다. '중학교부터는 무슨 일이 있어도 도시로 나와야 한다'는 이야기를 귀에 못이 박이도록 들었고, 실제로 딸의 친한 친구 여럿이 '큰물'을 찾아 떠났다. 우리도 적잖이 흔들리며 고민했던 것도 사실이다. 자식에게 좀 더 좋은 환경을 만들어주고 싶은 욕심이야말로 부모에겐 본능 같은 것이 아닐까.

그러나 우리는 아무리 좋은 학교나 학원이 있다고 해도 모든 문제를 다 해결해줄 수는 없다고 믿는다. 또 아직은 한 끼라도 더 한솥밥을 같이 먹는 게 중요하고, 뒤척이는 이부자리를 들여다보아줄 수 있는 시간을 늘리는 것처럼 소소한 일상 속 부모의 역할이 더 중요하다고 생각한다. 아니, 그렇게 믿고 싶은 것인지도 모르겠다.

그래서 나는 늘어나는 사교육비를 충당하기 위해 취업전선에 뛰어드는 대신 집에서 아이들과 함께 보내는 시간을 늘리기로 했다. 그렇다고 뭐 대단한 결심을 한 것은 아니다. 좀 더 여유 있게 정성껏 밥상을 차리자는 것과 아이들이 학교에서 돌아올 때 엄마가 집에 있는 시간을 늘려보자는 소박한 욕심이었다.

"엄마, 나는 맨날 '학교 다녀왔습니다' 하면 강이만 대답해!"라고 애처롭게 이야기하던 딸아이를 대문 앞 강아지보다 먼저 반겨주고 싶었다. 강이는 우리 개 이름이다. 간식으로 비닐봉지에 방부제 잔뜩 든 과자나 빵 대신 갓 쪄낸 고구마나 감자를 내어줄 수 있을 정도의 여유……. 당장은 그런 것이 아이를 값비싼 학원 여러 곳에 들락거리게 하는 것보다 중요하다고 생각했기 때문이다.

그래서 코끝이 찡하게 매서운 봄날, 남쪽 매화마을을 찾아가는 길, '매일생한불매향梅一生寒不賣香'이라는 옛말을 나는 이렇게 읽는다. 아무리 우리가 춥게 살아도 부모 노릇을 돈으로 대신 하지는 말자고, 아직은 우리식대로 지키고 싶은 향기가 있다고.

경칩을 맞아 우리 가족은 섬진강 '매화학교'로 가고 있다.

섬진강 건너 느랭이골 별빛 아래 눕다

"여긴 산수유가 피었네!"

고속도로를 빠져나오기 전부터 잿빛 산허리에서 어린 병아리 솜털 같은 기운이 아슴아슴하더니, 사람의 마을과 가까운 국도변에서는 산수유 꽃망울이 눈에 띄었다. 매화 보러 가는 길에 산수유가 먼저 반갑게 알은체를 한다.

구례 산수유마을을 지나 화개 벚꽃길까지 차는 쉬지 않고 달린다.

왼쪽으로는 병풍을 두른 산이 높아지고, 맞은편으로는 강이 깊어진다. 이렇게 남해도 앞 노량 앞바다까지 뻗어가는 19번 국도는 지리산과 섬진강만으로도 눈이 호사를 한다. 그 길의 호사가 이제 곧 벚꽃이 피어나 절정에 이를 것이다.

길가에 줄지어 선 벚나무는 점등을 기다리는 크리스마스트리의 장식용 전구 같은 꽃봉오리를 매단 채 서 있다. 물이 오르는 봄 나무 아래 서면, 누구든 살짝 건드리기만 해도 금세 폭죽이 터져버릴 것 같은 팽팽한 긴장과 전율이 느껴진다.

섬진강 바람도 매서웠다. 꽃망울을 열기 전에 제 몸 단속부터 제대로 하라고 호되게 꾸짖는 것 같았다. 그러나 꽃샘추위에 떨고 있는 섬진강 벚꽃길이 끝나는 곳에서, 매화는 차가운 향기를 강바람에 흘려보내고 있었다. 매화가 먼저 화려한 제 시절을 마감하고 난 뒤에야, 벚꽃은 기다렸다는 듯이 꽃불을 켜고 길손을 맞을 것이다.

화개 터미널 근처 구멍가게에 들러 엄마 아빠는 매실주 한 병을, 아이들은 과자를 골랐다.

"진짜 비싸다!"

생수와 비교하면 턱없이 작은 술 한 병 값이 너무 과하다는 게 총무를 맡은 둘째의 지적이었다. 우리는 지난번부터 여행 경비 지출을 총무에게 일임했다. 총무는 모두가 돌아가면서 한 번씩 맡기로 했다. 첫 번째 여행에서 총무를 맡은 큰딸은 처음엔 제 마음대로 돈을 쓴다고 좋아했지만, 금세 계산하는 게 귀찮다고 손을 놓아버렸다. 그러나 평소에도 용돈 관리가 알뜰하던 둘째는 짐을 꾸리면서 회계장부로 쓸 수첩까지 챙겨 왔을 만큼 각오가 대단했다. 둘은 성격이 판이한데 돈 씀씀이 역시 크게 달랐다. 하다못해 컴퓨터게임 공간에서도 큰딸은 택시를 타고 목적지에 빠르게 도착하기 위해 게임머니를 펑펑 쓰는 반면, 둘째는 아르바이트로 충전까지 하면서 끝까지 곧이곧대로 걸어가는 스타일이다. 나는 아직 어느 쪽이 더 낫다고 단정 짓지는 못하겠다. 다만 과감하고 자유분방한 언니와 사려 깊고 꼼꼼한 동생이 서로에게 좋은 자극이 되길 바랄 뿐이다.

텐트를 치기로 한 섬진강변의 하동 송림 캠핑장에 도착했을 때는, 섬진강의 시인이 노래한 대로 "지리산이 저문 강물에 얼굴을 씻고" 잠자리에 돌아누울 시간이었다. 저무는 강변에 이내가 깔리고 사위는 빽빽한 소나무 숲 속처럼 어둑했다.

"우리 오늘 여기서 잘 거야?"

강바람이 매섭게 휘몰아치는 저녁, 강변에는 하나 둘 가로등이 불을 밝히고 있었는데 소나무 숲 속 캠핑장에는 관리인조차 없었다.

"안 되겠다. 길바닥에서 자는 거나 마찬가지야."

섬진강의 방풍림 노릇을 하고 있는 솔숲의 운치는 흠잡을 데가 없었다. 하지만 그 옆에 딸려 있는 캠핑장은 강변과 국도 사이에 옹색하게 자리 잡고 있었다. 숲이 있어 바람은 그런대로 견딜 만했지만, 길가의 차들 때문에 시끄러웠다. 으레 떠들썩함을 감수하고 물가를 찾는 여름 한철이 아니고서야 이곳에 여장을 풀고 싶지 않았다.

결국 우리는 근처 느랭이골 자연휴양림으로 가기 위해 어둠을 뚫고 섬진강을 건넜다. 하동에서 강을 건너면 전라도 광양 땅이었다. 휴양림은 섬진강을 발아래 품고 있는 백운산 줄기에 있었다.

"꼭 캠핑을 하셔야겠어요? 애들도 있는데……. 빈 방이 있으니까 그냥 주무셔도 돼요."

가로등도 없는 외지고 가파른 산길을 힘겹게 올라온 우리를 휴양림 주인 내외는 진심으로 반겨주었다.

"아니에요. 저희는 일부러 캠핑하러 온 건데요."

주인 남자가 처음 우리를 안내한 곳은 산막들로 둘러싸인 너른 운동장이었다. '땅이 평평하고 가로등이 환하고 화장실도 가까우니, 아무래도 이곳이 편하지 않겠느냐'는 것이었다. 하지만 우리 가족은 불편하더라도 더 높은 곳으로 올라가길 원했다. 조금 고생을 하더라도 아늑한 자리가 한결 나을 듯싶었다.

"그럼, 우리 휴양림 최고 명당자리로 안내하지요."

사내는 우리를 칠흑 같은 어둠 속으로 안내했다. 어둠 속에서도 그에게는 숲이 훤히 보이는 것 같았다. 산에 사는 사람은 산짐승처럼 밤눈도 밝아지는 것일까.

바닥이 채 다져지지 않은 땅이어서 차를 가까스로 끌어올려야 했다. 하지만 산막에서 독립되어 있고, 멀리 강 건너 마을의 불빛이 아스라이 내다보이는 아늑한 자리였다. 식당과 모텔의 네온사인 그리고 가로등과 자동차 불빛으로 어수선하던 강변을 떠나오길 정말 잘했다는 생각이 절로 들었다. 느랭이골을 품은 산은 폭이 넓은 어머니 치맛자락 같았다.

"진짜 명당 맞네!"

우리는 모두 만족스러웠다. 섬진강가에 온 뒤로 오후 내내 궂은 날씨 때문에 걱정했는데, 산에 올라오니 다행히 서쪽 하늘에 샛별이 떠올라 있었다. 서둘러 텐트를 치는 사이 어느새 밤하늘이 말갛게 열린 것이다.

"저기 오리온도 떴네! 얘들아, 내일은 날씨 좋겠다."

머리 위에 내가 가장 좋아하는 별자리까지 선명하게 모습을 드러낸 것을 보고 나니, 비로소 마음이 놓였다. 멀리 집을 떠나왔어도 여전히 같은 별 아래 누울 수 있다는 게 새삼 신기했다.

"매화를 보러 왔으니까 우리 매실주 한 잔 해야지."

시큼한 매실주와 국물을 넉넉히 준비한 버섯불고기 전골이 뜨뜻하게 속을 덥혔다. 매화를 보러 내려온 남행이었지만, 산속의 밤은 여전히 추웠다. 오리털 파카에 털모자까지 뒤집어쓴 우리의 복장은 지난달과 크게 달라진 게 없었다.

생명의 불씨는 이동한다

우리 가족이 가진 침낭은 모두 다섯 개다. 어린 막내에게 가장 두툼한 동계용 침낭을 주고 아빠가 가장 얇은 여름용 침낭 두 개를 겹쳐 썼다. 더구나 남편은 가족을 보호해야 한다는 책임감에 한기가 몰리는 텐트 가장자리에 누웠다.

"아빠……. 쫌 미안한데……."

막내는 1,500그램짜리 거위털로 만든, 깃털 풀장 같은 침낭 속으로 기어들어가며 얼굴을 붉혔다.

그러나 밤사이 기온은 영하로 떨어졌고, "걱정 마. 아빠는 괜찮아!" 하고 의기양양하던 남편은 결국 새벽녘 몸을 으스스 떨며 잠에서 깨고 말았다.

"당신 안 되겠다. 그러지 말고 이리 들어와."

나는 남편을 딸들과 내 품 사이에 눕히고, 품이 넉넉한 막내의 침낭 속으로 같이 들어가게 했다. 막내의 침낭은 히말라야 원정대들이 부럽지 않은 전문가용 등산 장비였다. 더구나 열이 많은 아이의 몸은 가장 좋은 생체난로가 아닌가. 남편은 아이를 끌어안고 만족스러운 얼굴로 다시 잠을 청한다. 나는 등산에서 지켜야 할 가장 기본적인 상식인 '발이 시리면 모자를 써라!'라는 원칙대로, 그의 머리를 모자와 목도리로 친친 감싸주었다.

서글프다. 문득 남편과 나의 몸이 싸늘하게 식어가는 늙은 나뭇등걸 같았다. 온 대지의 구석구석 생명의 기운이 가득 차오르고 있는 봄날 새벽이었다. 그런데 우리 몸뚱이의 생체시계는 벌써 가을로 가고 있는 모양이다. 인생이란 어차피 부모에게서 자식에게로 생명의 불씨가 이동하는 것 아닐까. 대신 아이들의 몸에서 막 꽃봉오리가 피어나고 있다고 생각하면 그다지 슬퍼할 일도 아니었다.

텐트 문을 열어 보니 강 건너 지리산 너머로 붉은 기운이 번져가고 있었다. 동이 터올 모양이다. 산으로 출장을 다닐 때의 습관 탓인지 나도 모르게 부리나케 카메라를 들고 텐트 밖으로 나갔다. 모두가 잠든 것 같지만 숲은 이미 깨어 있었다. 카메라를 들고 텐트 주위를 서성거리는 사이, 딱따구리가 나무를 쪼는 소리가 차가운 공기를 가르며 숲 속에 울려 퍼졌다. 천연의 사원에서 세상을 깨우는 목어木魚 소리다.

하지만 금세 카메라를 든 손끝이 얼음 박히는 것처럼 시렸다. 나는 해 뜨는 것을 기다리려다 그냥 텐트 속으로 기어들어갔다. 굳이 내가 보아주지 않아도 고마운 해는 아무런 투정 없이 잘도 뜰 것이다. 이 순간 일을 하러 온 것이 아니라는 사실이 마냥 즐거웠다.

누구나 시작은 곱디고은 새싹에서부터

"이건 그냥 산책이지, 절대 등산 아니다!"

아침밥을 먹기 전 다 함께 산책에 나서면서, 남편이 딸들에게 쐐기를 박듯 말했다. 아이들은 눈곱도 떨어지지 않은 부스스한 얼굴로 입을 비죽 내밀었다. 내가 열두 달 캠핑 계획을 제안했을 때, 아이들이 내건 조건은 단 하나였다. '캠핑만 하고 절대 산에는 안 올라간다!'는 것이다. 산 밑에서 잠을 자면서 산에 올라가지 않는 것은 '산에 대한 예의가 아닐 뿐더러, 멀쩡한 두 다리를 모독하는 일'이라고 생각하는 남편으로선 받아들이기 힘든 조건이었다. 하지만 이번 여행에서만큼은 아이들의 의견을 존중하기로 했다. 산에서 '높이 오르기보다 어슬렁거리며 즐기기'를 선택한 것이다.

모두가 길에 취해 걸었다. 아이들도 불평하지 않았다. 파란 하늘로

이어지는 편백나무 숲길이 눈부시게 아름다웠기 때문이다. 둘째는 카메라를 들고서 멋진 풍경 속에 모델이 되어달라고, 자꾸 우리를 불러 세운다. 큰딸은 헤드폰을 머리에 쓰고 음악에 취해 걷는 게 마냥 좋은 모양이다.

"이런 데 연못이 다 있네."

파란 하늘을 담은 연못 위로 나무의 물그림자가 흔들리는 것을 홀린 듯 한참 동안 바라보았다. 나중에야 안 사실이지만 느랭이골의 느랭이는 고라니의 사투리였다. 예부터 고라니가 많이 사는 골짜기였다고 하니, 그 연못은 느랭이들의 우물인 셈이다. 제 몸이 비치는 연못의 물을 먹는 눈빛 고운 고라니들을 상상해보는 것만으로도, 저절로 마음공부가 되는 그런 곳이었다.

"와, 올챙이다."

연못의 물그림자를 흔드는 것은 바람이 아니라 올챙이 떼들의 꼬리지느러미였나 보다. 달리 경칩이 아니구나. 물웅덩이에서 활개 치는 올챙이 떼를 보니, 지금 땅 밑 세상은 겨울잠에서 깨어나는 녀석들로 얼마나 시끌벅적할까 싶었다. 힘껏 땅거죽을 밀어올리느라 기지개를 펴는 씨앗들이 발밑에서 땅을 들썩이고 있는 것만 같았다.

휴양림이 있는 느랭이골은 호남정맥의 끝자락인 백운산 줄기 북쪽 기슭에 있다. 골골이 길러낸 섬진강 물을 광양을 통해 남쪽 바다로 흘려보내는 마지막 길목인 셈이다. 강이 끝나고 바다가 시작되듯이, 여기서 물의 겨울이 끝나고 바다의 봄이 시작된다. 남쪽 먼 바다에서 밀려오는 봄기운이 섬진강 하구에 상륙하면, 백운산 자락에 매화가 피고 뒤따라 지리산의 산수유가 피고 그 기운 이어받아 화개 벚꽃도 꽃봉오리를 연다.

　아침 산책길의 우리는 아직 두툼한 겨울옷을 벗지 못했지만, 숲은 이미 새 옷을 갈아입을 채비가 끝난 것 같다. 특히 다른 나무의 몸을 빌려 줄기를 친친 감고 올라온 덩굴식물들의 연둣빛 새순이 눈길을 끌었다. 하늘을 향해 작고 여린 손가락을 활짝 펼친 모양새가 애잔해 보이기까지 했다. 다른 식물의 몸에 기대어 살기 때문에 주인보다 먼저 서둘러 싹을 틔우지 않으면 살아남기 힘든 것 같았다. 온 숲에 초록 잎이 무성해지면 누구 하나 눈길을 주지도 않을 그런 평범한 덩굴 잎이었다. 한여름 숲에서 숱하게 발길에 채는 거추장스런 한삼덩굴도 처음엔 이렇게 눈부시게 고운 새순을 피워올렸을 것이다. 사람들도 마찬가지겠지……. 누구나 시작은 이렇게 곱디고운 새싹에서 출발했을 것이다.

　간간이 가지 끝에 성냥개비 붉은 인처럼 꽃눈을 드러낸 성미 급한 진달래도 있었다. 높고 깊은 산골짜기에도 이렇듯 봄이 꿈틀대는데, 산 아래 매화마을은 어떨까.

자꾸 뒤돌아보게 하는 사람들

　맑은 콩나물국으로 아침을 먹고, 텐트를 정리했다. 밤새 체온으로 덥혀진 침낭을 잘 말리지 않으면 습기로 인해 눅눅해진다. 자기 이불을 개듯 각자 자기가 잔 침낭을 정리하는데 막내가 곤혹스러워한다.

"엄마, 나는 너무 커서 힘들어."

"제일 따뜻한 데서 잤으니까 그 정도는 감수해야지."

두 번째로 두툼한 침낭에서 잔 큰딸에겐 온몸에 오리털이 달라붙어 있었다. 신혼 초에 산 것인데 바느질이 꼼꼼하지 못한 탓이다.

침낭을 말리는 우리 곁으로 개 한 마리가 다가와 텐트 주위를 어슬렁거리고 있었다. 개는 우리가 짐을 다 꾸려서 자리를 뜰 때까지, 아예 배를 깔고 누워 해바라기를 하면서 떠나질 않았다. 마치 보초를 서고 있는 것 같았다.

"엄마, 이 떡 개한테 좀 줘도 돼요?"

"그럼."

아이가 먹던 떡 한 조각을 반으로 나누어 건네주니, 개는 꼬리를 살랑살랑 흔들면서 재롱을 떨었다. 그것을 지켜본 아이의 말에 우리는 모두 자지러지고 말았다.

"개야, 이러면 안 돼. 나한테는 우리 개가 있어."

아이는 낯선 개를 다정하게 쓰다듬어주면서 집에 두고 온 '강이' 생각이 난 것이다. 둘째는 마치 애인의 순정을 저버릴 수 없다는 듯 애처로운 목소리였다. 우리는 모두 배꼽을 잡고 웃었지만, 사실 아이에겐 진심 어린 말이었다.

둘째를 난처하게 만든 개에겐 '하지'라는 멋진 이름이 있었다. 짐을 꾸리고 휴양림을 나서기 전 주인집에 들렀을 때 들은 이야기다. 같이 사는 진돗개는 '보름'이라고 했다.

"이 녀석은 하지에 오고, 쟤는 보름날 여기 왔거든요."

두고두고 처음 만난 인연을 떠올리게 하는 멋진 이름이었다. '하지'나 '보름'에게서는 아파트에 갇혀 살면서 온갖 애견용품으로 치장을 한 '메리'나 '쫑' 같은 이름에서 느낄 수 없는 품격이 느껴졌다. 그런 이름을 부르는 주인 내외도 마찬가지였다.

"우리 아저씨가 여기 공사해주다가 주인이 망해서 돈 대신 그냥 땅을 받았어요. 처음엔 얼마나 막막했는지……."

느랭이골 휴양림은 산림청이나 지자체에서 운영하는 다른 휴양림들에 비해 뭔가 엉성하다 싶었다. 그런데 이 숲이 오로지 이들 부부의 두 손으로 다듬고 가꾼 땀의 결실이라는 말을 듣고 보니 주위가 달리 보였다. 아주머니는 멀리서 온 사람들한테 돈을 받은 게 너무 미안하다며 달걀 꾸러미까지 안겨주었다.

"이렇게 귀한 걸······."

우리가 캠핑장 이용료로 낸 돈은 고작 5천 원이었다. 닭똥이 그대로 말라붙은 유정란 꾸러미를 받아든 우리는 송구스러운 마음에 몸 둘 바를 몰랐다. 주인 내외는 밤에 추울까 봐 걱정을 많이 했는데, 일부러 좋아서 캠핑을 한다니 끝까지 말릴 수가 없었다고 했다.

"우리도 애들 어릴 때 이렇게 많이 다녔어요. 그때가 참 좋았지."

귀한 달걀도 고마웠지만 아이들에게 진짜 좋은 교육을 시키고 있다는 황송한 칭찬과 격려가 더 큰 선물이었다. 우리도 저렇게 편안하게 늙을 수 있을까 하는 생각에 자꾸 뒤돌아보게 하는 사람들이었다.

"엄마, 난 몸으로도 들을 수 있어."

청매실농원에 도착한 것은 11시 조금 전이었는데, 다압면의 매화마을은 진입도로부터 인산인해를 이루었다. 마을 입구 강변에 마련한 넓은 주차장으로도 부족해 길가에 일렬로 늘어선 차들이 이곳의 명성을 말해주고 있었다. 관광객들 중에는 특히 단체 출사出寫를 나온 사진동호회 사람들이 눈에 띄게 많았다. 고가의 망원렌즈에 삼각대까지 주렁주렁 매단 모습들이 마치 실탄을 장전한 사수들 같았다. 꽃망울을 활짝 터뜨린 매화나무 앞에선 여러 대의 카메라가 렌즈를 코앞까지 들이밀고 있었는데, 그 모습도 부자연스러웠다.

나는 카메라를 들고 있으면 왠지 풍경에 몰입하기 힘들다고 느낄 때가 많다. 몸과 마음속 깊이 풍경이 스며들 때까지 기다리기보다는, 사진 찍기 좋은 곳들을 골라 바쁘게 옮겨 다니는 사람들의 분주함이 싫은지도 모르겠다.

매화를 보러 가는 길은 바람이 너무 매서워 금세 눈물이 쏟아질 지경이었다. 섬진강을 끼고 양옆으로 첩첩 울을 두른 지리산과 백운산의 거대한 산줄기들 사이로 골바람과 강바람이 휘몰아치는 게 어디 하루 이틀 일이었을까. 매화마을 청매실농원에는 주인인 홍쌍리 씨가 '눈물바람'이라 이름 붙인 언덕도 있었다. 그이는 40여 년 전 변변한 길도 없던 산골로 시집을 와서 고된 농사일에 하루도 눈물 마를 날이 없었다고 한다. 그 새색시가 발아래 섬진강을 내려다보며 소맷부리로 눈물을 훔치던 언덕배기가 눈물바람이었다. 그때 매화꽃이 새색시에게 이렇게 말했다고 한다.

"엄마, 울지 말고 나하고 같이 살아."

그는 지금도 자식 같은 매실 농사 틈틈이 시를 쓴다고 하는데, 나는 홍쌍리 씨가 매화나무에게 들었다는 말이 시로 들렸다. 그는 꽃을 보고 마음을 다잡으며 '내가 사는 이 땅을 천국으로 만들어야겠다'고 결심했고, 그때부터 매화나무를 심기 시작했다고 한다. 시집올 때 밤나무와 매화나무를 합쳐 5천 그루였던 뒷산이 지금은 매화나무만 1만 1,300여 그루가 되었고, 그 나무 아래는 철 따라 피고 지는 꽃들이 지천이다.

봄이면 6만여 평 청매실농원에는 나무에 매달린 매화송이만큼이나 사람들이 가득하다.

청매실농원은 분명 한 여자가 만든 천국이다. 천국엔 입장료가 없다. 주차료도 없고 자릿세도 없다. 곳곳에 산나물이며 직접 농사지은 먹을거리들을 제 집 앞마당인 양 펼쳐놓고 장사하는 한동네 노인들의 얼굴도 편안하다.

"이 아주머니 혼자 마을 전체를 먹여 살리는 것 같아."

돈을 벌기보다 자식 같은 꽃나무를 보러 먼 길 온 사람들이 행복해하는 모습을 보고 즐기려는 곳 같았다. 어쩌면 진짜 천국은 그 마음속에 있지 않을까.

도심에서 십자가를 들고 활개 치며 "예수천국! 불신지옥!"을 외치면서 으름장을 놓는 사람들 때문에 '천국'이란 말에 거부감부터 들었던 나는, 매화 그늘 아래 서서 비로소 천국이 친근하게 느껴졌다.

집으로 돌아가면 작년에 우리 집 마당에 심었던 매화나무 세 그루에서도 첫 꽃이 필 것이다. 남쪽 매화마을의 봄이 성큼 우리 집 마당까지 북상하고 나면, 여기 홍쌍리 씨의 천국에선 꽃 진 자리에 매실이 열릴 것이다. 나는 마당에 매화가 필 때마다, 천국을 만들겠다고 호미 자루를 움켜쥐었던 새색시의 눈물을 기억할 것이다.

대숲을 지나 매화 언덕의 '눈물바람' 고개로 올라가는데 숨이 멎을 정도로 바람이 매서웠다. 우리는 목도리까지 친친 동여매고 옷깃을 여몄지만 매화는 끄떡도 없는 모양이다. 북풍한설을 견디며 피는 꽃다웠다. '매화는 아무리 추워도 향기를 팔지 않는다'는 것은 꽃을 바라보는 선비의 바람일 뿐이다. 흔들리는 자기 마음을 다잡기 위해 꽃을 보며 자기최면을 거는 것일 게다. 매화마을에선 찬바람에 실려오는 꽃향기가 은은하게 퍼졌다. 그걸 사려고 사람들은 꾸역꾸역 몰려오고 있었다.

"헤드폰 벗고 바람 소리 좀 들어봐라."

나는 큰딸에게 대숲 사이를 지나온 바람 소리를 느껴보라고 했다. 사실은 계속 음악만 들으면서 혼자 딴 세상을 거닐고 있는 듯한 아이가 못마땅했다. 그런데 아이는 단 한 마디로 내 입을 막아버렸다.

"엄마, 난 몸으로도 들을 수 있어."

소름이 돋았다. 그것은 "엄마, 울지 말고 나하고 같이 살아."라는 매화 목소리를 들었다던 홍쌍리 씨 이야기처럼 여운을 남겼다. 바람 소리를 귀로만 들어야 한다고 강요하는 엄마는 얼마나 고리타분한가. 나도 어쩔 수 없는 잔소리꾼이다.

섬진강을 사이에 둔 두 여자의 꿈

홍쌍리 씨는 어느 신문과의 인터뷰에서 여자 이름에 '리' 자가 들어간 사람은 아마도 '박경리'와 자기뿐일 거라고 했다. 청매실농원이 있는 광양군 다압면에서 다시 섬진강을 건넌다. 강의 동쪽 마을 하동河東 땅에서 찾아간 곳은 박경리 선생의 《토지》 무대인 악양면 평사리다. 평사리 들판을 굽어보는 언덕배기에 '최참판댁'이란 이름으로 옛 마을이 서 있다. 하동군에서 관광객을 유치하기 위해 만든 텔레비전 사극의 세트장이었다.

관광지로의 '최참판댁'은 한 여자가 호미 한 자루로 시작한 강 건너 천국과 비교하면, 대리석으로 성전을 높게 쌓고 헌금을 강요하는 교회당 같다. 요즘은 지방자치단체마다 텔레비전 사극 세트장을 유치해 돈벌이하기 바쁘다. '왕건'과 '연개소문'이 그렇고 '이순신'에 '대장금'까지, 실제 역사의 숨결이 닿은 유적지 관리에 쏟아붓는 돈보다는 산을 깎고 새 길을 닦아 건물을 세우는 게 우선인 것처럼 보일 정도다.

25년간 쓴 원고지만 4만 장, 글자 수는 모두 600만 자로 채워진 거대한 대하소설이《토지》다. 그런데 박경리 선생은 그 방대한 이야기를 쓰는 동안 평사리를 딱 한 번 스쳐 지나갔을 뿐이라고 한다. 작가는 통영에서 나고 진주에서 학교를 다녔다. 1960년대 화개에 있는 친척집에 들렀다가 설핏 본 곳이 이곳이었다고 한다.

소설 속 평사리는 오롯이 작가의 상상력이 만든 공간인 셈이다. 물론 그 상상력은 아버지 지리산과 어머니 섬진강이 뿌린 씨앗이다. 지난 2001년 제1회 토지문학제에 노구를 이끌고 평사리를 찾았던 박경리 선생은 "지도 한 장 들고 한 번 찾아와본 적이 없는 악양면 평사리, 이곳에 '토지' 기둥을 세운 것은 무슨 까닭인가. 우연치고는 너무나 신기하여 과연 박 아무개의 의도라 할 수 있겠는지, 아마도 그는 누군가의 도구가 아니었을까, 전신이 떨렸다. 30여 년이 지난 뒤에 작품의 현장에서 나는 비로소 '토지'를 실감했다. 서러움이었다. 세상에 태어나 삶을 잇는 서러움이었다."라고 말했다. 자신은 이 산과 강에 스며든 역사를 쓰게 한 누군가의 도구였을 뿐이라고 고백한 것이다.

그래서일까, '최참판댁'에선 세트장으로 세워진 건물 구석구석을 돌아보는 시간보다 토지문학관 앞 계단에 물끄러미 앉아 있는 게 좋았다. 섬진강을 향해 흘러내리는 지리산 굽이굽이 그 산자락 아래 펼쳐진 악양 들판이 '최참판댁' 담장 너머로 눈앞을 가득 채운다. 한 여자가 일군 이상향은 드라마 세트장이 아니라, 그곳 발치에 펼쳐진 풍경 속에 있었다.

"엄마,《토지》는 어떤 내용이야?"

토지문학관을 구경하고 나온 큰딸이 묻는다.

"집에 가면 다락에 책이 있으니까 한번 읽어봐. 그걸 다 읽으면 엄마가 특별히 상을 준다."

"정말이지?"

아이는 그게 모두 22권이나 되는 줄 몰랐다. 나는 한 번도 공부나 책 읽기를 대가로 상을 준 적이 없었다. 딸들에겐 그것이 늘 불만이었다. 그런데 《토지》의 산을 넘으면 도서상품권 5만 원어치를 사주겠다고 한 것이다. 아이는 자기가 읽고 싶은 일본소설을 마음대로 사겠다는 기대로, 집으로 돌아온 늦은 시각 다락방 해묵은 책꽂이에서 먼지 앉은 《토지》부터 찾았다. 그리고 22권의 책을 제 방으로 옮기면서부터 후회가 밀려왔다고 했다. 딸아이는 한말 혼돈의 시기에서 일제 식민지를 관통해 해방이 오기까지 그 지난한 시기를 살아낸 민중들의 서사시를 읽어서, 말랑말랑한 일본소설로 보상을 받겠다고 한다. 이런 것을 두고 재미있다고 해야 할지…….

평사리는 강 건너 매화마을보다 봄이 서너 발짝 앞선 것 같았다. 들판에는 관광객을 위해 심은 유채꽃 말고도, 절로 피어난 꽃다지까지 쑤욱 고개를 내밀고 있었다.

"어, 눈이다!"

느닷없이 봄꽃 위로 가랑눈이 팔랑팔랑 내려앉았다. 강 건너 백운산 산줄기가 심상치 않은 먹구름을 머리에 이고 있더니, 금세 들판을 가로질러 달려온 것이다. 최참판댁 골 깊은 기와와 누마루 위에, 용이네 초가지붕 위로도 눈발이 닿았다. 가랑눈이 금세 함박눈으로 변할 기세였다.

우리는 서둘러 길을 떠났다. 섬진강을 거슬러올라 눈발 흩날리는 화개 10리 벚꽃길을 달렸다. 강 건너 마을에 매화가 지면 이 길에는 벚꽃이 눈처럼 흩날릴 것이다.

"벚꽃 필 때 또 오고 싶다."

"엄마, 우리 다음 달에 또 여기로 오면 안 돼?"

섬진강 매화를 실컷 보고도, 벚꽃 욕심은 또 다른 것인 모양이다.

고속도로로 오르기 전, 내려올 때 그냥 지나쳤던 구례 산수유마을에 들렀다. 어느덧 지리산 만복대의 산그늘로 사위가 어스레해지고, 눈발은 산수유만큼 굵어졌다. 눈송이 같은 꽃망울 위로 꽃 같은 눈송이가 늙은 나무 위에 포개졌다. 꽃인지 눈송이인지 분간이 어려웠다. 눈보라에 움찔 남도의 봄이 놀라고 있었다.

눈 내리는 산수유마을은 꿈속을 걷는 듯했다. 산수유를 일러 '꿈꾸는 꽃'이라고 부르는 말에 절로 무릎을 치게 만드는 풍경이었다.

"이러다 우리 집에 가기 힘들겠다."

꿈에서 깨고 보니 귀갓길이 걱정이었다. 딸들은 눈 때문에 발목이 잡힐까 걱정을 하는데, 운전대를 잡은 남편은 오히려 느긋했다.

"어차피 늦은 거 몸이나 풀고 가자."

아빠의 제안으로 모두가 마음을 비우고, 산수유마을 아래 있는 지리산 온천에 몸을 담갔다. 산 그림자가 내려앉은 노천탕 위로 봄눈은 속절없이 녹아내렸다. 텐트 속 불편한 잠자리로 찌뿌듯하던 몸도 눈 녹듯 풀어졌다.

"엄마, 온천만 있으면 캠핑도 괜찮아!"

딸들은 이제부터 캠핑의 마무리는 반드시 온천이어야 한다고 아예 못을 박았다.

매화에서 산수유 그리고 황망히 떠나가는 겨울이 흘려준 마지막 눈꽃까지, 꽃으로 호사를 한 남녘의 봄날이었다. 그러나 일장춘몽이 아니었다. 이튿날 아침 청매실농원 노점에서 사온 금낭화 한 뿌리를 마당에 심을 때였다. 뿌리를 감싼 흙 속에 진짜 '봄'이 숨어 있었다. 한 줌도 안 되는 흙더미 속에서 지렁이 한 마리가 먼 길을 따라온 것이다. 아마도 이번 경칩에 가장 놀란 녀석이 아닐까. 나는 호미로 조심스럽게 흙을 덮었다.

이렇게 놀라운 봄을 단돈 3천 원에 사가지고 왔다니…….

셋

하늘만 보지 말고
발밑도 봐야지

— 청명淸明과 곡우穀雨 즈음
금산사와 만경평야에서

"어제부터 계속 전화기만 붙잡고 있고! 이건 같이 있어도 같이 있는 게 아니잖아!"
나 역시 합세해서 아이를 몰아세웠다. 우리 두 사람 다 딸아이 마음속에서 부모의 자리가 조금씩 줄어들고 있다는 데 화가 났나 보다.
아이는 낡은 관계를 딛고 일어서 부단히 새로운 관계에 눈을 뜨면서 자라는 것이다. 그럼에도 불구하고 우리는 지극히 자연스런 성장의 과정을 시샘하고 있었다. 본디 내 몸의 일부였던 것이 내 몸 밖으로 나와 더 넓은 세상으로 뚜벅뚜벅 걸어나가는 데 대한 아쉬움인지, 내게서 떨어져나간 것을 잃고 싶지 않은 욕심인지…….

"엄마, 선생님이 봄을 느끼고 오라는 숙제를 내주셨어."
"정말 멋진 숙제네!"
둘째 아이 담임선생님의 마음이 바로 봄이라고 느껴졌다.
"그래서 우리 이번엔 벚꽃 피는 데로 가는 거야."
학교 수업이 있는 토요일이었다. 아이들은 여전히 한 달에 두 번씩은 토요일에도 학교에 갈 때였다. 그래서 한 달에 한 번, 가능한 한 가족 모두가 쉬는 주말에 여행을 떠나려고 해도 날짜 맞추기가 쉽지 않았다. 봄바람이 불면서 주말이면 청첩장들이 솔찮이 날아들었고, 큰딸아이의 중학교 첫 중간고사가 다가오는 것도 마음에 걸렸다. 사실 한 주 뒤로 미루자니 꽃들이 다 져버릴 것 같은 조바심도 한몫했다. 결국 이번 달은 교문 앞에서 아이의 수업이 끝나기를 기다려 조금 늦게 길을 떠났다.
비로소 화창하게 날이 풀리기 시작한 청명이 엊그제였다. 겨우내 팥죽처럼 어두워 보이던 딸아이의 자주색 교복 빛깔이 봄 햇살 아래서는 자목련처럼 환하게 느껴졌다.

"엄마, 내 친구가 오늘 집에 가서 자기 엄마한테 따질 거래."

교복 차림으로 곧바로 여행길에 오른 큰딸아이의 말이다.

"왜? 무슨 일 있었어?"

"우리가 벚꽃 피는 데로 캠핑 간다니까 그러는 거야."

"저런……. 그래서 너 뭐라고 그랬어?"

"'너도 한번 당해봐라, 얼마나 힘든지!' 그랬지."

아이 친구들에겐 여름휴가철도 아닌데 캠핑을 떠난다는 사실이 신기해 보이는 모양이다. 딸아이 친구가 '캠핑'과 '벚꽃' 중 어느 쪽에 더 마음이 끌렸는지는 잘 모르겠다. 두 가지 다 소녀들을 자극하기에는 충분히 로맨틱한 것이었다. 하지만 우리 딸들은 그 환상적인 그림 너머에 얼마나 소소한 불편들이 기다리고 있는지도 잘 알고 있었다.

'그래, 오늘도 이 고약한 엄마 아빠 등쌀에 어디 한번 당해보렴.'

우리는 그렇게 늙은 벚나무를 찾아 남쪽으로 달렸다.

기상청 슈퍼컴퓨터는 올해도 꽃의 속내를 다 읽어낸 듯, 전국 주요 도시 벚꽃의 개화시기를 발표했다. 하지만 모든 예측이란 결국 빗나가기 위해 있는 것 아닐까. 벚꽃을 팔아 지역축제를 준비한 사람들을 애태우는 소식만 연일 뉴스거리가 되고 있었다. 안타까운 일이지만 그래도 나는 기계가 자연에 지는 것이 다행스럽게 여겨졌다. 꽃은 무심한 듯 피고 지는데 꽃그늘 아래 사람들만 번란한 봄이었다. 어쩔 수 없다. 이건 벚꽃 몸살이다.

저마다 담고 싶은 풍경은 따로 있다

사실 벚꽃은 어디에나 핀다. 너도나도 밋밋한 가로수들을 베어내고 벚나무 일색으로 수종을 바꾸려는 지자체들이 많아 오히려 문제가 될 정도다. 우리의 이번 캠핑은 오래된 벚나무길을 걷고, 그 꽃그늘 아래서 하룻밤을 묵는 게 목표였다. 나는 그에 맞춤한 장소를 찾느라 한 달 내내 전국의 유명 벚꽃 군락지들을 비교하느라 애를 먹었다. 봄날 하룻밤 벚꽃의 꿈을 사려는데, 이것저것 따져봐야 할 게 많았다. 인터넷 가격비교 사이트처럼 '한 곳에서 내가 원하는 조건들을 한눈에 파악할 수 있다면 얼마나 좋을까' 하는 엉뚱한 생각도 들었다. 다행히 전군가도(전주, 군산간 도로)의 벚꽃길을 지나 김제 금산사 캠핑장에 텐트를 세우면 우리가 원하는 모든 것이 가능했다. 우리는 전주 인터체인지에서 고속도로를 빠져나와 26번 국도인 전군가도를 향해 달렸다.

터질 듯 부풀어오른 벚꽃나무 앞에서 느끼는 흥분을 어떻게 표현해야 할까. 사실 이런 것을 글로 옮긴다는 게 어쭙잖다. "우리는 차를 세우고 꽃그늘 아래를 오래오래 걸었다." 그저 이렇게만 말하면 누구든 느낄 수 있지 않을까.

영화 '동막골'에서 곳간에 던진 수류탄 때문에 옥수수가 터져 팝콘이 되는 장면이 생각났다. 겨우내 가슴 깊은 곳에 웅크리고 있던 무엇이 순식간에 꽃폭탄으로 터져버린 듯했다.

'아! 환장하겠네!'

나는 이 말밖에 떠오르지 않았다. 환장은 환심장換心腸의 준말이다.

심장을 확 갈아치울 것 같은 이 기분!

"엄마, 올해 처음 보는 벚꽃이야! 너무 행복해!"

하지만 어린 딸의 감탄사는 꾸밈이 없어 고왔다. 언제나 멀미 때문에 여행길에 고생하는 둘째에게 벚꽃 멀미는 오히려 좋은 치료약이 되었다.

각자 카메라를 들고 넷이서, 셋이서, 둘이서 또 혼자⋯⋯. 그렇게 꽃과 추억을 담았다. 카메라 앵글 속에 꽃과 사랑하는 사람의 모습을 담는 일은 행복하기 그지없다. 언젠가 우리는 사라져도 사진은 오래도록 남을 것이다.

"여보! 그러고 보니 우리가 카메라만 다섯 대가 있네!"

각자 사진 찍기에 몰입한 모습을 보다가 발견한 사실이었다. 주로 쓰는 DSLR 한 대, 소형 디지털카메라 한 대 그리고 휴대전화에 붙어 있는 카메라가 세 대였다.

"그러게, 나 원 참⋯⋯ 세상 좋아진 건가!"

순간 이런 사실이 당혹스럽기도 했다. 하지만 어차피 카메라는 또 다른 눈이다. 저마다 담고 싶은 풍경도 따로 있는 법이니까.

전주와 군산을 잇는 아름다운 벚꽃길은 우리나라에서 제일 먼저 뚫린 신작로다. "문전의 옥토는 어찌 되고 / 쪽박의 신세가 웬 말인가. (⋯) 밭은 헐려서 신작로 되고 / 집은 헐려서 정거장 되네. / 아리랑 아리랑 아라리요 / 아리랑 배 띄여라 노다 가세." 아리랑 가락에 담긴 한풀이처럼 시작은 이렇게 가슴 아픈 길이었다.

일본이 우리 땅에서 사람과 물자를 닥치는 대로 빼앗아 실어나르는 길이었기 때문이다. 그 위에 흩뿌려진 눈물을 위로라도 하는 듯, 봄이면 화사한 꽃그늘이 길을 덮는다. 아이러니하게도 이곳 100리 벚꽃길을 만든 벚나무는 1975년 재일동포들이 일본에서 보내온 것이라고 한다. 어떤 이는 이것에도 식민지 지배를 그리워하는 일본인의 음모가 숨어 있다고 말하기도 한다.

 하지만 나는 꽃 앞에서 그런 쓸쓸한 기억을 자꾸 되새김질하는 게 어리석어 보였다. 그래서 꽃에 취한 아이들에게 굳이 그런 이야기를 들려주지 않았다. 아름다움 그 너머를 보는 일은 조금 더 자란 뒤에도 충분하다. 아이들의 추억 속에는 꽃길을 함께 걷던, 들뜬 마음만 남아 있으면 된다. 그리고 훗날 그 기억을 더듬어, 길에서 역사를 배우고 새로

운 가치를 읽어내는 일은 아이들 스스로의 몫으로 남겨두는 게 좋다고 생각했다.

우리는 벚꽃길이 끝나는 곳에서 김제 땅으로 들어갔다. 그리고 만경평야 끝자락, 바다를 절집 앞마당까지 끌어안은 망해사에서 해넘이를 보았다. 희붉은 벚꽃에 덴 가슴을 차가운 바다로 떨어지는 저녁 해가 쓰다듬어주었다. 쇠락한 포구 심포항에 들러 이내가 깔리기 시작하는 낯선 길을 어슬렁거리는 동안 꼴깍, 해가 넘어갔다. 내처 금산사까지 달려오는 동안 어둠이 빠르게 우리 뒤를 쫓아왔다.

매화와 벚꽃 사이를 아는 것

관광객들이 썰물처럼 빠져나간 금산사 경내는 적막했다. 캠핑장은 금산사 일주문 밖에 있었다. 오늘도 이 넓은 캠핑장은 우리 네 식구 독차지다. 지난달과 비슷한 시각에 텐트를 치기 시작했는데도, 사뭇 주위가 밝았다. 눈에 띄게 하루해가 길어지고 있었다. 우리가 눈치채지 못하는 사이 그렇게 조금씩 지구는 움직이고 있구나. 아이들이 자라는 것도 마찬가지겠지.

"정말 땅이 다 풀렸네."

남편이 손끝에서 깊어진 봄을 느낀 모양이다. 풀밭 위에 텐트 팩을 박는데 망치가 없어도 푹푹 잘 들어갔기 때문이다.

"그러게. 지난달만 해도 땅이 얼어 고생했잖아."

"엄마, 이젠 텐트 칠 때 손도 안 시려."

아이들도 맞장구를 친다.

"매화 보러 갈 땐 진짜 추웠는데."

모두가 한 달 사이의 눈에 띄는 변화가 신기한 모양이다. 비슷비슷해 보이는 매화와 벚꽃 사이에 이렇게 큰 기온 차이가 있다는 것도 새삼 놀라웠다. 모두가 집 안에서만 생활할 때는 느끼기 힘든 것들이었다.

남편과 아이들이 풀밭 위에 집을 짓는 동안, 나는 겨우내 묵은 김장 김치로 삼겹살 찜을 만들었다. 나중에 밥까지 볶아 먹을 수 있어서 캠핑장 일품요리로는 안성맞춤이었다. 물론 술안주로도 좋았다.

옛날 사람들은 이즈음 청명주를 빚었다고 한다. 맑고 깨끗해지는 대기처럼 술도 기운이 밝아서 과거 시험이 다가오면 청명주로 유명한 충주로 술을 찾아 모여드는 선비들이 많았다고 한다. 그런 청명주의 맛이 궁금한 밤이었다. 우리의 머리 위에는 수은등 아래 창백하게 빛나는 벚꽃 그늘까지 있었다.

하지만 우리 부부는 가게에서 사온 복분자술 딱 한 병으로 만족해야 했다. 소주 한 병 정도는 더 보태야 두 사람이 혼곤하게 잠들기 좋은 양이다. 아쉽지만 둘째 딸이 엄마 아빠에게 허락한 음주량인, '일주일에 세 병!'을 초과했기 때문에 어쩔 수 없었다.

평소 집에서 반주를 즐기는 우리는 딸들의 감시를 피해, 아이들이 잠든 후를 즐긴다. 하지만 둘째는 아침에 일어나서 빈 술병을 확인하는 주도면밀함까지 잊지 않는다. 물론 가끔 감시가 느슨해질 때도 있다. 술을 살 때는 반드시 아이스크림이나 초콜릿처럼 평소 잘 사주지 않는 '불량식품'을 함께 사야 한다는 단서가 붙기 때문이다. 그래서 일주일치 정량을 초과한 술이 식탁에 오르는 날이면, 아이도 거기에 따라오는 달콤함의 유혹에 슬쩍 눈을 감기도 한다. 물론 "내가 아이스크림 때문에 봐주는 게 아니야! 알았지!" 하는 '꾸지람'도 빠지지 않는다.

"우리가 술꾼도 아닌데 너무 그러지 마라."

이렇게 엄살을 부리는 남편도 어린 딸의 잔소리가 싫지는 않다. 그가 담배를 끊게 만든 것도 딸들의 눈물이었다. 어릴 때 텔레비전에서 폐암 환자들이 나오는 다큐멘터리 프로그램을 보고 그만, 딸들이 엉엉 울어버렸기 때문이다.

"엄마! 우리 아빠도 담배 피우다가 죽으면 어떻게 해."

부모에겐 자식이 제일 무서운 법이다.

술 한 병에 취했는지, 아니면 수은등 아래 벚꽃 흐드러진 봄밤에 취했는지 우리는 아이들보다 먼저 곯아떨어졌다.

다음날 텐트 밖은 아침 안개로 자욱했다. 봄이 깊어졌다는 증거였다. 아침 안개 속 벚꽃은 밤사이 수은등 아래 벚꽃과 또 달랐다. 그러나 햇살 아래 눈이 부시게 화려하던 모습과 달리 둘 다 처연하기는 마찬가지였다. 등불 아래 꽃은 마음 심心 변의 쓸쓸할 처悽, 안개 속 꽃은 물 수水 변의 차가울 처凄 자가 더 어울린다. 벚꽃 하나에서도 이렇게 서로 다른 빛을 볼 수 있다는 게 큰 선물이었다.

화는 자식이 아닌 자신을 향한 것

금산사는 욕심나는 절이다. 몇 해 전 겨울, 출장 때문에 모악산을 찾았을 때 그 산자락 구석구석 공부하며 돌아다닌 적이 있다. 나는 한동안 산에 오르면서 그곳의 전설과 문화유적 그리고 산자락에 사는 사람들 이야기를 찾아다니며 밥벌이를 했다. 그때마다 다음에는 일이 아니라 여행 그 자체를 즐기기 위해, 가족들과 다시 오고 싶은 곳이 있었다. 금산사가 있는 김제 땅도 그 중 하나였다.

특히 금산사는 불교예술의 종합선물세트 같다. 미륵전, 대적광전, 적멸보궁, 방등계단, 나한전, 삼성각, 조사당, 보제루, 당간지주, 거대한 미륵불부터 부처의 사리탑까지……. 사찰에서 볼 수 있는 거의 모든 건축물과 불상들이 있다. 뿐만 아니라 이런 전각마다 걸린 현판들만 보아도 진귀한 서예 전시회를 보는 호사까지 누릴 수 있다. 글씨에 문외한인 내가 보아도 '모악산 금산사'라고 쓴 일주문은 옷깃을 여미고 공손하게 손님을 맞는 정갈한 안주인 같고, '금강문'에서는 용이 꿈틀대는 듯한 힘이 느껴지고, 미인의 손끝처럼 날렵한 '대자보전', 어눌한 듯하면서도 진중한 '나한전'의 글씨들은 저마다 다른 감흥을 준다. 그리고 내가 유일하게 작가를 알 수 있는 신영복 선생의 한글 글씨 '개산천사백주년기념관'까지 있다.

또 금산사를 일으켜 세운 진표율사가 깨달음을 얻기 위해 온몸을 돌로 짓이겨가며 처절하게 수행했다는 전설부터, 절 마당의 커다란 연못을 백성들로 하여금 숯으로 가득 메우게 한 이야기며, 그 연못 위에 거대한 철 시루를 얹고 다시 시루 위에 3층 건물인 미륵전 천장까지 닿는 커다란 미륵불을 세우게 된 것까지 흥미로운 이야기는 끝이 없다. 또 전각마다 각각 서로 다른 자세로 서 있거나 앉아 있는 여러 불상들에 얽힌 사연까지 풀어내자면 하루 종일 꼬박 다리품을 팔며 둘러보아도 턱없이 시간이 부족한 곳이다. 하지만 그 모든 걸 한꺼번에 아이에게 알려주려고 욕심을 부리면, 오히려 화를 부를 뿐이다.

큰아이와의 실랑이는 미륵전 앞에서부터 벌어졌다.

"여기 들어가면 깜짝 놀랄 만한 부처님이 있어."

"엄마, 난 안 들어갈래."

"왜?"

등산화의 끈을 풀고 다시 묶기가 귀찮다는 게 이유였다. 아이의 말이 끝나기 무섭게 아빠의 꾸지람이 이어졌다. 결국 그렇게 억지로 불당에 들어갔으니 아이 기분이 어떨까. 미륵전은 밖에서 보면 3층 구조의 건물이지만 실내는 하나로 뚫려 있고, 그 안에 12미터에 이르는 거대한 미륵부처가 서 있다. 아이가 이제껏 보아왔던 어떤 불상보다 규모가 큰 것이었지만, 기분이 상한 딸에게는 감흥이 있을 리 없다.

"엄마, 발 시려. 나 먼저 나갈래."

설상가상으로 마룻바닥은 발바닥에 얼음이 박힐 것처럼 차가웠다.

"조금만 참아봐. 여기 진짜 보물은 이 불상 밑에 있어."

나는 볼멘소리를 하는 큰아이를 달래 불단 아래 계단으로 내려갔다. 미륵불을 떠받치고 있는 거대한 철 시루 대좌를 보여주기 위해서다.

"여기 오는 사람들은 이걸 만지면서 기도하면 소원이 이루어진다고 믿어."

큰딸은 들은 척도 안 한다. 하지만 작은딸은 눈을 반짝이며 조심스럽게 철 시루를 쓰다듬는다. 둘째는 평소에도 외할머니가 주시는 염주며 관세음보살 부적 따위의 효험을 잘 믿는 편이다. 시험공부 대신 시험을 잘 보게 해달라는 뜻으로, 반야심경을 주문 외듯 암송하는 웃지 못할 일까지 있었다.

어차피 믿음이란 마음속에서 절로 일어나야 하는 것이다. 나 역시 본디 천주교인이던 친정엄마가 말년에 불교에 의지한 뒤로, 석가탄신일마다 절에 오라는 것이 귀찮았다. 삼배三拜를 하는 사람들 옆에 꼿꼿하게 버티고 서서, 불상을 빤히 쳐다보기만 한 적도 있었다.

하지만 지금은 어느 절이든 그곳에 들면 항상 절부터 한다. 달리 믿음이 생겨서가 아니다. 남의 집을 방문한 사람으로서 갖추어야 할 최소한의 예의라고 생각하기 때문이다. 그리고 절을 한다는 것은 남 앞에서 밑바닥까지 자신을 낮추어 겸손하게 내면을 들여다보는 일이라는 것을 깨달았기 때문이다. 내가 그만큼 어른스러워지는 데도 오랜 시간이 필요했다. 그러니 한창 콧대 높은 열네 살 딸아이에게 억지로 찬 마룻바닥에 엎드려, 금칠한 조각상 앞에 절을 하라고 강요할 필요는 없다.

문제는 구석구석 꼼꼼히 들여다보기를 바라는 부모와 달리, 아이의 마음은 온통 다른 곳에 가 있다는 점이다. 휴대전화를 사준 지 한 달 만에 일어난 변화였다. 몸은 부모와 같이 있어도 마음은 이미 다른 차원에서 떠돌고 있었던 것이다.

"너 계속 문자만 보내면 전화기 끄게 한다!"

급기야 남편이 이렇게 큰소리를 쳤다.

"어제부터 계속 전화기만 붙잡고 있고! 이건 같이 있어도 같이 있는 게 아니잖아!"

나 역시 합세해서 아이를 몰아세웠다. 우리 두 사람 다 딸아이 마음속에서 부모의 자리가 조금씩 줄어들고 있다는 데 화가 났나 보다.

아이는 낡은 관계를 딛고 일어서 부단히 새로운 관계에 눈을 뜨면서 자라는 것이다. 그럼에도 불구하고 우리는 지극히 자연스런 성장의 과정을 시샘하고 있었다. 본디 내 몸의 일부였던 것이 내 몸 밖으로 나와 더 넓은 세상으로 뚜벅뚜벅 걸어나가는 데 대한 아쉬움인지, 내게서 떨어져나간 것을 잃고 싶지 않은 욕심인지……

우리 부부는 금산사 뜰 안 늙은 벚나무 그늘에 앉아, 한참 동안 화를 누그러뜨려야 했다. 화는 자식이 아닌 분명 자신을 향한 것이었다.

금산사 입구에 있는 돌로 만든 홍예문은 견훤석성이라 불린다. 넷째 아들 금강에게 왕위를 물려주려던 견훤이 맏아들 신검에게 쫓겨나 금산사에 유배된 연유로 생긴 이름이다. 형제간에 칼부림이 나고 부모 자식이 적으로 돌아서버린 피비린내 나는 역사를, 굳이 절집 입구에서 떠올리게 하는 이유는 무엇일까. 금산사에 들면 부모와 자식 간의 가장 원초적인 욕심부터 버리라는 뜻일까.

이름만큼 살 수 있을까

　금산사를 나와도 벚꽃길은 길게 이어졌다. 모악산 서북쪽 능선 아래 귀신사에 잠시 들렀다가 금평저수지 앞에 있는 증산법종교 교당을 거쳐 김제 벌판을 향해 달려나갔다. 모악산은 행정구역이 김제와 전주, 완주 세 곳에 걸쳐 있지만, 본디 김제의 산이라는 데는 달리 말이 필요 없다. 단지 김제에 가장 넓은 땅을 걸치고 있기 때문만은 아니다. 모악산은 만경평야의 사람들이 대대로 의지하며 살아온 산이다. 금산사가 그 너른 땅을 바라보고 산문山門을 연 것도 그 때문이다.

　사실 아이들에게 금산사의 벚꽃보다는 만경평야를 보여주고 싶었다. 우리나라에서 유일하게 지평선을 볼 수 있는 곳이다. 김제 땅 너른 들판에서는 가을이면 누런 벼이삭들 사이로 코스모스 꽃길이 길게 이어지는 때, 지평선 축제도 연다. 첩첩 산으로 둘러싸인 나라에서 태어난 사람들에게 하늘과 땅이 맞닿은 지평선은 하나의 이상향이 아닐까.

　청명의 뒤를 잇는 곡우는 봄의 마지막 절기다. 우리야 꽃놀이에 마음이 들뜨지만 농부들은 본격적인 한 해 농사를 시작하는 분주한 철이다. 만경평야, 우리나라 사람들의 밥상을 만드는 땅에, 봄이 오는 모습을 보여주고 싶었다. 사람을 먹이고 살리는 진짜 봄을 보고 싶었다.

　해가 중천에 떠오르자 아지랑이와 황사가 뒤섞여 온통 부연 봄날이었다. 무채색 들판에서 선명하게 눈에 띄는 것은 길가에 줄지어 늘어선 깃발들뿐이었다. 붉은색으로 FTA 반대라고 쓴 노란 깃발들이 들바람에 펄럭였다. 식량주권을 빼앗긴 들판에도 과연 봄은 올 것인가, 깃

발들만 외로이 시위하는 듯했다. 금산사 경내에서 불던 실바람과 달리 어느 곳 하나 막힐 것 없는 만경평야의 들바람은 바람새도 매웠다.

만경평야의 자랑은 지평선뿐만이 아니다. 우리나라에서 가장 오래되고 큰 저수지인 벽골제가 있어 더욱 빛이 난다. 어릴 적 국사책 속 흑백사진으로나 보았던 아득한 유적 벽골제는 제천 의림지, 밀양 수산제

와 함께 우리나라 대표 수리시설로, 달달 외워야 하는 것이었다. 요즘처럼 교과서 속 현장들을 직접 찾아다니는 체험학습이 하나의 상품이 되리라곤 상상도 못하던 시절, 그것은 박제된 유적일 뿐이었다.

"벽골제는 벼가 많은 고을이란 말에서 나온 거래. 우리말 볏골을 한자로 쓰기 위해 저 글자를 고른 거겠지."

아이들에게 벽골제 이름에 담긴 뜻을 설명해주면서도, 푸를 벽碧 자에 뼈 골骨 자와 볏고을의 이미지가 참으로 멀게 느껴졌다.

"애들이 내 이름이 말 마馬 자에 길 로路 자냐고 묻는 거랑 비슷하네."

큰아이가 한글 이름 때문에 겪은 에피소드를 이야기하며 피식 웃는다. 높은 산이란 뜻의 한글 이름인데, 그걸 한자로 꿰어 맞추려다 보니 전혀 다른 의미가 된 것처럼, 벽골제도 비슷했다.

"엄마, 내 이름은 한자로 쓰면 어떨까?"

역시 큰 바다라는 뜻의 한글 이름을 가진 둘째가 묻는다.

"글쎄, 네가 정말 마음에 드는 한자가 있으면 한번 붙여봐."

이름은 정말 운명을 담고 있을까. 아이들은 높은 산과 큰 바다라는 뜻을 담은 특별한 이름 때문에 불편할 수도 있다. 큰아이는 종종 이다음에 크면 개명 신청을 하겠다고 말하기도 한다. 나 역시 어릴 적에 이름에 불만이 많았다. 초등학교 3학년 때는 진선미란 이름의 친구와 한반이 되어 더욱 싫었다. 진선미는 정말 이름 그대로 미스코리아만큼 예뻐서 심술이 났는지도 모르겠다. 그럴 때면 부모님은 이렇게 어린 딸을 위로했다.

"네 이름이 너무 좋으니까 사람들이 다 따라 해서 그런 거야."

나이 많은 언니들은 대개가 숙자, 미자, 영자……. 이런 이름이었으니까.

하지만 나는 철이 들고 나서는 종종 다짐한다. 이름만큼이라도 살자고. 적어도 나라는 존재가 세상에 나와 가장 주목받던 그 순간, 부모는 얼마나 큰 소망을 담아 이름을 지었을까. 생각해보면 평생 내가 가진 것 중에 이름보다 귀한 선물이 또 있을까 싶다. 딸들도 그걸 이해하는 날이 있겠지.

물론 벽골제란 이름에는 '전설의 고향'에나 나올 법한 사연도 있었다. 제방이 쌓는 족족 무너지고 부서지기를 반복하자, 푸른빛을 띠는 말뼈를 섞어 흙을 이기라는 신령님의 계시가 있었다는 것이다. 하지만 이 너른 제방에 쓸 뼛가루를 구하려면 온 나라의 말들이 떼죽음을 당해야 하지 않았을까. 그보다는 거대한 토목 공사에 동원된 노예들의 뼈에 사무친 한이 있다는 사실을 은유적으로 표현한 것 아닐까.

벽골제에선 벼농사의 역사와 유물 등을 보여주는 전시관보다 밖으로 나와, 딸들과 옛 저수지의 탁 트인 제방 위를 걷는 게 더 좋았다. 유리벽 안에 박제된 벼농사 유물들을 보고 있으면 암울한 생각만 들었기 때문이다. 쌀을 제외하고는 식량자급률이 5퍼센트도 안 되는 게 우리 농업의 현실이다. 그나마 쌀시장마저 개방하고 나면 미래에는 "옛날 옛적에 우리나라에서 벼농사도 지었다더라." 하고 보여주는 박물관이 생길지도 모른다. 논농사 짓던 사람들은 인간문화재가 되고 논이 유적지로 보호되는 끔찍한 일이 생기지 않는다고 누가 장담할 수 있을까.

벚꽃만 바라보다 놓친 것들

아이들과 폭신한 풀밭 위를 오래도록 걸었다. 멀리 지평선을 바라보며 걷다 보면 발바닥을 타고 정수리까지 온몸에 봄물이 오르는 느낌이었다. 온통 벚꽃에만 정신이 팔려 고개를 쳐들고만 다녔는데, 발아래 봄은 훨씬 다채로웠다. 풀밭 사이로 양지꽃이며 꽃다지 같은 들꽃들이 고개를 내밀고 있었다.

"엄마, 이게 무슨 꽃이지?"

보물찾기 하듯 꽃 찾는 일을 놀이 삼아 즐기던 둘째가 물었다.

"글쎄, 모르겠는데. 며느리밥풀꽃인가?"

"에이, 아니야. 그건 내가 잘 알아."

"맞다. 이건 밥풀도 없네. 네가 알아내면 엄마한테 가르쳐줘."

장래희망이 식물학자인 둘째와는 종종 이런 대화를 나눈다. 무료함을 달랠 때 아이가 가장 좋아하는 것도 '꽃 이름 대기' 게임이다. 멀미 때문에 여행을 싫어하지만 낯선 곳에서 새로운 꽃을 만나는 일만큼은 언제나 아이를 흥분시킨다. 길에서 만난 꽃들을 사진에 담아 와 식물도감을 뒤져서 기필코 이름을 알아내곤 한다. 방학숙제도 몇 년째 '식물조사 일기'를 계속 써올 만큼 좋아하는 것에는 몰입한다. 그 정도 열의라면 또래들 가운데서는 '꽃 박사'라 부를 만하다.

한번은 내가 "학자가 되려면 진짜 학위도 따야 하고 공부도 많이 해야 하는데 괜찮아?" 하고 물었다. 그러자 아이는 "응……. 너무 힘들면 꽃집 주인 하면 되잖아. 난 둘 다 좋아."라고 대답했다. 아이가 장차 무슨 일을 하든, 아무리 어려운 일이 닥쳐도 어김없이 봄은 오고 꽃들은 피어날 것이다. 그때마다 딸아이가 좋아하는 꽃으로부터 위안을 삼으면 충분하다. 부모 욕심이야 사회적으로 더 인정받고 경제적으로는 덜 불편한 일을 하길 바랄 것이다. 하지만 어떤 직업이 아이를 행복하게 할지는 예단할 수 없는 일이다.

봄기운은 온 땅에 공평하게 퍼져 있는데도 우리는 온통 크고 화려한 벚꽃에만 정신이 팔려 있었다는 걸 깨달았다. 순간 딸아이가 찾아낸 발아래 작은 꽃들에게 미안한 생각이 들었다. '이 작은 꽃들은 이름을 알려고도 하지 않았구나.' 우리는 은연중에 인생에서도 크고 화려한 것만 쫓고 있는 것은 아닌지.

"김제에 뭐 볼 게 있겠어!"

여행을 떠나기 전 남편이 한 말이었다. 더구나 어젯밤 미국에서 전화를 건 그의 생짜배기 전라도 친구 역시 "아따, 김제에 뭣 하러 간다냐." 하고 시큰둥한 반응을 보였다. 그러나 벽골제를 나와 지적으로 이어져 있는 아리랑문학관에서 김제 여행을 마무리하며, 남편의 태도는 달라졌다. 나는 아이들에겐 봄이 오는 지평선을 보여주고 싶었다면, 조정래의 아리랑문학관은 남편에게 주고 싶은 선물이었다.

원고 집필 계획표에 "36년간 죽어간 민족의 수가 400만. 2백 자 원고지 18,000매를 쓴다 해도 내가 쓸 수 있는 글자 수는 고작 300여만 자!"라고 써놓은 조정래의 육필 원고 속 붉은 글씨, 12권의 대하소설을 쓰는 동안 쓴 하이테크포인트펜의 속심을 수북이 산처럼 모아 놓은 필통, 소설의 무대가 되는 자연 배경들을 사진보다 세밀하게 스케치해둔 취재 수첩 그리고 배고픈 시절 아내인 시인 김초혜에게 쓴 가난한 소설가 남편의 애절한 편지까지…….

그곳에서 별말이 없던 남편은 돌아와 이렇게 적어놓았다.

"'김제에 뭐 볼 게 있겠어.' 플로리다의 김 선생이 이렇게 말했다. 나도 실은 비슷한 생각을 했었다. 우리가 사람에 대해 가지는 생각도 비슷할 것이다. 우연히 포착된 이미지. 그것을 근거로 그 사람을 잘 안다고 확신하는 것. 모악산 아래 금산사에 가본 적도 없으면서, 귀신사 계단을 걸어 올라가본 적도 없으면서, 해질녘 가슴이 아련해지던 망해사에 서서 저녁 바다를 말없이 바라본 적도 없으면서, 벚꽃 날리는 전군가도를 달려가 닿은 만경평야 그 막막한 지평선을 걸어본 적도 없으면서, 한 해가 다르게 늙어가는 어머니같이 안타까운 김제 시내 낯선 골목길과 적막한 시내를 걸어본 적도 없으면서……. 막연히 '김제에 뭐 볼 게 있겠어.' 이런 착각을 하기 십상이다."

— 곡우 무렵, 남편의 일기 중에서

넷
/

여름에 든다
아이들도 여문다

— 입하立夏 와 소만小滿 즈음
주왕산과 주산지에서

엄마의 열네 살에 '조용필'이 있었다면 딸에겐 '에픽하이'가 있을 뿐이다. 그럼에도 우리는 지금 둘 다 윤도현을 좋아한다. 그렇게 차이는 그대로 인정하고 이해하면 되는 것이다. 그러나 참 어렵다.

신영복 선생은 세상에서 가장 어렵고 힘든 길이 머리에서 가슴으로, 또 손과 발까지의 여행이라고 했다. 나는 머리로 알고 있는 것을 가슴으로 이해하고 손과 발로 실천하는 일이 힘들다는 것에 공감한다. 하지만 나는 종종, 그보다 멀고 험한 길을 본다. 나에게서 비롯되어 세상 밖으로 걸어나간 자식의 심장으로 이르는 길이다. 애초에 내 것이었지만 결코 내 소유가 될 수 없는 존재, 부모에게서 자식에게로 이르는 길은 나를 부정하면서 나를 다시 깨닫는 길인 것 같다. 그래서 정말 어렵다.

입하, 여름의 시작이다. 누구도 언제부터가 여름이라고 딱 잘라 말할 수는 없을 것이다. 다만 절기상으로는 입하부터 입추 전날까지를 여름이라 부른다. 우리는 겉옷 속에 이미 반소매 옷을 입었고, 한낮의 기온이 무덥게 느껴진 지 오래지만 그래도 여름이란 말은 어색했다. 봄은 하루라도 앞당겨 느끼고 싶지만, 여름부터는 모든 계절이 더디 오기를 바라는 마음이 강해서일까.

아이들에겐 오늘이 여름의 시작이든 말든 관심 밖의 일이다. 설사 오월에 갑자기 한파가 닥쳐온다 해도 크게 상관하지 않을 것이다. 오월은 오직 어린이날이 있기 때문에 소중하니까. 그런 어린이날, 네 번째 캠핑을 떠났다. 둘째는 출발 전날부터 땅이 꺼져라 한숨을 쉬었다.

"어린이날이 아니라 완전히 어린이를 죽이는 날이네!"

올해 중학생이 된 큰딸은 자기가 아직 어린이날의 수혜자가 되어야 하는지를 놓고 이리저리 재보는 듯했다. 아직 선물은 받고 싶지만, 그렇다고 어린이로 불리고 싶지는 않은 것이다. 사실 어린이와 어른의 구분은 봄과 여름의 경계를 구별하는 일만큼이나 어렵다. 살아오는 동안 어린이보다 철이 없는 어른, 또 어른보다 어른스러운 어린이들을 얼마나 많이 만났었나.

"어린이날맞이 특별캠핑이잖아. 친구들한테 물어봐라, 어린이날 캠핑해본 사람이 몇이나 되나!"

"그러니까 정말 불쌍하지."

아이들을 위해 이번 캠핑은 친구 가족과 동행하기로 했다. 친구 집은 정반대 상황이었다. 최악의 어린이날이라고 불평하는 우리와 달리, 그 집 아이들에겐 멋진 선물이었다. 서울의 아파트에서 우리 집으로 놀러오는 것만으로도 여행이라고 좋아하던 아이들이다. 친구네는 이번에도 우리 집까지 와서 함께 출발하고 싶어 했지만 나는 경북 청송에 있는 주왕산 캠핑장에서 직접 만나자고 했다. 모름지기 여행이란 목적지보다 그곳으로 가는 길 자체를 즐기는 것이다. 그래서 처음 가본 곳이라면, 스스로 길을 찾아나서야 제 맛이라고 생각했다. 그런 나를 두고 남편은 "혹시 같이 가는 게 싫어서 까탈대는 게 아니냐?"고 핀잔을 주었다.

사실 동행이 있다는 것은 부담스럽다. 집 밖에서 만나는 것이지만 우리가 계획한 여행에 초대하는 만큼 마음이 쓰이는 것도 사실이었다. 캠핑에 대한 기대로 한껏 부풀어 있지만, 실제로 하룻밤 노숙을 하고 나면 '괜히 따라왔다'고 실망하게 되지는 않을까 걱정스러웠기 때문이다. 여름의 시작이라고 해도 산속의 밤은 아직 뼛속을 시리게 하는 추위가 가시지 않았다.

우리야 이미 단련됐지만, 아파트 생활에 익숙한 친구들이 잘 견뎌낼 수 있을지도 걱정이었다. 그래서 친구에게는 따뜻하게 잘 수 있도록 잠자리 준비만 잘하라 신신당부하고, 나머지는 모두 우리에게 맡기라고 했다. 떠나기 전날 마당에서 취나물과 머윗잎, 돌나물과 두릅을 따서 향긋한 봄나물 밥상을 준비했고, 주왕산에서 유명한 달기약수로 닭백숙을 끓이기 위한 재료들도 손질해놓았다. 나는 평소보다 짐 꾸리는 데 긴장을 한 탓인지 떠나기 전날부터 피로가 몰려와, 저녁 설거지도 못한 채 쓰러지고 말았다.

우리는 토요일 아침 8시까지 늦잠을 자고, 10시 20분경에야 겨우 집을 떠났다. 서울에서부터 출발하는 친구 가족이 8시 30분에 집을 나선 것에 비하면, 아주 느긋한 편이었다. 어린이날이 낀 연휴를 맞아 서울을 탈출하는 무시무시한 자동차 행렬에서 우리 집은 비교적 자유로웠다. 하지만 아무리 여유가 있다 해도 한껏 늑장을 부리는 남편 앞에선 심술이 났다.

"여보, 여태 차에 짐도 하나 안 싣고 뭐 해?"
"걱정 마. 짐 싣는 데 5분도 안 걸려. 이거 마저 하고."
내가 정신없이 부엌 정리를 하는 동안 남편은 개를 데리고 산책까지 하고, 호미를 들고 모과나무 아래 패랭이를 심고 있었다. 우리 집 마당에는 철 따라 피는 야생화가 지천인데도 남편은 해마다 봄이 되면 늘 새로운 꽃을 사다 심는다.

"이제 꽃 좀 그만 심자. 사방이 꽃 천진데 뭘 자꾸 사들이는 거야……."
이렇게 잔소리를 하는 쪽은 늘 나다. 그럴 때마다 과연 우리가 이십 대에는 툭하면 그에게 꽃을 사 선물하는 나를 두고 "먹지도 못하는데……. 차라리 쌀을 사주지." 하고 놀리던 사이가 맞나 싶기도 하다.

"그렇게 여유 부리다 또 허겁지겁 챙기려고 그러지. 또 뭘 빠뜨려도 난 몰라!"

남편은 내 잔소리에는 꿈쩍도 하지 않고, 여물게 꽃밭을 다듬었다. 결국 성미 급하고 답답한 내가 나설 수밖에 없었다.

"얘들아, 엄마랑 짐 나르자!"

나는 무거운 게 있어도 남편이 움직여줄 때까지 손가락 하나 까닥 안 하고 기다리는 '마님' 타입이 못 된다. 그냥 기다리면 몸도 마음도 편안할 것을 늘 사서 고생하는 쪽이다.

"아, 참. 그냥 두라니까. 다 됐어."

흙 묻은 목장갑을 벗은 남편이 내가 든 배낭들을 낚아챘다.

"아빠, 우리끼리도 잘할 수 있어."

어느새 무거운 짐도 번쩍번쩍 들 정도로 자란 큰딸의 말이다.

후다닥! 그는 말 그대로 순식간에 트렁크에 짐을 꾸려 넣었다.

"내가 실으면 예쁘게 정리할 수 있는데……."

트렁크에 쏟아질 듯 처박힌 짐들을 보면서 큰딸은 못내 아쉬운 모양이다. 평소 기분전환으로 정리정돈을 즐기는 큰아이는 가끔 냉장고 속까지 줄을 맞춰 정리해놓아서 나를 놀라게 한다. 그때마다 남편은 "당신도 좀 딸한테 배우지 그래." 하며 놀린다. 딸아이의 그런 면은 대체 누굴 닮았을까.

하지만 예상대로 기어이 사고가 나고 말았다.

"엄마, 소파에 둔 내 가방 실었지?"

집을 나선 지 한참 지나서 둘째가 물었다.

"몰라……. 여보, 당신이 실었지?"

"아니, 난 현관문 앞에 있는 것만 실었지."

"난 몰라! 어떻게 해! 책임져!"

결국 둘째 딸이 챙겨 놓은 옷가방을 빠뜨린 것이다. 텐트 안에서도 꼭 잠옷을 갈아입어야 마음이 편한 아이에겐, 자기 가방이 없는 캠핑이란 최악의 어린이날을 더욱 끔찍하게 만드는 일대 사건이었다.

나무도 태어나고 죽는다

나는 나무가 좋다. 남편도 마찬가지다. 수목장이란 말이 널리 알려지기 전부터 남편은 "나 죽거든 화장해서 나무 밑에 묻어달라."고 입버릇처럼 말했다. 나는 그때마다 "난 절대로 당신 안 묻어. 당신이 날 나무 밑에 묻어야지." 이렇게 되받아쳤다. 그러면서 여행지에서 멋진 나무를 만나면 그 큰 그늘아래 누울 수 있으면 좋겠다는 생각도 해보았다.

주왕산 가는 길목에도 그런 나무가 있었다. 관동왕버들이란 이름의 천연기념물 버드나무와 그 곁에 나란히 살고 있는 만세송이란 멋진 소나무가 그것이다. 가슴둘레가 6.5미터나 되고 높이가 10미터가 넘는 이 버드나무는 정확한 나이를 알지 못한다. 그 곁에서 용틀임하고 있는 소나무 역시 지름이 1미터 가까이 되는 거목이다.

"애들아, 엄마가 좋아하는 나무부터 보고 가자."

남의 집에 방문하면 당연히 웃어른께 인사부터 드려야 하는 것처럼, 나는 청송에선 왕버들과 소나무의 안부부터 물어야 한다고 생각했다.

"옛날 이 마을에 살던 총각이 좋아하는 처녀 아버지 대신 군대에 갔대. 돌아와서 결혼하기로 약속을 했는데 끝내 돌아오지 않은 거지……."

청송군 파천면 관동마을의 서낭나무를 찾아가는 길에, 나는 열심히 나무에 얽힌 전설을 읊었다. 버드나무는 총각이 전쟁터로 떠나기 전 정표로 심은 것이었다. 그러나 총각은 소식이 끊겼고, 처녀는 다른 사내에게 시집을 가게 되었다. 처녀는 혼례 전날 버드나무에 목을 맸고, 그 곁에서 소나무 한 그루가 홀연히 자라난 것으로 이야기는 끝이 난다.

"그러니까 버드나무랑 소나무랑 신랑 각시 같은 거야. 재미있지?"

그런데 뒤를 돌아보니 가관이었다. 어린이날 선물로 최신 헤드폰을 받은 큰딸은 MP3에서 나오는 음악에 심취해 있었고, 둘째는 요가 수준의 괴이한 자세로 만화책에 얼굴을 파묻고 있었다. 하기야 둘 다 '전설의 고향'에 흥미를 느낄 나이는 한참 지났으니까.

"근데 엄마, 소나무가 어디 있어?"

시큰둥하게 별 반응이 없던 둘째가 차에서 내리자마자 묻는다. 그래도 내 이야기를 다 흘려보내진 않았나 보다.

"저기……. 어머! 세상에, 어쩌면 좋아."

나는 그만 다리에 힘이 풀렸다. 그 우람하고 기품 있던 소나무가 밑동이 잘린 채 토막 난 시체처럼 왕버들 옆에 누워 있었다. 그즈음 우리나라 온 산을 공포에 떨게 한 무시무시한 소나무 재선충 탓이었다. 소나무에겐 에이즈와 같은 병이 푸른 소나무의 땅 청송靑松까지 위협하고 있었다.

"이 나이테 좀 봐. 정말 엄청났겠네."

남편은 베어져나간 만세송의 그루터기를 만져보며 안타까워했다.

"당신이랑 애들한테 꼭 보여주고 싶었는데……."

나는 토막 난 소나무 곁에 털썩 주저앉았다. 그러자 내 곁으로 둘째 딸이 살며시 다가왔다.

"엄마, 우리는 괜찮아요. 너무 슬퍼하지 마세요."

나무도 사람처럼 태어나고 죽는다. 만세송의 죽음은 아득한 한 시대의 고독한 종말로 보였다. 여러 세기를 훌쩍 뛰어넘어 홀로 살아간다는 것은 너무 외로운 일인지도 모른다.

나는 영정사진을 찍듯 만세송의 주검을 꼼꼼히 카메라에 기록했다. 카메라 셔터 소리에 놀랐는지 나무둥치 아래 풀숲에서 기어나온 실뱀 한 마리가 쏜살같이 꼬리를 감추고 사라졌다. 나는 놀라 소리조차 지르지 못했다.

딸들이 자라서 제가 낳은 아이의 손을 잡고 다시 이곳을 찾을 때쯤에는 잘린 소나무 밑동에서 자란 어린 소나무가 이 자리를 지키고 있을지도 모르겠다. 그때 딸아이는 왕버들과 사랑에 빠진 소나무의 죽음을 슬퍼하던 엄마를 떠올려줄까.

왕버들은 제 가지에 목을 맨 처녀처럼 다시 혼자가 되었다. 관동마을 사람들은 매년 음력 1월 14일이면 왕버들 아래서 동제洞祭를 지낸다. 이때 제사에 쓴 종이에 글씨를 쓰면 명필이 된다는 전설이 있어서,

서로들 앞다투어 가지려 했다고 한다. 그 명필들 가운데 누구 하나 이 소나무의 죽음을 오래 기록해줄까 모르겠다.

세월을 받으며 기다릴 줄도 알아야

"약수 떠가지고 갈 테니 먼저 짐 풀고 있어요."

만세송 앞에서 애달파하던 사이 친구네는 이미 주왕산 상의 캠핑장에 도착해 있었다. 우리는 서둘러 주왕산 북서쪽 계곡의 달기약수터로 향했다.

청송읍 부곡리에 있는 달기약수는 옛 마을 이름인 달기동에서 이름을 딴 것이다. 달기골은 '달 뜨는 곳'이란 뜻의 운치 있는 이름이다. 조선 철종 때 바위틈에서 솟아나는 약물을 처음 발견했고 지금은 상탕, 중탕, 하탕 세 곳에 약수터가 있다. 원탕은 맨 위쪽에 있는 상탕이지만, 물맛은 하탕을 최고로 친다.

관광객들이 떠나고 한산해진 토요일 오후여서 약수터는 한산했다. 그래도 물을 받으려면 세 사람 뒤에 물통을 가져다놓고, 족히 30여 분은 기다려야 했다.

"엄마, 추워. 우린 차 안에서 기다릴래."

"이리 와봐. 그래도 물맛은 보고 가야지. 이 엿부터 먹고 물 마시는 거야."

약수는 쇳물에다 사이다를 탄 맛이다. 철분 때문이다. 보통은 그냥 먹기 힘들기 때문에 옥수수엿의 달짝지근한 맛으로 혀를 달래놓은 뒤에 물을 마시는 게 요령이다. 아이들은 엿은 좋아라 입에 물었지만, 약수는 한 모금 겨우 물고 이내 인상을 찌푸린다.

"웩이야! 웩!"

"엄마, 이 물로 저녁 할 거면 나 밥 안 먹을래."

아무리 몸에 좋은 약이 입에 쓰다고 해도, 아이들 스스로 그걸 이해하려면 아직 시간이 필요하다.

"이 물로 백숙을 끓이면 닭 냄새 하나도 안 나고 진짜 구수해. 걱정 말고 먹어보기나 해."

약수터가 있는 북쪽 골짜기는 해가 일찍 저물어 쌀쌀했다. 아이들은 차 안에 두고 우리 부부만 약수터 주변을 어슬렁거리며 차례를 기다렸다.

달기약수는 땅에서 솟아오르는 물이 움푹 팬 돌확 안에 고이기를 기다렸다가 바가지로 떠서 물통에 담아야 한다. 그래서 큰 통 가득 물을 받는 사람은 물맛만 보려는 사람에게 언제든 기꺼이 자리를 내줘야 한다. 그러다 보니 한 통을 가득 채우는 데 꽤 오랜 시간이 걸린다. 물을 받는다기보다 돌확에 고이는 세월을 받는 셈이다.

"여보, 너무 늦었는데 그냥 받아놓은 물 사가지고 갈까?"

약수터 주변은 백숙 집만큼이나 물통 가게들도 즐비하다. 가게 이름도 화끈하게 '물통상회'라고 붙인 곳까지 있다. 약수가 든 통이나 빈 통 모두 3천 원으로 값이 같다.

"기왕 여기까지 왔는데 직접 받아 가자."

그래야 제 맛이 난다는 게 남편의 생각이었다. 다른 사람들도 대부분 빈 통을 사서 직접 물을 받아 가길 좋아했다. 드디어 우리 차례가 되었다. 그런데 때마침 한 무리의 관광객들이 우르르 몰려들어, 너도나도 한 바가지씩 물을 달랜다. 졸지에 물통 앞에 쪼그리고 앉은 남편이 엿장수로 오인을 받았다. 약수탕 옆에는 옥수수엿 무인 판매대가 놓여 있기 때문이다.

"아저씨, 물 좀 주세요."

"저도요."

"이 엿은 얼마예요?"

남편은 우리 물통은 채울 새도 없이 다른 사람들에게 물을 떠주기 바빴다. 막무가내로 물을 내놓으라는 듯이 말하는 사람도 있었다.

"저도 물 뜨러 온 사람이거든요."

남편이 어이없다는 듯 웃으며 말했다.

"그래요, 아이고 미안해라. 아무튼 좋은 일 하시네요."

그런데 왜일까. 노인의 오줌발처럼 감질나게 솟아오르는 약수를 퍼내는 동안, 오히려 마음이 편안해지고 시간도 느리게 흐르는 것 같았다. 달기약수 앞에선 바가지에 퍼 담을 만큼 물이 다 차오를 때까지, 느긋하게 기다릴 줄 알아야 한다. 성미 급하게 바가지로 자꾸 긁어봐야 한 모금 축일 만큼도 못 된다. 달기약수의 물은 아무리 가물어도 솟아나는 물의 양이 일정하고 한겨울에도 얼지 않는다고 한다.

우리는 일부러 물통을 가득 채우지 않았다. 그러나 마르지 않는 샘물을 퍼내는 동안 가슴속 깊이 스며든 평화로운 마음은 차고 넘쳤다.

주왕산 아들바위 앞에 선 딸들

새벽부터 보슬비가 내렸다. 날이 밝기를 기다리는 동안 가랑비로 변하더니 이내 텐트를 때리는 빗방울 소리가 경쾌해졌다.

"저 집 괜찮나?"

"추웠을 거야. 침낭도 여름 거고 텐트도 약한 건데……."

친구네는 우리 집에서 하룻밤을 자는 동안에도 감기에 걸려 돌아간 적이 있었다. 한겨울에도 반팔 차림으로 생활하는 아파트 실내에 익숙한 사람들이 내복 없이 살지 못하는 시골집에 적응하기 어려웠던 것이다.

"다신 같이 가자 소리 안 할지도 모르겠네."

우리는 빗소리에 가려질 정도로 소리를 낮춰 얘기했다. 텐트의 벽이란 게 옆집 사람 코 고는 소리까지 들릴 정도니까, 벽이라기보다 그저 외부 공기와 잠자리 사이에 둘러쳐진 인공피부 정도의 기능만 할 뿐이다. 그렇기 때문에 캠핑은 자연의 품 안에 가장 깊숙이 안길 수 있는 잠자리를 만드는 것이기도 하다.

"잘 잤어?"

옆 텐트에서 인기척이 나자 남편이 묻는다.

"응……. 근데 비가 오나 보네."

잠이 덜 깬 친구가 대답했다.

"많이 올 것 같지는 않아. 비도 오는데 게으름 좀 피우지 뭐."

바닥에 누운 채로 옆집과 말을 주고받을 수 있다는 건 캠프장에서

나 가능한 일이다.

"아, 비 오니까 아늑하다!"

아빠의 이런 감탄사에 언제 잠이 깼는지, 둘째가 침낭 속에서 말을 받는다.

"아, 나는 눅눅하다!"

여전히 어린이날 캠핑에 대한 아쉬움이 풀리지 않은 모양이다.

아침은 지난밤에 남은 진한 백숙 국물에 죽을 끓였다. 솥뚜껑을 여는 순간 젖은 공기 속으로 황기 냄새가 확 퍼졌다. 깨끗해진 오월의 대기 속으로 주왕산이 성큼 다가온 것 같았다. 비는 마른땅 위에 비릿한 흙먼지만 날리고서 그쳤다.

"엥? 산에 간다고요? 어린이날 캠핑한 것도 모자라서 등산을 한다고요?"

둘째가 눈이 동그래진다.

"아니, 높이 올라가지 않고 그냥 폭포 있는 데까지만 갔다 올 거야."

"그 말을 어떻게 믿어? 폭포까지 몇 미터인데?"

평소 산에 갈 때마다 '거의 다 왔어', '금방이야' 이런 식의 격려와 사기 진작용 거짓말에 속아왔던 둘째는 정확한 거리와 높이로 근거를 대라고 한다.

"피, 산에는 절대 안 올라간다고 약속해놓고서……."

"이건 등산이 아니라 산책이라니까!"

남편이 힘주어 말하지만 딸들은 아빠가 통 미덥지 않은 모양이다.

주방계곡을 따라 제3폭포까지 산책에만 두 시간 가까이 걸렸다. 어

른들은 높이 올라가보지도 못하고 이대로 산을 떠난다는 게 아쉬웠고, 아이들에겐 산책치고는 너무도 긴 시간이었다. 그래도 오늘은 또래 친구들이 있어서 다행이었다.

주왕산은 전설 속에 나오는 주왕이란 사람 때문에 생긴 이름이다. 대체 어떤 사람이기에 감히 산에 이름을 붙이는 것일까. 영국인 측량기사 조지 에베레스트의 이름을 딴 세계 최고봉 에베레스트산도, '초모랑마'나 '사가르마타'처럼 현지인들이 부르던 본래 이름으로 바꾸어야 한다고 생각하는 사람들이 많다. 감히 한 사람이 신성한 산의 이름을 대신할 수 없다고 생각하기 때문이다. 물론 에베레스트와 비교하면 주왕산은 1,000미터도 안 되는 낮은 구릉이다. 그렇다 해도 사람 하나가 그 산을 대표하기는 쉽지 않은 일이다.

주왕은 당나라에서 쫓겨나 고려 땅으로 도망 와 3년 동안이나 이 산에서 숨어 지내다 죽었다는 중국 사람이다. 주왕이 숨어 있었다는 주왕굴, 주왕이 무기를 숨겨두었던 무장굴, 군사훈련을 했다는 연하굴이 남아 있고, 뿐만 아니라 주왕산의 절 대전사도 그의 아들 대전도군의 이름에서 땄다고 한다. 산 구석구석 주왕에 얽힌 전설이란 게 결코 허투루 들리지만은 않는다. 또 중국 입장에선 반역자일지 몰라도, 우리 땅에서 전설의 주인공으로 오래도록 살아남은 것을 보면, 주왕은 분명 이 산자락 백성들에게 사랑받은 모양이다. 전설이란 결국 민중들의 입을 통해 걸러진 역사니까.

산은 주왕의 전설처럼, 숨어 지내기에 딱 좋은 천연 요새다. 그래서 실제로 해방 이후에는 빨치산들의 근거지가 되기도 했다. 우리는 거대한 돌 병풍으로 첩첩 울을 두르고 있는 주왕산의 속살 깊숙이, 주방계곡을 따라 걸어들어갔다. 햇살은 따스했지만 계곡과 폭포 사이를 드나드는 골바람에는 아직도 귀가 시렸다.

아이들은 고리타분한 주왕의 전설보다는 주방천 한가운데 있는 아들바위 앞에서 돌을 던지는 사람들이 더 흥미로운 모양이다.

"혹시 아빠도 저기 돌 던졌어?"

딸들이 묻는다.

"아니, 뭐 하러. 골치 아프게 아들은 무슨 아들이냐."

남편이 손사래를 친다.

"근데 우리 아빠는 저기다 돌 던졌대요!"

우리처럼 딸만 둘인 친구네 둘째가 제 아빠를 이른다.

"야, 그냥 재미로 던진 거지!"

국립공원에서 세워놓은 안내판에는 계곡물 한가운데 놓인 바위에 돌을 던져 얹으면 아들을 낳을 수 있다는 전설이 소개되어 있었다. 주방계곡 들머리에서 아들바위를 세워놓고 호객행위를 하는 것 같았다. 그곳에서 너도나도 돌멩이 하나씩 내던지는 어른들을 보면서 두 집 딸들 모두 입을 비죽 내밀었다.

요즘 초등학교에선 반장이며 전교회장도 모두 여자아이들이 선점하고, 사내아이들이 여자 짝꿍을 차지하려고 갖은 애를 쓴다는데. 또 중학생만 되면 아들 가진 부모들은 여자아이들한테 치인다며 아예 남녀공학을 기피하는 세상이 되어버렸다. 그럼에도 우리나라 어디에도 딸 낳게 해달라는 기도를 들어준다는 상징물을 아직 본 적이 없다.

부모에게서 자식에게로 이르는 먼 길

"너는 어떻게 친구랑 같이 가면서 혼자 음악만 듣니?"
주방계곡을 따라 걸으면서 내가 큰딸에게 한 말이다.
"우린 음악 들으면서도 얘기 다 할 수 있어."

딸아이는 친구 얼굴을 보며 웃는다. 엄마는 뭘 몰라도 한참 모른다는 뜻이었다. 큰아이들에게는 만나면서부터 서로가 좋아하는 가수 이야기가 가장 큰 화제였다. 부모들이 밤새 아이들의 교육현실을 안주 삼아 술잔을 부딪쳤던 것처럼 말이다. 생각해보니 열네 살의 나 역시 내가 좋아하는 가수가 세상의 전부처럼 보였다.

음악은 세대를 구분 짓는 가장 뚜렷한 징표인지도 모른다. 인간의 오감 중에 가장 보수적인 감각기관이 청각이라는 것도 그 사실을 뒷받침한다. 우리 집은 달리는 차 안에서 오디오 선택의 주도권을 대부분 운전하는 사람이 쥐고 있다. 딸들은 아빠와는 주파수가 맞지 않는다. 결국 아이가 헤드폰을 쓰고 자기만의 음악을 듣는 것은 당연한 일인지도 모른다. 그래서 여행 가방 속에 각자의 속옷과 양말 등을 따로 챙기듯이, 길 떠나기 전에는 자기만의 음악파일을 따로 준비할 때가 된 것이다. 엄마가 중학교 시절 틈만 나면 시내 레코드점으로 달려가, 좋아하는 유행가를 카세트테이프에 녹음하던 것과 다르지 않은 것이다. 릴테이프에 기록한 아날로그 음악과 전자신호가 담긴 디지털 음원의 차이만 있을 뿐, 유행가를 통해 갈구하던 엄마와 딸의 꿈은 다르지 않다.

그런데도 나는 종종 이렇게 딸에게 시비를 건다. 늘 헤드폰을 쓰고 사는 아이가 못마땅한 것이다. 물론 나에게 아이를 공격할 무기는 많았다. '디지털 음악은 아날로그인 자연의 소리와 달리 정서적으로 좋지 않다'느니 'MP3 때문에 청소년들의 난청이 늘고 있다'는 의학계의 보고까지 들먹여 겁을 주기도 한다. 그러나 아이에게는 모두 똑같은 잔소리일 뿐이다.

"너는 어떻게 종일 헤드폰을 쓰고 있니. 귀도 좀 쉬어야지."

한참 뒤 남편 입에서도 같은 이야기가 나왔다.

"이제 그만 좀 빼!"

점잖게 타이르던 소리가 이내 명령으로 변하는 것은 흔한 일이다. 자식을 염려하는 부모의 마음은, 종종 이렇게 자유를 구속하는 폭력이 되기도 한다.

"나, 지금 음악 안 들어. 귀가 시려서 그냥 헤드폰 쓰고 있는 거란 말이야."

딸아이는 억울하다는 듯 말했다. 나는 순간 그 말이 변명이 아닐까 의심했다. 그러면서도 딸의 말을 그대로 믿지 못하는 내가 부끄러웠다.

MP3를 사준 것도 부모고, 이왕 음악을 들으려면 좋은 음질로 들어야 한다며 조악한 이어폰을 고성능 헤드폰으로 바꾸어준 것도 우리였다. 그러면서도 우리는 음악에만 몰입하고, 외부와 담을 쌓는 것 같은 아이의 태도가 못마땅했다. 마음 상한 딸아이가 혼자서 성큼성큼 산길을 앞질러 걸어간다. 한낮이 되었다. 수달래가 붉게 피어난 주방계곡에 여름도 그렇게 성큼 다가오는 느낌이었다.

"엄마, 우리도 여기 탑 쌓자."

　산길 옆으로 무너져내린 돌무더기를 차곡차곡 쌓아올린 돌탑 앞에서 둘째가 걸음을 멈춘다.
　"그래, 너는 무슨 소원 빌 건데?"
　"비밀이야."
　둘째와 탑을 쌓는 동안 큰딸은 저만치 더 멀어져갔다. 아이는 주머니에 손을 꽂고서 헤드폰으로 외부세계에 빗장을 지르고 혼자만의 길을 가고 있다.

돌멩이 하나를 올려놓는 데도 조마조마 가슴 졸이는 둘째는 대체 무슨 소원을 빌었을까. 큰아이 손을 잡고 이런 놀이를 함께 하던 게 엊그제 같은데……. 이제 얼마 지나지 않아 둘째마저 엄마의 손을 뿌리치고서, 제 언니처럼 내게서 멀어져갈 것이다.

우리는 질투를 하고 있는지도 모른다. 아이에게서 부모의 자리를 대신 채워가고 있는 새로운 모든 것들에 대해서. 음악은 핑계일 뿐이다.

"엄마, 이 노래 진짜 좋지?"

나는 마야의 '나를 외치다' 같은 요즘 노래를 딸아이가 아니었으면 몰랐을 것이다. 종종 엄마 머리에 헤드폰을 씌워주며 자기가 좋아하는 것을 들려주는 아이인데, 나는 너무 자주 심술을 부린다. 엄마의 열네 살에 '조용필'이 있었다면 딸에겐 '에픽하이'가 있을 뿐이다. 그럼에도 우리는 지금 둘 다 윤도현을 좋아한다. 그렇게 차이는 그대로 인정하고 이해하면 되는 것이다. 그러나 참 어렵다.

신영복 선생은 세상에서 가장 어렵고 힘든 길이 머리에서 가슴으로, 또 손과 발까지의 여행이라고 했다. 나는 머리로 알고 있는 것을 가슴으로 이해하고 손과 발로 실천하는 일이 힘들다는 것에 공감한다. 하지만 나는 종종, 그보다 멀고 험한 길을 본다. 나에게서 비롯되어 세상 밖으로 걸어나간 자식의 심장으로 이르는 길이다. 애초에 내 것이었지만 결코 내 소유가 될 수 없는 존재, 부모에게서 자식에게로 이르는 길은 나를 부정하면서 나를 다시 깨닫는 길인 것 같다. 그래서 정말 어렵다.

아이도 철따라 자연의 속도대로 자라야

주산지에 물이 마르기 전에 청송에 와야겠다고 생각했다. 입하 다음 절기인 소만小滿에 들어서면 본격적인 모내기철이 시작되기 때문이다. 소만은 세상만물이 차츰 자라나서 세상에 가득 찬다는 뜻이다. 산과 들이 싱그러운 잎사귀들로 가득 차 세상이 온통 초록으로 물이 오르고 있었다.

어느새 170센티미터 가까이 자란 큰딸을 보면 아이 몸속의 절기도 외형적으로는 가득 차오른 소만에 든 느낌이다. 어려서부터 성장이 빨라 또래들 사이에서도 늘 언니처럼 보였던 아이. 키가 크다는 것은 분명 부러움의 대상이다.

하지만 남모르는 어려움도 많다. 어려서부터 또래들보다 월등히 크다 보니 여러모로 눈에 띄는 게 사실이었다. 대여섯 살 때 외출을 하면, 키는 초등학생만 한 아이가 아기처럼 구니 어디 좀 모자란 게 아닌가 하는 눈으로 바라보는 사람들도 있었다. 나는 입장료나 대중교통 요금을 낼 때면 돈 몇 푼 아끼려고 아이 나이를 속이는 사람처럼 억울한 눈총을 받기도 했다.

딸아이는 유치원에 들어가면서부터 줄곧 선생님의 심부름을 도맡아야 했다. 학교 생활도 그렇게 '심부름으로 단련되고 주목받는' 일상이 계속 되었다. 하지만 어느 틈엔가 아이는 부담스러워했다.

"엄마, 내 친구는 심부름하고 싶은데 선생님이 자기는 한 번도 안 시켜주신대."

선생님의 심부름을 하는 것은 일종의 특권이었다. 어느덧 아이는 심부름으로 남을 돕는 일이 즐겁지만은 않다는 것을 깨달았다. 우리 부부 역시 아이가 심부름을 잘해서 모범상이나 선행상 따위를 받아 오는 일이 달갑지 않았다. 아이가 심부름을 도맡는 동안 다른 아이들은 남을 위해 일할 기회조차 갖지 못했을 수도 있다. 그래서 담임선생님께 정중히 편지를 쓸까도 고민했다. 하지만 그것은 무척 조심스러운 일이었다. 다행히 고학년이 되면서 부모의 고민보다 앞서 가는 선생님들을 만날 수 있었다. 튀는 아이는 적당히 눌러주고 모자란 아이는 애써 끌어올려줄 줄 아는 분이었다.

아무튼 큰딸아이는 단지 키가 크다는 이유로, 남보다 더 많이 양보하고 배려하도록 강요받았던 것이 사실이다. 우리 역시 '언니라서' 또 '맏딸이라서' 그런데 또 '넌 크니까'라는 이유까지 들어 이중삼중 스트레스를 주었다.

그런데 중학교에 들어가 교복을 맞추면서까지 큰 키가 문제 될 줄은 몰랐다.

"어머니, 얘는 키가 커서 너무 눈에 띄어요. 공연히 언니들한테 찍혀서 좋을 게 없어요. 그러니 절대 옷을 딱 맞게 입히면 안 돼요."

교복 집 아주머니는 아이들 세계에 대해선 산전수전 다 겪어봤다는 투로 충고했다. 옷맵시가 나도록 몸에 잘 맞는 옷을 입으면 안 된다니, 장사하는 사람의 영리 목적에도 맞지 않는 주문이었다. 또 웬만한 선생님들보다 키가 커서 사람을 내려다보는 자세가 공연히 불손해 보일 수 있다는 염려까지 했다.

남들이 성장판 검사를 하면서 호르몬 촉진 요법 등으로 아이들 키를 키우려고 고심할 때, 나는 '아이가 웃자란 식물처럼 가지치기를 당하는 게 아닐까' 하고 전혀 다른 고민을 해야 했다.

결국 세상만물은 철 따라, 생명의 본성 그대로, 자연의 속도 그대로 자라야 마땅하다. 다행히 주산지의 오월은 너무 이르지도 늦되지도 않았다.

버드나무는 아이의 목소리에 귀 기울이라 하고

주산지는 경상북도 청송군 부동면 이전리, 주왕산의 남동쪽에 있다. 김기덕 감독의 영화 '봄 여름 가을 겨울 그리고 봄'의 촬영지로 유명세를 타게 되었지만, 원래 농사를 위해 만든 저수지가 본모습이다. 그래서 소만이 지나고 사람들이 본격적으로 논과 밭에 물을 대기 시작하면 저수지에서 물을 빼내게 된다. 6월부터 9월까지 주산지의 진면목을 느끼기 힘든 이유가 거기 있다.

이 못은 조선 숙종 시절 1720년에 쌓기 시작해서 1721년 경종 때 이르러 완성한 것으로, 마을 사람들의 오랜 젖줄이었다. 주산지 들머리 큰 바위 위에 "둑을 막아 물을 가두어서 세상 사람들에게 은혜를 베푼 것을 잊지 않기 위해 돌 한 조각을 세운다(一障貯水 流惠萬人 不忘千秋 惟一片碣)."라고 쓴 비석이 그것을 말해주고 있다.

그러나 농사와 무관한 관광객들을 홀리는 것은 저수지보다 왕버들

나무다. 주산지에는 물속에서 홀연히 솟아오른 신령님 같은 왕버들이 산다.

"정말 신비롭다!"

초록거울 같은 수면 위로 비친 물그림자 속에서 흔들리는 왕버들을 보며 아이들이 감탄했다. 아침나절 잠깐 비가 온 뒤끝이어서 금세 목욕을 마친 듯 말끔한 대기가 연둣빛 이파리를 도드라지게 만들었다.

"아침 일찍 물안개 필 때 오면 더 멋있는데……. 그러면 진짜 환상적이거든."

나는 좀 더 멋진 풍경을 놓친 게 아쉬웠다.

"근데, 왜 지금 왔어?"

둘째가 물었다.

"너희가 게으름 피웠잖아. 더 자고 싶다고."

"헤헤, 그랬나. 그럼 나중에 또 오자."

둘째는 특히 이런 신비로운 느낌이 좋다고 했다. 자기가 가장 좋아하는 장르가 추리물과 신비주의라는 말까지 덧붙였다.

"엄마, 내가 좋아하는 버드나무가 아니라서 조금 실망이야. 그래도 멋있어."

아이는 주산지에 가면 물속에 버드나무가 산다는 말에, 머리채를 풀어놓은 듯 흔들리는 수양버들을 기대한 모양이다. 왕버들은 가늘고 길게 늘어지는 실버들과는 이파리부터 확연히 다르다.

"넌 어떤 버드나무가 좋은데?"

"유사리 개울가에 있는 거 같은 거."

유사리는 집으로 가는 길에 지나는 마을이다. 우리말로는 버드라리라는 더 예쁜 이름이 있다.

"그래, 유사리 유 자가 바로 버들 유 자야."

"응, 알아. 난 버드나무가 바람 불 때 하늘거리는 게 참 좋거든."

수양버들이 여리고 섬세한 여인이라면 왕버들은 우람한 사내와 같았다.

"엄마도 이맘때 버드나무 보면 너무 예뻐서 그림 그리고 싶었는데. 우리 딸도 버드나무 좋아하는 줄 몰랐네."

아이가 버드나무를 좋아하게 된 데는 분명한 이유가 있었다.

"음……. 전에 집에 올 때 멀미가 났는데 버드나무가 바람에 흔들리는 걸 보니까 기분이 상쾌해진 적이 있어. 그래서 나는 버드나무가 제일 좋아."

나는 아이가 멀미 때문에 평소 학교 가는 길에도 그렇게 힘든 줄은 몰랐다. 그런데 버드나무가 위로를 주었다니, 참 고맙고 기특한 나무였다.

물가 어디에나 잘 자라는 버드나무는 청춘을 상징하는 생명력 넘치는 나무다. 불교에서는 세상의 모든 소리를 들어 중생을 보살피는 관세음보살의 상징으로도 쓰인다. 그래서 오른손에 버들가지를 들고, 왼손은 왼쪽 가슴에 대고 나타나는 부처를 양류관음楊柳觀音이라고 한다. 실바람에도 나부끼는 버들가지처럼 미천한 중생의 작은 소리에도 애써 귀를 기울이는 자비로운 보살의 마음을 표현한 것이다.

거미줄을 흔드는 미세한 바람에도 주산지의 수면이 실버들 이파리처럼 파르르 떨렸다. 초록거울 같은 신비로운 물가에서 딸에게 들은 버드나무 이야기가 가슴에 남았다. 버드나무는 아이의 작은 목소리에 더욱 귀를 기울여야 한다는 관세음보살의 가르침 같았다.

주산지를 돌아 나오는 길, 길가에 늘어선 과수원에는 사과꽃이 한창이었다. 소만이 지나면, 주산지에서 물이 빠져 목마른 사과나무들이 목을 축이고 활짝 웃을 것이다. 우리 집 근처 버드나무 여린 이파리들도 색이 짙어지고 더 단단해질 것이다. 그렇게 여름이 오고, 아이들도 여물어간다.

다섯

사는 데 필요한 진짜 공부는 뭘까

— 망종芒種과 하지夏至 즈음
월악산과 하늘재에서

중학생이 되도록 선행학습을 위한 학원 한 번 안 보내고, 틈만 나면 들로 산으로 놀러다닐 궁리만 하는 우리가 '괴짜 부모' 취급을 받는 세상이다. 억울하기도 하고 답답하기도 했다. 인생에서 정말 중요한 공부는 학교 밖에도 얼마든지 있다고 믿는다. 그렇다고 학교 성적 따위는 중요하지 않다고 무시해버릴 용기는 없다. 어차피 우리가 공교육 울타리 속으로 아이를 들여보낸 것은 어른이 되어서도 함께 부대끼며 살아가야 할 대다수 평범한 사람들과 조화롭게 사는 게 중요하다고 생각했기 때문이다. 물론 대안학교의 훌륭하고 앞선 실험들이 우리 사회의 틀에 박힌 교육을 긍정적인 방향으로 바꾸어간다는 데는 충분히 동의한다. 그렇지만 가장 중요한 대안교육은 학교의 틀보다 먼저 부모 스스로 대안적으로 사는 것이라는 게 우리 부부의 일치된 생각이다.

한살림에서 벌이는 단오잔칫날이었다. 해마다 모내기를 끝낸 생산자들이 도시의 소비자 조합원들과 만나 한 해 농사의 풍작을 기원하며 한바탕 신명 나는 놀이판을 벌인다. 우리는 여주군 금당리에서 열리는 단오잔치에 참가한 뒤, 저녁나절 가까운 충주 월악산 자락으로 떠나기로 했다.

절기로는 망종이 3일 지났고, 하지를 10여 일 앞두고 있는 6월의 첫 번째 토요일이었다. 음력 5월 5일인 단오 역시 일주일 가까이 남았지만, 여러 사람들이 한자리에 모이기 위해 일주일 정도 앞당겨 치러진 잔치였다.

망종은 '까끄라기 망'芒 자에 '씨앗 종'種 자를 쓴다. 씨앗에 까끄라기가 있는 곡식을 뿌리기 적당한 때라는 뜻이다. 실제로 농부들은 이때 보리를 베어내고 벼를 심는다. '망종에는 발등에 오줌 싼다'는 속담이 있을 정도로 농부들이 가장 바쁜 때라고 한다. 그래서 단오 무렵 모내기를 끝낸 사람들이 한데 모여 한바탕 잔치를 벌이는 것이다.

우리가 찾아간 여주군 금당리에서도 모내기를 끝낸 논마다 물에 잠긴 어린 모들이 꼿꼿이 고개 들고 서 있었다.

단오는 24절기에는 속하지 않아도 우리의 오랜 세시풍속이다. 그렇기는 해도 사실 도시 사람들에게는 망종이니 단오 같은 것이 실감 나질 않는다. 하지만 오늘 모인 사람들은 달랐다. 매일 밥상에 올라오는 푸성귀며 곡식들이 누가 언제 씨를 뿌리고 어떻게 길러내는지 농부들과 직접 소통하며 살기 때문에, 단오의 의미를 누구보다 소중하게 생각했다.

"엄마랑 같이 오니까 너무 좋다."

작은딸아이가 차에서 내리자마자 곧장 내 팔짱부터 끼며 말했다. 내가 직장에 다니는 동안은 주말 출장이 많았던 터라 아이들은 아빠와 함께 이런 곳을 찾아다니는 일이 잦았다.

"난 엄마 없이 가족 캠프 같은 데 오는 게 제일 싫었어."

큰아이도 맞장구를 쳤다.

"너희 좋아하는 이모랑 삼촌들이 얼마나 많은데 그래. 가는 데마다 귀여움 받으면서 맨날 보는 엄마 좀 없으면 어때서?"

나는 좀 뜻밖이라고 생각했다. 하지만 생각해보니 작년 단오잔치도 아빠와 아이들만 참가했었다.

"그래도 싫단 말이야. 내가 그런 데 얼마나 가기 싫어했는지 엄만 모르지?"

큰아이는 그간 참아온 것이 억울하다는 표정이었다.

"그래? 정말 몰랐네."

아이들은 언제까지나 부모를 기다려주지는 않는 것 같다. 부모가 뒤늦게 열심히 함께 있는 시간을 늘려보려고 하면 어느새 아이는 혼자만의 세계를 향해 훌쩍 멀어져가고 있다.

금당리에선 도시에서 찾아온 손님들을 위해 돼지도 잡고, 술도 빚고, 직접 길러낸 유기농 재료들로 만든 떡이며 김치도 새로 담가 풍성한 식탁을 준비했다. 우리는 고작 각자 쓸 빈 접시와 컵, 수저만 준비해서 간다는 게 민망할 정도로 푸짐한 잔칫상이었다.

"와, 진짜 맛있겠다. 그런데 너희 왜 이렇게 뚱한 표정이야?"

잔칫집에 놀러온 아이들은 내내 꿔다놓은 보릿자루처럼 굴었다. 그토록 기다리던 엄마와 함께 왔지만, 아이들은 이미 너무 자라버린 탓일까.

"재미없어. 다 꼬마들밖에 없잖아."

사실 큰아이나 작은아이 모두 또래를 찾기 힘들었다. 어린아이들을 위한 놀이나 어른들의 놀이 어디에도 마땅히 끼어들기가 어색했다. 일행 중에 중학생은 우리 딸과 고양시에서 대안학교에 다니는 사내아이 둘이 전부였고, 대부분 초등학교 1~2학년 아래 어린이들뿐이었다. 사실 부모들 역시 체험학습이라고 아이들을 데리고 이곳저곳 열심히 찾아다니는 일은 어릴 때 일찌감치 끝내야 하는 숙제라고 생각한다. 큰딸아이 또래가 되면 입시에 도움 되는 곳만 찾아가는 게 일반적인 모습이었다.

"우리 아이들은 이제 안 따라나서요."

단오잔치에서 만난 부모들 사이에서도 이런 말이 자연스런 인사였다. 우리도 '자식은 역시 품 안에 있을 때'라는 말을 주고받을 나이가 된 것을 실감했다.

"가족이 다 같이 오니까 얼마나 보기 좋아요. 애들 참 기특하네요."

딸들의 속을 모르는 어른들은 이렇게 칭찬까지 했다. 부모를 순순히 따라와주는 게 '기특하다'는 칭찬을 들을 일이라니……. 우리도 곧 자식들이 찾아와주길 기다리게 되는 쓸쓸한 노년이 머지않았다. 결국 사람은 이렇게 늙어가면서 겨우 부모의 심정을 이해하게 되는 모양이다.

단오잔치에서는 창포물에 머리감기, 씨름과 그네뛰기 같은 전통놀이, 경운기 타고 동네 일주하기, 줄다리기, 지게로 쌀가마니 지고 이어달리기 같은 게임들이 이어졌다. 5월 5일, 단오는 숫자에서 양의 기운을 상징하는 홀수가 두 번 겹쳐져, 1년 중에서 가장 생기가 왕성한 날이라고 한다. 단오에 남자들이 씨름을 하고 여자들이 그네를 뛰는 이유도 넘쳐나는 생명의 기운을 발산하기 위한 것이다.

평소 그네를 좋아하는 딸들 역시, 학교 운동장에 있는 쇠줄 그네와 비교가 되지 않는 튼튼한 동아줄을 맨 전통 그네만은 좋아했다. 하지만 그네 위에 올라타 넘치는 기운을 훌훌 날려버리고 싶어도 그것이 좀처럼 쉽지 않았다. 그네를 기다리는 줄이 너무 길었고, 양보해야 할 어린 동생들도 너무 많았기 때문이다. 문득 단옷날 그네를 뛰다가 이몽룡을 만난 춘향의 나이가 큰딸보다 겨우 두 살 위였다는 사실이 떠올랐다.

밥 한 그릇의 공부

우리가 텐트를 친 곳은 월악산국립공원 닷돈재 캠핑장이다. 단오잔치가 마을 어귀에 장승 두 기를 세우는 것으로 끝이 났고, 뉘엿뉘엿 하루해가 저물 무렵에야 가까스로 충주에 도착했다. 하지夏至가 코앞으로 다가온 때라 해가 많이 길어졌다. 하지만 깊은 숲 속 캠핑장에는 어둠이 일찍 찾아들었다. 캠핑장에 일찌감치 자리를 잡은 서너 개의 텐트에서 하나 둘 가스등이 불을 밝히고 있었다.

"사람들 이렇게 많은 데는 처음이다."

아이들은 우리 가족 말고도 다른 캠핑객이 있다는 게 반가운 모양이다. 날이 더워지고 본격적인 캠핑의 계절이 다가오고 있었다.

"이제부터 한동안 호젓한 데 찾기는 힘들겠는데……."

남편은 벌써부터 여름철 북적이는 캠핑장을 걱정한다.

"그래도 나는 사람들 있는 게 좋아. 밤에 우리만 있으면 무섭단 말이야."

둘째가 말했다.

"엄마 아빠가 있는데 무섭긴 뭐가 무서워."

남편의 대답이다.

"난 텐트 칠 때마다 내 방을 놔두고 왜 여기서 자야 하나 도대체 이유를 모르겠어."

텐트 폴을 조립하던 큰딸이 한 말이다.

아이들이 부모 품 안에만 있으면 아무 걱정이 없고, 부모의 말이라면 무조건 옳고 좋은 것이라 믿고 따르던 때가 있었다. 그것이 조금씩 흔들리고 의심받기 시작한 것은 과연 언제부터였을까, 나는 문득 궁금했다.

"그래도 이런 게 다 그리울 날이 있을 거다."

나는 고작 이렇게 대꾸했다.

그렇지만 어둠 속에서 짐을 푸는 일은 나 역시 귀찮았다. 텐트를 치고 저녁을 해먹고 나면 그냥 침낭 속에 쓰러져버릴 것 같다. 날이 갈수록 몸이 고되다는 신호를 보내오면서, 내 몸의 배터리가 24시간 용량이 못 된다고 느낄 때가 많았다. 문득 이렇게 짐을 바리바리 싸 들고 돌아다니는 번거로운 여행을 얼마나 오래 할 수 있을까 하는 생각이 들었다.

"기대하세요. 오늘 저녁 식사는 둘째 따님이 맡습니다."

숲 속에 텐트가 서고, 나무 그늘 아래 야외용 부엌까지 번듯하게 차려진 다음, 나는 이렇게 말했다. 둘째는 쑥스럽다는 듯 웃는다.

"헤헤, 기대까지는 뭐."

이번 캠핑에서는 아이들이 직접 식단을 짜고 식사 준비도 맡아보라고 했다. 요즘 부쩍 요리에 관심이 많아진 둘째의 요구사항이기도 했다. 나는 평소 외출을 할 때면 인스턴트 간식 대신, 아이들이 간단히 요리해 먹을 수 있도록 반조리 상태로 재료들을 준비해둔다. 감자나 고구마를 삶아 먹을 수 있도록 하거나, 불에 데워 먹을 수 있는 일품요리를 준비해주는 것이다. 그러면 언니가 동생 몫까지 챙겨 줄 수밖에 없는데, 대신 설거지와 뒷정리는 모두 동생 몫으로 남겨두는 모양이다.

그런데 어느 날 부엌으로 달려온 둘째가 씩씩거리며 말했다.

"엄마, 나도 밥하는 거 가르쳐줘요!"

"왜? 갑자기?"

"언니가 맨날 자기가 밥 차려준다고 나는 하녀처럼 심부름만 시켜. 차라리 내가 직접 하는 게 낫겠어."

그 말을 듣고 있던 남편은 한 술 더 거들었다.

"그래, 이제 5학년이면 혼자 밥도 해야지. 여보, 이제 당신이 밥할 때마다 애들 가르쳐줘."

그렇게 해서 아이는 가마솥으로 밥하는 법부터 배웠다.

가마솥 밥은 생각보다 쉽다. 밥물이 끓어오르면 그대로 불을 끄고 기다렸다가 김이 잦아들 때쯤 다시 약한 불로 뜸을 들이면 된다. 무쇠 뚜껑이 무거워 끓어 넘칠 염려도 없고, 불을 끈 뒤에도 솥 자체의 복사열로 재료들이 익기 때문에 연료 또한 절약된다. 아이 역시 버튼 하나만 누르면 해결되는 전기밥솥 밥보다 배울 게 많았다. 불의 세기를 조절할 줄 알게 되고, 뜸을 들이는 동안 속 깊은 맛을 위해 진득하게 기다릴 줄 알아야 한다는 것도 배운다. 이번 캠핑을 떠나기 이틀 전, 둘째가 처음 밥을 하던 날 쓴 일기다. 제목은 '진짜 공부'다.

"(…) 엄마 밥하는 것을 구경하다가 해보겠다고 했다. 사실 나는 이제껏 요리를 못 했다. 라면이나 빵은 잘 굽는데 요리라고 치는 것은 하나도 없었다. 그래서 오늘 처음 밥하는 법을 배웠다. 그리고 양송이 햄 볶음도 만들었다. 모두들 맛있다고 해서 기분이 좋아서, 점심은 볶음밥을 만들었다. 맘만 먹으면 할 수 있는 것을 알았다.

저녁에는 엄마가 밥 불을 맡기고 가셨다. 그런데 거실에서 책을 보다가 실수로 밥을 태웠다. 그래서 밥을 새로 했다. 엄마는 태워도 봐야 한다고 하셨다. 아빠는 밥을 하는 것은 정말 인생에 필요한 공부라고 했다."

- 2007년 6월 6일, 둘째 딸의 일기 중에서

이 일기를 본 담임선생님은 "엄마는 태워도 봐야 한다고 하셨다."에 밑줄을 긋고 "부모님이 매우 긍정적이시다~"라는 메모까지 남겨주었다. 나는 상을 받은 것처럼 으쓱했다.

캠핑장에서 저녁은 엄마가 보조를 맡고, 내일 아침은 큰딸의 요리를 아빠가 거들기로 했다. 저녁 메뉴는 참치김치찌개와 햄 버섯볶음이었다. 나는 평소 통조림 같은 가공식품은 쓰지 않으려고 노력한다. 하지만 오늘은 아이가 선택한 재료 그대로 존중하기로 했다.

"엄마, 버너는 너무 어려워. 도와주세요. 가스레인지는 쉬운데……."

야외용 가스버너는 크기는 작아 각별한 주의가 필요하다. 작은 통 안에서 순식간에 가스를 분출해내기 때문에 불꽃이 훨씬 사납고 위협적으로 느껴지기도 한다.

"익숙해지면 괜찮아. 엄마도 처음엔 무서워서 아빠한테만 시켰거든."

나 역시 원터치로 점화되는 가스버너에는 익숙해졌지만, 예열에다가 펌핑까지 해야 하는 휘발유 버너는 아직 부담스럽다. 오래 전 지리산 세석산장에서, 제 키만 한 배낭을 메고서 눈보라를 헤쳐 뚜벅뚜벅 걸어들어오던 다부진 여자, 배낭에서 떡 하니 휘발유 버너를 꺼내 씩

씩하게 펌프질을 하고, 뚝딱뚝딱 라면을 끓여 맛나게 먹는 모습을 보면서 어찌나 부럽던지. 아이가 일찌감치 불을 잘 다스릴 수 있게 되면 소심한 엄마보다 훨씬 진취적인 사람이 되지 않을까 하는 기대도 가져본다. 버너 다루는 법 하나를 가르쳐주면서도 딸아이가 사내들도 엄두 내지 못하는 일까지 척척 해낼 수 있었으면 하고 욕심을 내는 엄마라니.

아주 간소한 저녁이었지만, 아이와 함께 만든 밥상은 어느 때보다 맛났다. 해월 최시형 선생께서는 밥 한 그릇의 의미를 온전히 아는 것은 우주의 이치를 이해하는 일이라고 하셨다. 사람이 곧 하늘인 것처럼, 하늘이 먹는 밥 한 그릇은 온 우주의 정성이 가득 담겨 만들어지기 때문이다. 그래서 아이에게 밥을 감사히 먹고 또 정성껏 밥을 짓는 일을 가르치는 것은 세상에서 제일 중요한 '진짜 공부'다.

인생은 선행학습이 없는데

이번 캠핑을 가장 부담스러워한 것은 큰딸이다. 도 학력고사와 기말고사를 코앞에 두고 있었기 때문이다.

"세상에 엄마 아빠 같은 사람이 어디 있어? 시험 앞두고 놀러가자고 하고. 난 몰라."

딸아이는 떠나기 전부터 투덜거렸다.

"너야 좋지 뭐! 시험 못 보면 엄마 아빠 때문이라고 핑계도 생기고."

이렇게 농담을 했지만 솔직히 나 역시 부담스러웠다.

"이모가 어제 전화해서 뭐라는 줄 알아? 엄마 아빠가 특이해서 좋으냐고 물었어."

어릴 때부터 이웃에서 우리 아이들을 지켜본 선배 이야기였다.

"엄마 아빠가 뭐가 특이해. 평범하지. 그래서 너 뭐라고 그랬어?"

"그냥, 대답 안 하고 웃었어. 하지만 평범한 건 진짜 아니다!"

"맞아! 맞아! 진짜 아니야!"

둘째가 맞장구를 쳤다.

중학생이 되도록 선행학습을 위한 학원 한 번 안 보내고, 틈만 나면 들로 산으로 놀러다닐 궁리만 하는 우리가 '괴짜 부모' 취급을 받는 세상이다. 억울하기도 하고 답답하기도 했다.

인생에서 정말 중요한 공부는 학교 밖에도 얼마든지 있다고 믿는다. 그렇다고 학교 성적 따위는 중요하지 않다고 무시해버릴 용기는 없다. 어차피 우리가 공교육 울타리 속으로 아이를 들여보낸 것은 어른이 되어서도 함께 부대끼며 살아가야 할 대다수 평범한 사람들과 조화롭게 사는 게 중요하다고 생각했기 때문이다. 물론 대안학교의 훌륭하고 앞선 실험들이 우리 사회의 틀에 박힌 교육을 긍정적인 방향으로 바꾸어 간다는 데는 충분히 동의한다. 그렇지만 가장 중요한 대안교육은 학교의 틀보다 먼저 부모 스스로 대안적으로 사는 것이라는 게 우리 부부의 일치된 생각이다.

하지만 중학생이 되고부터 우리도 긴장하지 않을 수 없었다. 학교 성적은 부모라면 누구도 피할 수 없는 걱정 아닌가. 그나마 우리를 안심시킨 것은 아이 스스로 자기 문제를 해결하려는 의지가 뚜렷하다는 점이었다.

그래도 수학은 너무 큰 벽이었다. 다른 아이들은 대부분 초등학교 때부터 중학교 과정을 한 학기에서 1년 이상 선행학습을 하고 있었다. 그런데 다행히 딸아이의 수학 선생님은 첫 시간부터 "학원에서 미리 배운 걸 절대 티 내지 말라."고 경고했다. "수업시간에 배운 것만으로 깨우치는 제자를 볼 때 가장 뿌듯하다."는 말로 아무 준비가 없던 딸에게 용기를 주기까지 했다. 천만다행이었지만 첫 중간고사가 끝나자 사정이 달라졌다. 시험 성적을 가지고 수준별 이동수업을 하게 된 것이다. 딸아이가 용케 우수반에 들어간 게 오히려 화근이었다. 우수반에선 선행학습 된 학생들을 기준으로 수업이 이루어지다 보니 아이의 이해

력이 현저히 떨어진 것이다. 아이는 제 발로 수학 선생님을 찾아갔다.
"선생님, 저 도저히 못 따라가겠어요. 제발 열반에 넣어주세요. 안 그러면 전 망해요."

아이 스스로 이렇게 요구했다는 소리를 듣고 우리는 깜짝 놀랐다. 내 딸에게 그런 대범한 면이 있다는 게 믿어지지 않았다. 하지만 안타깝게도 아이의 요구는 거절당했다. 힘들어도 노력해서 따라가야 한다는 게 학교 방침이라고 했다. 또 성적이 나은 아이가 열반에 오면 뒤떨어진 학생들에게 피해가 된다는 게 선생님의 설명이었다. 결국 아이는 첫 시험 이후, 울며 겨자 먹기로 혼자 수학 과목 선행학습을 시작했다.
"아, 미치겠어. 방정식 없는 세상에서 살고 싶어!"

아이는 종종 수학문제집을 풀다가 이렇게 소리 지른다. 그러면 학원에서 이미 1학년 과정을 다 마친 짝꿍이 "너 나중에 이차방정식 풀면 아마 죽고 싶을 거야!" 하고 훈수를 둔다고 했다. 이게 현실이었다.

오늘도 여행 가방 속에 문제집을 챙겨 온 걸 보면 아이의 답답한 마음을 충분히 이해할 수 있다. 중학교 이후로 고등학교 졸업할 때까지는 명절날 하루를 빼면 가족과 함께 놀러다니는 것은 아예 포기하라던 선배들의 말이 비로소 실감 났다.

그런 이유로 이번 캠핑은 한곳에 오래 머물기를 선택했다. 보통 아침을 먹고 나면 서둘러 텐트를 걷고서 이곳저곳 바쁘게 돌아다니기를 좋아했지만, 오늘은 점심때까지 여유 있게 캠핑장에 머물기로 했다.
"자, 이제부터 각자 하고 싶은 대로 하는 거야!"

남편은 무슨 큰 시혜를 베푸는 듯 선언했다. 실바람이 포플러나무 여

린 잎사귀를 흔들고, 소나무의 바늘 같은 이파리는 아침 햇살을 빗살무늬로 잘게 부수었다. 남편은 안락의자에 앉아 소설책을 읽었고, 둘째는 솔방울과 나뭇가지를 모아 집짓기 놀이를 하고, 나는 텐트 밖으로 매트리스를 끌어내 하늘을 이불 삼아 누웠다. 안타깝게도 큰아이는 과학문제집을 풀다가, 노트북을 꺼내서 사회 보고서 숙제까지 해야 했다. 따닥따닥 따다닥, 마로가 속사포처럼 키보드 자판을 두드리는 소리가 고요한 숲 속 공부방에 울려 퍼졌다.

"우린 사회 시간에 선생님이 설명할 때마다 여기 가본 사람 손들어 보라고 해."

한동안 키보드 자판만 두드리던 딸아이가 말을 꺼냈다.

"그래, 넌 손들 데가 많겠네."

옆에서 조용히 책장을 넘기고 있던 남편이 말했다.
"아니, 한 번도 안 들었어."
"왜? 너 가본 데가 많을 텐데……."
나는 이상하다고 생각했다.
"창피해서. 선생님이 물어보는 데마다 안 가본 데가 하나도 없는걸. 나 혼자 계속 손들면 웃기잖아!"
우리 부부는 서로 얼굴만 쳐다보며 어이없이 웃었다. 어떻게 보면 우리는 학원 공부만큼이나 비싼 공부에 더 많은 투자를 했던 셈이다.
"그럼, 좋아. 이따 가는 데도 사회책에 꼭 나올 테니까. 기대해."

미륵불과 할머니의 공깃돌

월악산은 이름대로 풀자면 달바위산이다. 바위산은 달빛 아래서 희부연 속살을 반짝거리며 빛이 난다. 그래서 이름에 달 월 자가 들어간 산을 찾을 때마다 보름날 다시 오고 싶다는 생각을 했다. 하지만 한 번도 그 뜻을 이루지 못했다. 월악산만 해도 이번이 세 번째인데도 그렇다. 월악산에서 달 뜨는 모습이 가장 멋있는 곳이 어디일까, 구체적으로 마음속에 지도까지 그려두었는데도 말이다.
"여기는 달밤에 와야 제격인데."
닷돈재 캠핑장에서 나와 찾아간 미륵사지에서 내가 처음으로 한 말이다.

"보름만 됐어도 어젯밤에 오자고 졸랐을 거야."

"엄만, 밤중에 무섭게 이런 델 왜 와?"

딸들은 이해할 수 없다는 표정이다. 어제는 그믐달이 이지러질 즈음이었다.

"그럼, 다음엔 달밤에 여기서 캠핑할까?"

남편의 말에 아이들은 기겁하며 손사래를 친다.

미륵사지는 월악산 남쪽 송계계곡이 시작되는 곳에 있는 고려시대 절터다. 월악산 산줄기가 이어지는 포암산과 주흘산 사이로 충주에서 문경으로 백두대간을 넘어가던 하늘재 옛길 입구에 절터가 있다. 절의 지붕이 불에 타서 사라져버린 뒤로, 법당이 하늘을 향해 활짝 열려 있다. 그래서 불상의 허리 아래께 남아 있는 인공 석굴 한가운데에 거대한 돌부처만 덩그러니 혼자 서 있는 게 인상적이다.

북쪽으로 우뚝 솟아 있는 월악산 영봉을 향한 미륵리 석불입상을 보고 있으면, 빈 들판에 홀로 서 있는 돌부처의 머리 뒤로 광배처럼 보름달이 걸리는 모습을 상상하게 된다. 그러면 부처가 바라보고 서 있는 맞은편 산의 바위들이 달빛에 반사되어 빛날 것이다. 거기에 나라를 잃어버린 왕자와 공주의 구슬픈 전설까지 떠올리게 되면, 애틋한 마음에 술잔을 들지 않을 수 없을 텐데……. 혼자 이런 상상을 하고 있는데 딸들의 반응은 영 딴판이었다.

"재미나게 생겼다!"

10.6미터에 달하는 거구의 돌부처를 보고 딸들이 한 소리였다.

"엄마, 저것도 보물이야?"

보물 제96호인 불상을 설명하는 문화재 안내판에는 "석불의 표정이나 신체 등의 조각 솜씨는 불상 및 절터의 규모 및 석굴에서 풍기는 웅장함과 달리 아주 소박한 편이다."라고 점잖게 표현해놓았다. 하지만 사실 아이들 눈으로 보기에는 신체 비례가 맞지 않는 몸체 때문에 어딘가 모자라 보였다. 그래도 자꾸 쳐다볼수록 정이 가는 얼굴이었다.

미륵불은 월악산 덕주사 바위벽에 새겨진 덕주사 마애불(보물 제406호)과 마주 보고 있다고 한다. 월악산 자락에서 서로를 마주 보고 있는 이 불상들은 각각 신라의 마의태자와 덕주공주 남매가 세운 것이라고 전해진다. 전설은 졸지에 궁궐에서 쫓겨난 왕자와 공주의 이름을 빌려, 누구도 기억하지 않는 나라 잃은 백성들의 한과 슬픔을 대신 기록했다. 결국 두 부처의 엉성한 모습은 오랜 전쟁 끝에 새로운 나라가 세워진, 고려 초기의 어수선한 세상 탓이다. 오랜 시간 공을 들인 세련되고 정형화된 예술 작품을 기대하기보다는 하루라도 빨리 불안한 사람들을 위로하려는 마음에 조급하게 돌을 쪼개고 갈아내 만든 부처들 아닐까.

미륵불을 바라보며 이런저런 생각에 잠긴 틈에 정작 아이들의 관심을 끈 것은 개울 옆 바위 위에 얹어진 공 모양의 커다란 돌멩이였다.

"저걸로 공기를 했다니 도대체 사람이 얼마나 컸다는 거야?"

온달장군이 쓰던 공깃돌이란 설명이 있는 바위였다. 아이들은 코웃음을 치면서도 그런 발상 자체가 재미있는 모양이었다. 아무튼 신라의 마지막 왕자와 공주에 이어, 고구려 온달장군까지 전설의 무대에 등장하는 것을 보면 이곳 충주 땅이 삼국시대의 요충지였음을 알 수 있다.

"엄마, 저거 보니까 할머니 공기 하시는 거 생각난다."

둘째가 느닷없이 외할머니 이야기를 꺼냈다.

"맞아, 어떻게 왼손이랑 오른손으로 내기할 생각을 다 하실까? 우리 할머닌 진짜 재미있어."

아이들은 할머니의 왼손 공기 솜씨를 얘기하며 혀를 내두른다.

친정엄마는 요즘 들어 부쩍 치매 예방에 좋은 것이라면 무엇이든 곧이곧대로 실행에 옮기고 있다. 최근에는 손가락 근육을 많이 쓰는 공기놀이가 뇌의 노화를 방지한다는 말을 듣고, 짬 날 때마다 공깃돌을 가지고 논다고 하셨다. 그런데 혼자 사는 엄마가 생각해낸 것이 자기 양손을 편을 갈라놓고 내기를 하는 것이었다. 아이들은 외할머니의 오른손이 왼손에게, 또 왼손이 오른손에게 말을 걸면서 공기놀이 하는 모습을 보고 배꼽을 잡고 웃었다.

하지만 나는 그 뒤로 좁은 아파트 안에서 혼자 공기놀이를 하고 있을 엄마 생각을 하면 가슴이 아팠다. 행여 치매라도 걸려 자식들을 고생시킬까 봐 갖은 애를 쓰고 있는 모습을 보고 차마 웃을 수도 없었다. 팔십이 넘어서도 고운 자태를 잃지 않고 계신 시어머니도 마찬가지다. 오로지 자식들한테 짐이 되지 않게, 아프지 않고 잘 돌아가게만 해달라고 늘 기도하며 사신다. 우리는 아직도 이런 부모의 마음을 절반도 따라가지 못한다.

미륵리 돌부처의 발치에도 세상의 다른 어미들이 남긴 기도의 흔적들이 역력했다. 숱하게 꺼지고 다시 불을 밝힌 촛불들 아래, 눈물처럼 흘러내린 촛농들이 부모의 근심만큼 수북하게 쌓여, 돌처럼 단단하게 굳어 있었다.

새 길도 금세 옛길이 된다

"하늘재. 어때, 이름도 예쁘지? 하늘과 맞닿는 고개란 뜻이야."

미륵사지에서는 하늘재 옛길 탐방로가 이어진다. 우리는 그 길을 따라 걸어보기로 했다.

"덥고 힘든데 어디까지 걸어갈 거야? 진짜 하늘 보일 때까지?"

아이들은 시작부터 보챘다. 한낮의 햇살이 뜨거웠다. 그늘 한 점 없던 미륵리 절터에서 하늘재 탐방로 입구까지 걷는 동안 어깨가 축축 늘어지기 시작했다. 아이들의 사기 진작 차원에서 아이스크림이라도 입에 물려주려고 했지만 하나뿐인 매점마저 문이 잠겨 있었다.

하늘재 옛길 입구에는 장승과 솟대가 우리를 기다렸다는 듯 반기고 서 있었다. 하지만 더위에 지친 아이들은 그걸 보고도 별 감흥이 없다. 커다란 나무를 뿌리째 거꾸로 세워 만든 멋진 작품이었는데도 말이다. 커다랗게 입을 벌린 천하대장군과 지하여장군은 지나는 사람들이 던져 넣은 돌멩이들을 한가득 물고 서 있었다.

"우리도 저기 돌 던지면서 소원 빌어볼까?"

그러나 아이들의 반응은 냉랭했다.

"그럼, 난 그냥 내려가자고 빌 건데……."

결국 아이들의 마음을 풀어준 것은 유월의 숲이 만든 서늘한 그늘이었다. 머리맡에는 산사나무, 쪽동백나무의 희고 여린 꽃이, 발밑에는 보라색 꿀풀과 노란 미나리아재비들이 수풀 사이로 고개를 내밀었다. 새로운 꽃들이 반가운 둘째는 발걸음이 더욱 가벼워졌지만, 하나라도

더 카메라에 담고 싶은 욕심에 걸음은 더뎌졌다.

"엄마, 천천히 가요. 이거 다 찍고 싶어."

숲을 따라 걷는 동안 자연스레 모든 마음의 빗장이 풀렸다. 남편은 아예 신발을 벗고 맨발로 걷기 시작했다.

하늘재는 영남 지방에서 한양으로 가기 위해 백두대간을 넘은 고개 가운데 맨 처음 열린 길이라고 믿어진다. 《삼국사기》는 "서기 156년, 신라의 아달라 이사금 3년에 계립령을 열었다."라고 기록하고 있다. 계립령은 이곳 하늘재와 미륵리에서 수안보로 넘어가는 지릅재, 또 송계계곡으로 통하는 닷돈재(어젯밤 우리가 텐트를 친 캠핑장 이름은 닷돈재 고개 이름에서 딴 것이다)를 모두 일컫는 말인데, 그 중 하늘재가 가장 중요한 통로였다. 닷돈재는 가장 길이 험해 깎아지른 벼랑 앞에 사람이 머물면서 짐을 옮겨주고 품삯으로 닷 돈씩 받아냈다고 해서 붙여진 이름이다.

"우리 전에 새재 걸어올라갔던 거 생각나지?"

2년 전 여름, 아이들과 함께 집 앞 3번 국도를 따라 마라도까지, 캠핑을 하며 보름간의 여행을 한 적이 있었다. 그때 괴산에서 문경으로 넘어가는 새재를 걸어올랐었다.

"응, 거기 과거 보러 가는 선비 동상 세워놓은 거 진짜 웃겼는데."

큰아이가 옛길 속에서 추억을 더듬어냈다.

"너 그때도 걷기 싫다고 짜증 부렸는데……."

엄마의 기억은 다른 데 초점이 맞추어져 있었다.

"새재가 새도 넘기 힘든 고개라서 조령이라고 그런 거랬어."

역사라면 정사보다는 주로 만화책에서 본 야사 쪽으로 해박한 지식을 가지고 있는 둘째가 곧바로 알은체를 했다.

"그래, 그 말도 맞는데 원래는 하늘재 다음에 새로 뚫은 고개라고 해서 새재라고 부른 거래."

새재가 새 길이 되면서 하늘재는 옛길이 된 것이다. 물론 지금은 두 곳 모두 길 자체로 아득한 옛길이 되었다.

충주 쪽 미륵리에서 오르는 하늘재는 옛길의 원형을 살려 국립공원 탐방로로 복원한 오솔길이다. 그 길 끝에 있는 하늘재 고개를 넘으면 경상북도 문경 땅이다.

미륵리에서 숲 속 오솔길 따라 옛길을 걸으면 시간을 거슬러 올라가는 느낌이다. 그러다가 문득 고갯마루에 파란 하늘이 보이면, 갑자기 아스팔트 길 위에 서게 된다. 순식간에 시간여행을 한 듯한 느낌이 든다. 마을 이름도 재미있다. 미륵은 먼 미래에 만나는 내세의 부처지만, 관음보살은 현실의 중생을 구제한다. 미륵리에는 거대한 절이 있었고, 관음리는 가마들이 즐비한 도공들의 마을이었다. 미륵리에서는 내세를 위한 기도가 끊이지 않았고, 관음리에서는 오늘 당장 한 끼라도 먹고살아야 하는 사람들을 위한 밥그릇이 만들어진 것이다.

불교에서 바라보는 미래의 시간이란 곧 내세의 과거로 환원하는 것이다. 미륵리에서 관음리로 또 관음리에서 미륵리로 넘나들던 옛사람들의 마음을 짐작해보았다. 나는 하늘재 옛길을 걸으면서 그렇게 마음 공부를 했다. 물론 아이들에겐 계곡물에 발을 담그고 땀을 식히면서 나뭇가지 사이로 열린 하늘을 바라보는 것, 그것만으로도 충분했다.

여섯
/

길이 수고로워야
추억도 값지다

── 소서小暑와 대서大暑 즈음
  태안과 서산에서

내가 경주로 수학여행을 갔을 때도 선생님들은 눈에 보이는 문화재들마다 많은 것을 설명해주었다. 하지만 기억에 남는 것이라곤 천마총에 들어갈 때 무서웠던 느낌 그리고 여관방에서 선생님에게 베개를 던지며 놀았던 추억들뿐이다. 딸들도 다르지 않을 것이다.
어차피 우리가 여행길에서 그냥 스쳐 지나갈 수도 있는 문화재들을 수고스럽게 찾아보는 일은 아이들에게 사회 공책에 필기하듯 암기하라는 뜻이 아니다. 낯선 길에서 가슴에 남는 여운, 그것 때문이다. 언제고 그 여운이 다시 길을 떠나게 만들기 때문이다. 공부는 그때, 어른이 된 아이가 스스로 찾아가면서 해도 된다.

내 인생의 전환점은 열네 살 여름이었다. 열네 살, 그 단어를 말하는 것만으로도 설핏 가슴이 떨리고 입 안에 시퍼런 풀물이 들면서 침이 고일 것만 같았다. 나는 줄곧 그 시절의 내가 지금의 나를 만들었다고 생각해왔다. 이미 부모를 넘어섰고, 혼자 힘으로 세상을 이해하기 시작했다고 건방지게 믿어왔다. 열네 살, 소녀들은 이미 어른이 되었다고 믿기 시작하는 나이다.

내 딸도 그럴 것이라고 오래 전부터 마음의 준비를 하고 있었다. 하지만 엄마가 되어 바라보는 딸의 열네 살은 또 달랐다. 그것은 부모와 불화가 싹트는 시기이기도 했다. 자연스럽게 찾아오는 바람 같은 것이었다. 여름이 되어 잎이 무성해지고 만물이 무르익으려면 강한 바람과 폭우를 동반한 태풍을 피할 수 없는 것처럼 말이다.

열네 살이 된 딸아이는 종종 스스로를 지구별에 불시착한 외계인이라고 말한다. 인터넷 미니홈페이지에 올리는 생활의 기록도 '외계인의 일상'이라고 제목을 달았고, 부모는 물론 일가친척들에게 모두 열려 있는 싸이월드 대신 비공개 블로그도 만들었다. 외계인만의 아지트가 필요한 때가 된 것이다. 컴퓨터 시간이 끝나면 제가 쓴 인터넷 사용 기록을 삭제할 정도로 나름 용의주도하다고 믿고 있었다. 나는 '그래 봐야 아직은 부처님 손바닥 안에서 노는 손오공'이라고 생각하면서, 그런 것쯤이야 애교로 바라보는 쪽이다. 언제 뒤통수를 맞을지 몰라도, 그렇게 믿어주는 게 차라리 마음 편했다.

"엄마만 특별히 가르쳐줄까?"

딸아이가 가끔 이렇게 약을 올리듯 물어올 때가 있다.

"아니, 관심 없어. 뭐 볼 게 있겠어."

나는 그때마다 진심을 숨기고 시큰둥한 투로 일관했다.

"거짓말. 사실은 궁금하지?"

"아니, 하나도! 괜히 네가 보여주고 싶으니까 그러는 거지? 소원이라면 한번 봐줄 수도 있어."

"나도 싫어."

딸아이의 주된 관심은 일상에서 만나는 비일상적인 풍경을 휴대전화의 카메라로 담는 것이다. 사진을 찍고 블로그에 올리는 형식만 달라졌을 뿐, 엄마가 열네 살 비밀 일기장 속에 적었던 숱한 이야기들과 크게 다르지 않으리라 짐작만 할 뿐이다. 허술한 자물쇠가 달린 일기장이 애장품이던 시절 사춘기를 보낸 엄마와 아빠들이 비밀번호로 차단된 인터넷 공간에 일기를 쓰는 아들딸들과 함께 살고 있다. 그 속에서도 같으면서도 참 많이 다른 것들을 인정하고 이해하는 게 우리의 숙제다.

그런데 아빠는 힘들었다. 엄마는 소녀의 열네 살을 이해하지만, 아빠에게는 너무 어려웠다. 아무리 기억을 더듬어봐도 열네 살 소년의 마음으로밖에 딸의 속내를 읽어낼 재간이 없기 때문이다. 소녀와 소년 역시 화성 남자와 금성 여자처럼 다른 별의 외계인들인가.

"너도 크면 언니처럼 굴 거야? 그럼, 아빠는 외로워서 어떻게 사냐? 늦기 전에 동생이라도 낳아야겠다."

남편은 말 그대로 눈에 넣어도 아프지 않을 것처럼 순정을 다 바친 큰딸이 변해가는 모습에 드러나게 서운한 감정을 내비치곤 했다.

7월, 드디어 큰아이의 열네 번째 생일이 지났고 방학이 시작되었다. 작은 더위 소서가 지났고, 큰 더위 대서가 내일이었다. 여름날, 더위 속으로 열네 살짜리 외계인 한 명과 지구인 세 명을 태운 낡은 자동차가 한반도 서쪽 태안반도 바닷가를 향해 떠났다. 아니 사실은 네 사람 모두 각자 다른 별에서 온 외계인들일 것이다.

소서와 대서 즈음 농부들은 "날이 새면 호미 들고 긴긴 해 쉴 새 없이 땀 흘려 흙이 젖고 숨 막혀 기진할 듯"하다고 〈농가월령가〉는 노래한다. 이 무렵 농부는 무더위 속에서 가뭄과 장마 모두를 걱정해야 한다. 서둘러 하늘의 심기를 읽고 논물 대기와 물 빼기에 바빠진다. '장마에는 돌도 자란다'고 할 만큼 농작물들이 쑥쑥 자라나지만 그에 뒤질세라 병충해도 극성스럽게 세를 불리는 시절이기 때문이다. 논물이 너무 마르지도 넘치지도 않게, 적당히 제 둑 안에 가둔 물을 다스리는 일은 벼들이 다치지 않도록 하는 데 가장 중요한 일이다. 자식 농사에서 사랑과 관심이란 물 대기도 마찬가지란 걸 새삼 깨닫는 때였다.

우리는 같은 도원을 꿈꾸고 있을까

언젠간 꼭 가봐야지 마음먹으면서도, 마음먹은 대로 몸이 따라가기는 쉽지 않다. 그러나 설령 몸이 따라간다 해도 본래 마음먹었던 때 기대에 미치지 못하는 경우도 많다. 안견기념관이 그랬다. 태안으로 가려면 서해안고속도로에서 서산을 거쳐 가야 한다. 그때마다 서산에서 태안으로 들어가는 길목 신호등 앞에서 안견기념관이란 이정표가 늘 손짓을 했었다.

"너희 몽유도원도 알지?"

"응, 안평대군이 꿈꾼 걸 안견이 그린 거잖아."

둘째의 대답이다.

"오, 제법인데. 우리 거기 들렀다 가자."

"빨리 바다 보러 가고 싶은데……. 배도 고파!"

딸들은 별 흥미가 없었다. 나는 "어차피 방학 숙제도 해야 하잖아."라고 설득해 차를 돌리게 했다. 그런데 교차로에서 안견기념관까지 15킬로미터라고 화살표 표시가 된 뒤로 더 이상 어떤 이정표도 나타나지 않았다. 점심도 태안에 가서 맛난 '돌게장 백반과 게국지'를 먹기 위해 참고 있었는데 말이다. 결국 바다와 만나는 가로림만까지 나가도록 목적지를 찾지 못하고, 되돌아오는 길에 지곡면사무소를 찾고서야 겨우 도착할 수 있었다.

서산시에서는 광해군 11년에 기록한 《호산록》이라는 지방지에서 안견의 출생지가 서산군 지곡면임을 밝혀내고, 1991년 지곡면에 기념관을 세웠다. 하지만 학계에선 여전히 안견의 출생지에 대한 논란이 계속되고 있다. 전국에 지곡이라는 이름이 붙은 지방마다 서로 자기 땅의 조상으로 모셔 가려고 욕심을 내기 때문이다.

정작 안견은 본관이 지곡이라는 것만 알려졌을 뿐 언제 어디서 태어나고, 어떻게 죽었는지조차 확인된 바가 없다. 오로지 '몽유도원도' 만이 현재까지 남아 있는 유일한 작품인데, 이마저도 일본의 덴리대학 중앙도서관이 가지고 있다. 우리 국립박물관에 있는 '사시팔경도'가 그의 작품이라고 전해지기는 하지만 진위 여부는 확인할 수 없다고 한다.

"뭐야, 다 가짜뿐이잖아."

딸들의 불평이다.

힘들게 찾아온 곳에 전시된 그림이 모조품뿐이었다.

"진짜는 일본에 있으니까 여긴 복사본을 전시해놓은 거래."

아이들에게 이렇게 설명해주는 나도 흥이 나지 않았다.

"응, 훔쳐 간 거구나. 프랑스가 직지심체요절 가져간 것처럼."

"너 그런 것도 알아?"

나는 놀랍다는 듯 둘째 딸을 치켜세웠다.

"책에 다 나오잖아."

그 정도는 상식이라는 투의 대답이다. 요즘 아이들은 학교에서 정식으로 배우기도 전에 이미 다양한 독서나 문화체험을 통해 풍부한 선행학습이 되어 있다. 시험에 나오는 주요한 내용들만 달달 외우던 부모세대와는 비교가 안 될 만큼 무수한 정보에 노출되어 있으니 당연한 일인지도 모른다. 그러나 막대한 정보의 양이 반드시 세상과 사물을 깊이 이해하는 것과 일치하지는 않는다.

"그럼, 도원이 뭔지는 알아?"

아이들에게 조선의 성리학자들이 흠모하던 이상향인 무릉도원에 대한 이야기를 들려주었다.

안견기념관은 옹색했지만, 그래도 사진 속에서만 보던 몽유도원도의 실제 크기를 느껴볼 수 있는 것은 나름 의미 있었다. 그 작품이 단지 왕자의 꿈을 재현해놓은 탁월한 그림으로만 의미가 있는 것이 아니라는 사실도 새롭게 알게 되었다. 몽유도원도는 안견의 그림과 함께 당대 중국에까지 이름을 날렸던 명필 안평대군이 쓴 시문 그리고 성삼문, 박팽년, 신숙주, 서거정 같은 내로라하는 문인 21명이 쓴 찬시문讚詩文이 함께 있는, 말하자면 시서화 공동작품이라 할 수 있다. 그래서 전체 작품의 길이만도 19.69미터에 이르렀다.

"(…) 옛사람이 말하길, 대낮에 행한 바를, 밤에 꿈꾼다고 하였다. 내가 궁중에 몸을 기탁하여 조석으로 일을 하는데 어찌 산림에 이르는 꿈을 꾸었단 말인가. 또 어찌 도원에 이를 수 있었단 말인가. 내가 서로 좋아하는 사람이 많거늘, 하필이면 이 몇 사람만이 나를 따라 도원에서 노닐었단 말인가. (…)"

- 안평대군이 쓴 몽유도원도 기문記文 중에서

기념관에서 나누어주는 몽유도원도 찬시문의 해설집을 보면 안평대군의 꿈이 예사롭지 않게 느껴진다. 수양대군에게 강화도로 쫓겨나 결국 형제의 손에 사약을 받게 될 자신의 운명을 예견한 것이었을까. 꿈 속에서 함께 도원을 거닐었던 박팽년은 사육신으로 그와 뜻을 같이했고, 찬시문에 맨 먼저 글을 쓴 신숙주는 등을 돌렸다. 또한 안평대군의 전폭적인 후원으로 자신의 예술적 기량을 마음껏 펼칠 수 있었던 안견은 수양대군 편에 서서 끝까지 자신의 영화를 잃지 않았다.

"성향이 그윽하고 궁벽한 것을 좋아하며 본디 산수의 경치를 좋아하는 마음이 있다."고 노래했던 '풍류왕자' 안평의 최후는 안타까웠다. 그는 죽어서 꿈에 그리던 도원에 이르렀을까. 문득 우리 아이들이 꿈꾸는 도원과 부모가 그리는 이상향이 같은 곳일까 궁금했다.

우리는 서로 다른 바다를 꿈꾸었다

우리가 텐트를 세운 곳은 태안군 파도리 아치내 앞바다의 낮은 언덕이었다. 초승달 모양으로 해안을 파고 들어온 바닷물이 앞마당에 노니는 어린 강아지 꼬리처럼 순하게 남실거리고 있었다.

"에이, 이게 뭐야."

아이들은 사람들로 북적이는 광활한 해수욕장을 기대했던 모양이다. 그러나 실망한 아이들과 달리 한적하고 운치 있는 바닷가를 원했던 엄마 아빠의 요구에는 안성맞춤인 곳이었다. 역시 우리는 서로 다른 '도원'을 꿈꾸었나 보다.

"역시 바다는 남해가 최고야!"

바다 중에서도 가장 남쪽, 마라도의 에메랄드빛 바다로 떠났던 지난 여행을 기억하는 큰딸에겐 서해의 물빛이 성에 차지 않았다.

"아냐, 파도타기 하는 동해가 더 낫지."

둘째는 가슴 뛰게 하는 격렬한 파도를 마음에 담고 있었던 모양이다.

서쪽 바다는 아이들의 논쟁에 아무 대답이 없었다. 구름 낀 수평선 너머로 둥근 해가 떨어지고, 바다는 불그레하게 낯빛을 붉히고 있을 뿐이었다. 날이 흐려 그나마 기대했던 일몰 풍경도 수수하다 못해 밋밋했다.

우리 가족에게 아치내를 소개한 것은 나의 첫 직장 선배 부부였다. 출판사의 편집부 안에서 맺어진 사내 커플이었는데, 남자의 고향이 태안이었다. 그의 도시락 반찬으로 올라오던 게장이며 어리굴젓, 바다 냄새 물씬 나는 고향의 맛깔스런 김치들은 인기 메뉴였다. 아치내는 전복양식을 하는 그의 친구네 앞마당이다. 이렇게 멋진 바다를 앞마당으로 둔 사람들이라니. 그들이 누리는 대자연의 호사가 부러웠다.

"마을 사람들이 아니면 찾아올 수 없는 곳이네요."

남편은 절벽 사이로 아름답게 만입된 아치내 풍경에 연신 감탄사를 내뱉었다. '성향이 그윽하고 궁벽한 것을 좋아하며 본디 산수의 경치를 좋아하는 마음이 있다'던 안평대군의 성정이 떠올랐다.

"그러니까, 어디 딴 데로 갈 생각 말고 태안 와서 살자니까요."

이렇게 말하는 선배는 서울에 직장을 둔 아내를 두고 먼저 귀향한 상태였다. 어릴 때부터 뛰어놀던 고향 마을 뒷산이 골프장으로 변한다는 소식에, 만사 제쳐놓고 반대운동을 하다가 아예 짐을 싸서 내려온 것이

다. 그의 고향 집 오래된 마당 동백나무 울타리 밑에 수선화 꽃밭이 고왔다. 반질반질 윤이 나는 대청의 툇마루와 낮게 엎드린 돌담, 그 너머로 불어오는 먼 바다의 미풍과 갯내음, 모든 게 탐이 나는 그런 고향을 가진 사람이었다. 서울에서 나고 자라 스스로를 뿌리 뽑힌 도시민이라고 푸념하던 남편에겐 더욱 그랬다.

고향은 언제든 돌아가서 의지할 수 있는 인생의 뒷마당이고, 상처받은 가슴을 치유하는 유년의 다락방 같은 곳이다. 우리 부부가 한창 젊은 나이에 서둘러 시골로 이사했던 것도 아이들에게 그런 고향을 만들어주고 싶어서였다. 아파트 숲의 가로등 불빛보다는 밤나무와 떡갈나무 잎 사이로 진짜 별빛이 떨어지는 그런 고향을 원했기 때문이다. 우리가 '별밭'이라고 이름 짓고 살고 있는 작은 산마을 보금자리는 지난 10년 동안 아이들이 건강하게 자랄 수 있었던 고향이 되었다. 그러나 평생 고향에서만 살 수 있는 사람이 얼마나 될까.

포구에서 떠 온 놀래미회에 매운탕까지 곁들여진 바닷가 식탁에서 두 가족은 밤이 깊어가는 줄 모르고 이야기꽃을 피웠다. 역시 부모들의 관심은 아이들의 교육문제였다. 특히 선배 부부는 교육문제에 관해서는 상당히 급진적인 선택을 하고 있었다. 공동육아 모임의 초창기 회원이었고, 한동안 일반 학교를 보내지 않겠다고 고민하다가 첫아이의 초등학교 입학이 또래보다 1년 늦어지기까지 했다. 지금도 초등학교까지만 보내고 중학교부터는 부모가 직접 홈스쿨링을 하겠다는 의지가 강했다. 엄마보다 아빠의 뜻이 더했다. 여느 살림하는 주부들보다 살뜰하고 자상하게, 그러면서도 명확한 자기원칙을 가지고 아이들을 보살피는 남자였다.

"자기 집은 어때? 우린 여기 내려온 건 좋은데 앞으로 중학교 때문에 고민이 많아."

선배가 물었다. 그의 아들은 아빠의 귀향길을 따라 용인 새도시에서 어촌마을로, 전교생이 100명도 안 되는 작은 학교로 전학을 왔다.

"우린 워낙 작은 학교에서 큰 데로 가는 거라 걱정했는데 애는 그게 더 좋은 모양이에요."

내가 대답했다. 우리 딸은 한 학년 전체가 50여 명뿐인 초등학교에서 10반이나 되는 읍내 중학교로 진학했다. 선배네는 아이가 갑작스레 너무 큰 주목을 받았고, 우리는 큰 무리들 가운데 들어가 적당히 숨을 공간이 생긴 것이 달랐다.

"그냥 우리 때랑 비슷한 것 같은데, 선생님들한테는 전혀 거리낌이 없는 것 같아. 자기들끼리 싫어하는 사람은 흉도 보고, 규제가 심하면 적당히 반항도 해보고 그런 게 재미라고 느끼는 모양이야."

딸아이는 종종 대안학교에 안 간 게 다행이라고까지 말했다. 물론 그곳에는 더 많은 자유가 있겠지만, 지금처럼 선생님 몰래 교복도 줄여 입고, 아이들과 시험지 답안을 맞추면서 가슴 졸이는 그런 재미는 없을 것이라고 했다.

"우린 아빠가 아예 중학교는 안 보낸다고 하니까 오히려 공부를 엄청 열심히 해. 자기가 공부 잘하면 학교 보내줄 거라고 믿나 봐. 재미있지?"

선배는 얼마 전에 아들이 진지한 표정으로 "엄마 아빠, 죄송해요. 저는 중학교는 꼭 가야겠어요." 하고 사정까지 하더라고 했다.

　국가권력에 의해 일방적으로 학교에 보내던 획일화된 교육의 시대는 지나갔다. 부모들은 자신의 가치관에 따라 더 나은 서비스를 찾아 스스로 연구하고 선택하고, 남이 가지 않은 길에 뛰어들어 교육의 개척자가 되는 것도 마다하지 않는다. 이들 부부가 보다 급진적인 개혁파라면 우리는 제도권 내에서 변화를 원하는 중도파라고 해야 하나. 그러나 두 집의 차이는 두드러지지 않았다. 어떠한 교육방법과 학교를 선택하든, 아이가 가는 길은 결국 부모들 삶의 반영이 아닐까. 우리는 다르면서도 같은 생각을 주고받으며 서로에게 많은 것을 배워가고 있었다.

　아치내 앞바다엔 부모 마음처럼 차고 이울기를 되풀이하는 달이 떠서 바다를 잠 못 들게 했다. 아이들은 엄마 아빠 이야기가 끝나기를 기다리다 지쳐 먼저 잠이 들었다. 밤바다 위에 뜬 달은 반달이었다.

돌게 한 마리가 가르쳐 준 것

　해무*海霧*가 낀 아침 바다는 적막했다. 언제나 아이들보다 우리 부부가 먼저 잠이 깬다. 점점 잠이 없어진다. 우리도 이렇게 나이 드는 모양이다. 어젯밤 텐트 앞까지 가득 차올랐던 바다는 안개 속으로 뒷걸음질하고 있었다. 남편과 둘이서 아침 안개 속으로 한참을 걸었다. 물이 빠진 뻘 위로 갯바위들이 모습을 드러내 제법 해안선 멀리까지 길이 나 있었다.

"어머, 저기 사람들이 있네!"

어떻게 이 시각에 깨어 있는 이가 우리뿐이겠는가. 안개 너머 갯바위에 매달려 바다낚시를 하는 사람들이 하나 둘 모습을 드러냈다. 파도리 바닷가는 놀래미와 우럭을 낚는 재미에 몰려드는 낚시꾼들이 많은 곳이라고 했다.

"낚시하면 캠핑이 한결 재미있겠다."

남편이 말했다.

"당신은 물고기 눈 보면 불쌍해서 낚시 못 하겠다며?"

"그건 그래. 하지만 회는 맛있잖아."

남편이 겸연쩍게 웃는다.

"우리 진짜 나중에 여기 와서 살까? 바다에만 가면 먹을 게 지천이잖아. 그래도 '고기 잡는 늙은 아버지' 해가지고는 애들 시집도 못 보내겠지?"

내가 걱정스레 물었다.

"시집이야 다 자기들이 알아서 가는 거지. 당신은 안 그랬어?"

남편은 아무 걱정 없다는 듯 대답했다.

우리는 평소 아이들에게 '엄마 아빠는 대학에 간다면 등록금까지만 대줄 것이고, 나머지는 스스로 알아서 살아야 한다'는 이야기를 자주 했다. 물론 부모가 되어서 어떻게 자식의 처지를 나 몰라라 하겠느냐만, 인생이란 언젠가 홀로 설 준비를 해야 한다는 뜻으로 한 말이었다. 그런데 농담처럼 내뱉은 이야기를 아이는 꽤 진지하게 받아들인 모양이다.

평소 10원짜리 하나도 함부로 굴리지 않는 알뜰한 둘째에게 물은 적이 있다.

"넌 그 돈 모아서 뭐 할 건데?"

"엄마 아빠가 등록금밖에 안 준다며. 난 이걸로 내 학비 할 거야."

우리는 어린아이에게서 이런 대답이 나오리라곤 상상도 못했다. 부모가 자식을 보살피는 데는 유효기간 따위가 있을 수 없다. 애초부터 무한책임을 전제로 맺어진 관계가 아닌가. 그러나 아이들에게 우리가 준 것을 똑같이 바라지 않는다. 그 책임과 사랑은 한 방향으로만 흐른다. 우리 세대가 아이들 뒷바라지만큼 노년을 위한 준비에 불안해하는 것도 그런 이유 아닐까.

우리는 노후를 위한 별도의 준비나 재테크 계획이 없다. 그저 서로 늙어서도 친구처럼 오순도순 같이 살겠다는 의지, 그리고 죽기 전까지 땀 흘려 일해서 제 먹을거리는 손수 키워 먹을 정도의 자립심이 있다는 믿음, 지금 우리가 가진 것은 이것뿐이다. 아이들과는 언제든 찾아오고 싶고, 만나고 싶고, 어려운 일이 있으면 먼저 고민을 털어놓고 싶은 그런 관계를 잃지 않았으면 하는 바람이다. 하지만 이것은 살아가는 동안, 앞으로도 계속 노력해야만 가능한 것이다. 아침 바다에서 가늠해보는 아이들의 미래와 우리의 노년도 안개 속을 거니는 것 같았다.

그래도 안개가 걷힌 바다는 생각보다 훨씬 많은 것을 내주었다. 동해의 파도타기처럼 뜨겁고 격렬한 놀이는 없었지만, 서해만이 줄 수 있는 특별한 선물이 있었다. 갯바위에 다닥다닥 달라붙은 생굴을 깨서 그 자리에서 맛볼 수 있었고, 돌 틈에 숨어 있는 게들을 잡는 재미에 시간

가는 줄 몰랐다.

"언니도 같이 놀자."

"뭐 해. 당신도 그냥 들어와!"

일찌감치 수영복을 갈아입은 것은 둘째와 남편뿐이었다. 바짓가랑이를 걷어붙이고 어정쩡하게 발목을 적시고 물가 근처를 어슬렁거리는 것은 큰딸과 내가 똑같았다.

"역시 A형들은 소심해. 그치, 아빠?"

둘째는 혈액형대로 편 가르기를 해서 놀린다.

"옷 젖어도 되니까 너도 그냥 들어가서 놀아."

"싫어. 엄마도 안 들어가잖아. 난 귀찮아."

나는 여전히 옆으로 걸으면서 딸에게는 똑바로 가라고 야단하는 '어미 게'였다. 아직은 큰아이도 둘째처럼 거리낌 없이 놀았으면 좋겠는데, 열네 살 딸은 어느새 이런 게 시큰둥한 모양이다.

"엄마도 여기 댐 쌓는 거 좀 도와줘."

둘째는 자갈로 댐을 쌓아놓고 아빠와 함께 잡은 게를 그 안에 풀어주는 놀이를 했다.

"게장 담그려고 그래? 뭘 그렇게 많이 잡았어?"

나는 둘째에게 다가가 첨벙 바닷물에 발을 담갔다. 그사이 게들은 사람 손을 벗어나기 무섭게 옆걸음질해서는 금세 모래톱으로 다시 숨었다.

"아야!"

남편은 어설프게 게들을 쫓다 집게에 손이 물렸다.

"아빠 괜찮아?"

게들이 목숨을 건 사투를 벌이는 동안 우리는 그걸 즐기며 놀았으니 그 정도 벌은 달게 받아야 한다. 그래도 여전히 게들에겐 미안한 노릇이었다.

"엄마, 한 마리만 집에서 키우게 해주세요. 네? 제발요."

내가 이런 둘째의 부탁을 냉정하게 거절하지 못한 것도 후회된다. 어차피 살지 못한다는 것을 알면서도 나는 아이에게 지고 말았다.

"얘는 내 이름을 따서 바다라고 부를 거야."

돌게 한 마리를 유리병에 담아가지고 돌아오면서, 바다를 가득 담아온 듯 한껏 들떠 있던 둘째는 하루 만에 죄책감에 빠져버렸다.

"엄마, 저는 나쁜 아이예요. 바다를 죽게 했어요."

파도리에서 올라온 돌게가 밤사이 다시는 깨어나지 않는 돌멩이처럼 굳어버린 것이다. 어쩔 수 없다. 죽음을 알아야 생명도 보인다.

타인은 나를 더 깊이 들여다보는 거울

파도리에서 물놀이를 마치고, 다시 몽산포 해수욕장에 가서 실컷 모래놀이까지 했다. 한낮의 바닷가는 썰물로 비어 있었고, 바람은 뜨거웠다. 절기로 대서였다. 아이들은 뙤약볕 아래서 노는 데도 지쳐 있었다. 그런 아이들을 백화산까지 데려가는 일은 쉽지 않았다. 백화산은 태안 읍내에 있는 산으로, 태안반도를 한눈에 내려다볼 수 있는 가장 높은 산이다. 그래 봐야 고작 284미터밖에 안 되지만 말이다.

"엄마, 바다에 왔는데 산은 또 왜 가?"

산이란 말에 아이들은 펄쩍 뛰었다.

"차 타고 가는 거니까 걱정하지 마. 그래도 태안에 왔는데 국보는 보고 가야지?"

백화산 산마루에 있는 태안 마애삼존불을 두고 하는 이야기였다.

"그것도 가짜 아냐?"

둘째는 어제 안견기념관에서 실망한 것을 들먹였다.

"진짜야. 우리 그것만 보고 팥빙수 먹으러 가자!"

이 여름날 아이들에게, 산마루에 새겨진 국보의 권위는 팥빙수 한 그릇만도 못했다.

태안 마애삼존불은 최근 귀하신 몸이 되었다. 2004년 보물 제432호였던 것이 국보 제307호로 격이 높아졌기 때문이다. 부처의 발밑을 덮고 있던 흙더미가 걷힌 뒤에 드러난 연꽃 대좌가 백제의 마애불 가운데 가장 오래된 것이라는 사실이 밝혀졌는데, 백제의 미소로 사람들에게 널리 알려진, 스타급 돌부처 서산 마애삼존불보다 먼저 만들어진 것이었다.

산마루 주차장에서 태을암 경내를 지나면 곧바로 마애불이 있는 곳에 닿는다. 누군가의 제사가 있었는지 마애불 앞 제단에 갖은 제물이 차려져 있었다. 태안 마애불은 보호각 속에 박제된 채 도난경보기로 보호받는, 가까이 하기엔 너무 먼 그런 문화재는 아닌 모양이다. 돌부처는 여전히 누군가의 기도를 들어주느라 바빠 보였다.

"이따 서산 마애불도 보러 갈 건데 뭐가 다른지 잘 봐봐."

돌부처 앞에 놓인 촛불로 향을 피워 올리고 나온 내가 말했다.

"에? 또 어딜 가? 아, 이제 그만 집에 좀 가자!"

차로 돌아가던 아이들은 항의했다. 많이 지친 모양이다.

"어차피 집에 가는 길이야."

하지만 태안읍 백화산에서 서산시 운산면 용현리까지, 두 마애불은 제법 멀리 떨어져 있었다. 오로지 마애불 때문에 지친 가족들의 귀갓길을 연장하는 게 옳은 일일까 싶었다.

"피곤한데, 그냥 갈까?"

나는 운전대를 쥐고 있는 남편의 의향을 물었다.

"보고 가자. 난 서산 마애불 보러 가는 길이 좋더라고. 거기서 좀 쉬고 여유 있게 올라가지 뭐."

남편 역시 두 가지를 한꺼번에 보는 것은, 쉽지 않은 기회라고 생각했다. 우리 부부도 이제껏 각자 서로 다른 것을 한 가지씩밖에 보지 못했다. 태안의 마애불은 엄마, 서산의 마애불은 아빠의 안내로 길이 이어졌다. 아이들은 서산으로 가는 길, 팥빙수의 달콤함에 뜨거워진 몸을 식히고는, 이내 달리는 차 안에서 곯아떨어졌다.

절 입구 주차장까지 차가 들어갈 수 있는 태안과 달리 서산 마애불은 좁은 계곡을 건너 고즈넉한 숲길을 걸어올라가야 한다. 그리운 것을 만나러 가는 길은 이렇게 가쁜 숨이 차오르도록 땀을 쏟아낸 뒤에 있어야 한다는 생각이 절로 들었다. 하지만 아이들도 그런 생각에 동의할까.

7월의 숲은 천연의 사원으로 들어가는 긴 회랑 같았다. 그래도 두 딸이 별 투정 없이 따라올라온다. 낮잠을 달게 자고 난 뒤여서일까, 무성한 녹음이 지친 몸과 마음을 쓰다듬어주어서일까.

"진짜 귀엽게 생겼네!"

"옥동자 같다!"

아이들의 감상이다. 서산 마애불은 무뚝뚝한 표정의 태안 마애불과 달리 얼굴 가득 장난기 어린 웃음이 배어 있다. 풍랑이 잦은 태안 앞바다의 물길을 굽어보아야 했던 백화산 산마루의 마애불은 근엄한 표정일 수밖에 없었을 것이란 생각이 이제야 든다. 또한 마애불을 받아들인 초창기 양식이다 보니 석공의 상상력 또한 제한적이지 않았을까. 대신 이곳 후미진 골짜기까지 들어온 마애불은 한결 여유 있어 보였다. 머리를 조아리는 중생들에게 익살스럽게 장난이라도 걸 것처럼 친근했다. 그사이 불교가 사람들의 생활 속으로 가까이 다가왔다는 뜻으로 읽어도 될까. 한 가지만 보았을 때는 느끼지 못한 것들이었다. 거울로만 자신을 보는 것보다 타인을 통해 자신을 들여다볼 때, 나를 더 깊이 이해할 수 있을 것 같았다.

"두 개가 뭐가 다른지 알겠니?"

나는 아이들에게 깜짝 퀴즈를 내듯 물었다.

"글쎄, 그야 얼굴이랑 이름이랑 생김새도 다르지!"

아이들의 큰 차이를 느끼지 못하겠다는 대답이었다.

태안과 서산의 마애불은 둘 다 바위에 부처 세 기를 새긴 삼존불 형식이다. 하지만 불상의 배치가 각기 다르다. 대부분의 삼존불은 서산 마애불처럼 가운데 커다란 석가여래 부처를 두고 양쪽에 작은 보살을 두고 있다. 그런데 태안의 것만 가운데 크기가 작은 보살이 서 있고, 오히려 양쪽에 큰 부처 둘이 이를 호위하는 모습이다. 세계 어디에서도 유래를 찾기 힘든 양식이라고 한다. 과거에는 이를 두고 태안 마애불의 '파격미'로 회자되었다고 한다. 하지만, 최근 불교계 원로 종범 스님이 《법화경》의 경전 내용을 형상화한 것이라고 결론을 내렸다. "관세음보살이 받은 구슬을 둘로 나누어서 석가모니불과 다보불에게 봉양하는 내용 그대로 만든 것이기에, 마애불의 정확한 이름도 '관세음보살 이불 봉주 삼존상'이라고 불러야 마땅하다."고 주장했다.

나는 이전에 태안 마애불을 취재하면서 들었던 이야기들을 아이들에게 설명해주었다. 하지만 그것 역시 아이들에게 오래 남으리라곤 기대하지 않았다. 내가 경주로 수학여행을 갔을 때도 선생님들은 눈에 보이는 문화재들마다 많은 것을 설명해주었다. 하지만 기억에 남는 것이라곤 천마총에 들어갈 때 무서웠던 느낌 그리고 여관방에서 선생님에게 베개를 던지며 놀았던 추억들뿐이다. 딸들도 다르지 않을 것이다.

어차피 우리가 여행길에서 그냥 스쳐 지나갈 수도 있는 문화재들을 수고스럽게 찾아보는 일은 아이들에게 사회 공책에 필기하듯 암기하라는 뜻이 아니다. 낯선 길에서 가슴에 남는 여운, 그것 때문이다. 언제고 그 여운이 다시 길을 떠나게 만들기 때문이다. 공부는 그때, 어른이 된 아이가 스스로 찾아가면서 해도 된다.

집으로 돌아와서 한참 뒤에 둘째에게 물어보았다.

"우리 태안에 캠핑 가서 마애불 두 개 봤었잖아?"

"두 개? 모르겠는데. 난 산에 한참 올라가서 본 것밖에 생각 안 나

는데."
 아이는 서산의 마애불밖에 기억하지 못했다.
 "이 사진 봐봐. 이래도 생각 안 나?"
 나는 그때 찍은 사진들을 찬찬히 보여주었다.
 "아, 그러네. 난 힘들게 올라가서 본 거라 그런지 서산 꺼만 생각나."
 역시 길이 수고로워야 추억도 값지다.

일곱 /

우리의 가을도
태풍 뒤에 온다

― 입추立秋와 처서處暑 즈음
울릉도에서

아이들은 여행을 통해, 받는 즐거움보다 주는 즐거움이 더 크다는 것도 배우게 될 것이다. 남에게 도움받는 것을 꺼리고 차라리 돈으로 서비스를 사는 게 마음 편하다고 생각하는, 지나치게 깔끔한 태도가 오히려 세상을 삭막하게 만들 수 있다. 여행지에선 사람들 속으로 깊숙이 들어갈수록 인정 넘치는 따뜻한 관계를 맺을 기회도 많아진다.

무위당 장일순 선생은 남에게 받은 은혜에 대한 감사의 마음은 꼭 당사자에게만 돌려줄 필요가 없다고 했다. "인사는 옆으로나 뒤로 해도 되는 것"이라던 선생의 가르침이 생각났다.

__편집자 주__ 이 장은 《국어시간에 여행글읽기》 2012 / 휴머니스트에 수록되었다.

    8월 캠핑은 남편의 여름휴가에 맞추어야 했다. 평소보다 멀리, 길게 떠날 수 있는 곳을 물색하다 정해진 곳이 울릉도와 독도였다. 바다를 건너가려면 많은 준비가 필요했다. 일단 차를 가져갈 것인가부터 결정해야 했다. 울릉도로 가는 배편은 포항과 묵호에서 출발하는데, 포항에서는 자가용을 싣고 갈 수 있었다. 그러나 문제는 울릉도 안에 우리 차의 연료인 LPG 충전소가 없다는 것이었다.

"그냥 배낭 메고 가자!"

우리 부부는 쉽게 백패킹을 하자는데 의견 일치를 보았다.

"에? 짐을 다 어떻게 가져가려고?"

딸들은 기겁을 했다.

"텐트랑 무거운 짐은 엄마 아빠가 메고, 너희는 각자 자기 매트리스랑 침낭, 옷만 챙기면 돼. 작은 배낭 하나면 충분한데 뭘."

"하지만 식탁이랑 의자는? 키친테이블도 있잖아."

캠핑이 폼이 나려면 야외용 가구들이 꼭 따라가야 한다고 생각하는 둘째의 말이다.

"다 두고 갈 거야. 이번엔 진짜 가볍게 떠나는 거야. 먹을 것도 다 울릉도 가서 살 거고."

딸들은 울릉도란 말에 한껏 기대에 부풀었다가, 차가 없다는 말에 금세 풀이 죽었다. 더구나 이번엔 성인봉 정상까지 올라갈 것이란 말에, "휴가가 아니라 무슨 극기훈련 떠나는 것 같다."고 투덜대기까지 했다.

"제주도까지 가서 한라산에 올라가지 않으면 말이 안 되잖아. 울릉도는 성인봉 빼면 그야말로 껍데기야. 그런데도 안 올라갈 거야?"

여행에 대해 민주적인 토론을 거친다고 했지만, 엄마의 말은 아이들에게 거의 협박처럼 들렸던 모양이다.

"우리 집 가훈이 무슨 합리, 진보, 자유야? 이건 완전히 불합리, 보수, 독재로 바꿔야 해!"

둘째의 항변에 큰딸이 맞장구를 쳤다.

"맞아. 너 말 한번 잘했다!"

우리 집 가훈은 남편과 내가 암벽등반을 배웠던 등산학교의 교훈이기도 하다. 산을 통해 인생의 새로운 지평이 열리던 날 우리는 그렇게 가훈도 바꾸었다.

하지만 나는 항의하는 딸들에게 분명하게 할 말이 있었다.

"엄마가 분명히 방학할 때부터 울릉도 갈 거니까, 각자 공부하라고 했지? 그래서 하고 싶은 걸 하나씩 정하라고 했잖아."

하지만 시간을 한 달이나 줬는데도 아무도 실행에 옮긴 사람은 없었다. 내가 이렇게 다그치자 딸들은 달리 할 말이 없었다.

"그래, 엄마 말이 맞아. 세상일은 자주성이 높은 사람이 이끌게 되어 있는 거야."

남편이 거들었다. 그나마 남편이 숙제를 한 것은 울릉도에서 꼭 가보고 싶은 맛집 몇 군데를 찾은 것뿐이었다.

나는 여름방학 시작과 함께, 배편 예약부터, 현지에서 캠핑이 가능한 곳을 물색하느라 국립공원 관리사무소와 바닷가 마을 이장 집에까지 전화를 걸었고, 울릉군청에 관광안내 자료를 신청하고, 울릉도를 다녀온 사람들의 여행기를 읽으며 현지 정보를 비교하느라 바빴다. 그뿐 아니다. 떠나기 전에는 아이들이 멜 수 있는 적당한 짐의 무게를 가늠하느라 캠핑 장비들을 펼쳐놓고 무얼 가져가고 뺄 것인지 고심하느라 머리가 아팠다. 사실 이런 피곤함 때문에 사람들은 편리한 여행사 상품을 이용하는 것이다. 울릉도로 들어가는 교통비도 여행사의 패키지 상품이 훨씬 더 저렴했다. 다양한 단체 할인 혜택을 받기 때문이다.

설상가상으로 남편은 일이 바빠 휴가 일정을 미리 정할 수도 없었다. 그러는 사이 입추가 지나고 처서가 다가왔다. 우리는 아이들의 개학날을 코앞에 두고서, 해수욕장 폐장일이 다 되어서야 때늦은 여름휴가를 떠날 수 있었다.

절기로는 이미 가을이었다. 하지만 더위는 모질게 길었다. 그래서 마지막 더위인 말복도 입추 다음에 오는 모양이다. 입추도 말복도 다 보내야 비로소 더위를 처분할 수 있는 처서處暑인 것이다.

사람들은 여전히 더위에 지쳐 있지만 그래도 입추란 절기는 이름만으로도 정신이 번쩍 들게 한다. '아, 이렇게 여름도 가는구나. 이제 찬

바람이 불면 또 한 해가 다 가겠구나.' 이런 불안한 마음 때문일 것이다. 동양의 달력은 입추에서 입동 전까지 석 달을 가을이라고 한다. 사계절의 길이가 절기상으로는 똑같아도 유독 가을은 너무 짧다. 가을부터는 시간의 화살촉이 더 빠르게 날아가는 것처럼 느껴지기 때문이다.

그러나 시간은 절대적이지 않았다. 아이들의 시계는 여름날 뙤약볕 아래 늘어진 호박 이파리처럼 맥없이 느리게만 느껴지는 모양이었다. 방학이면 우리 집의 유일한 사교육이던 피아노 학원마저 끊어버리는 둘째는 친구들이 보고 싶어 안달이었다. 어서 빨리 방학이 끝나고, 학교에 가고 싶다는 게 아이의 바람이었다. 그때마다 남편은 "아빠도 누가 방학 좀 줬으면 좋겠다."며 부러워했다.

위기를 만나면 가족의 힘이 보인다

섬으로 가는 길은 멀고도 험했다. 출발하기 전날에는 갑자기 시댁에 일이 생겨, 울릉도 여행 기간이 대폭 줄게 되었다. 또 집에서 가까운 묵호 대신 시댁에서 가까운 포항으로, 울릉도 가는 배편까지 모두 변경해야 했다. 포항에선 하루라도 시간을 아끼기 위해 밤배를 타고 잠을 자면서 바다를 건너기로 했다.

마침내 시댁이 있는 밀양에서 나와 경주를 들러 포항으로 가기로 한 날이었다.

"경주에서 놀다가 저녁까지 먹고 느긋하게 떠나자."

남편이 말했다. 하지만 나는 일찌감치 포항에 가서 기다려야 한다고 생각했다.

"30분이면 가는데 뭐 하러 그래. 거기 여객선 터미널 근처에 뭐 볼 게 있겠어."

남편은 힘들게 여기까지 왔는데 경주를 더 즐기자는 쪽이었다. '퇴근 시간이면 차도 막힐 테고, 여객선 터미널 찾으려면 시간도 걸리고, 주차장에 안정적으로 차도 세워두어야 하고, 배 타기 전에 짐도 다시 정리해야 한다' 등등 나는 여러 가지 이유를 대며 서둘러 가자고 했다. 단번에 설득이 안 되자 서로 신경이 날카로워졌다. 하늘도 찌뿌듯하고 불쾌지수도 높았다.

"그럼, 당신 맘대로 해!"

남편은 급기야 짜증스럽게 차를 돌리고 말았다. 우리는 '황남빵'과 '경주빵'만 겨우 사들고 서둘러 경주를 떴다.

경주와 포항은 지척이었다. 나는 달리 할 말이 없어져버렸다. 배에 오르기 전까지 너무 시간이 많이 남아 오히려 걱정이었다. 터미널 주차장에 차를 대고서 근처 북부 해수욕장에 갔지만, 엄마 아빠의 기분 탓인지 바다에 온 아이들도 흥이 나질 않는 모양이었다. 파도는 높았고, 구름 낀 하늘은 수평선 가까이 낮게 엎드려 있었다. 결국 모래사장에서 멀뚱멀뚱 시간을 보내다가, 해수탕에 들어가 사우나를 하고 나왔다. 저녁을 먹기 위해 바다가 보이는 횟집에 들어가 맥주 한 병을 나누어 마시고서, 남편과 나는 겨우 기분이 풀렸다.

그러나 궂은일은 거기서 끝나지 않았다. 밤바다의 기운이 심상치 않왔기 때문이다. 세찬 파도 소리가 줄곧 창문을 두드렸다. 빈 회 접시를 물리고 매운탕이 나와 보글보글 끓고 있을 때, 갑자기 내 휴대전화가 울렸다.

"어떻게 해. 오늘 밤에 배 못 뜬대."

표를 예매한 여객선 회사의 연락이었다. 아까 초저녁에 떠나는 배만 해도 무사히 출발했다. 그런데 몇 시간 사이 바다가 돌변한 것이다. 태풍이 잦은 늦여름이었다. 울릉도는 들어가기도 어렵고 제 날짜에 나오기도 어렵다더니……. 하필 우리한테 이런 일이 닥칠 줄이야.

"엄마, 그럼 우리 울릉도 못 가?"

딸들에게는 마른하늘에 날벼락 같은 소식이었다.

"그러게. 내일도 배가 뜰 수 있을지 장담 못 한대."

"묵호도 그런가?"

"포항에선 배가 못 떠도 간혹 묵호에선 뜨기도 한다는데……."

우리의 저녁 식탁은 갑자기 태풍비상대책회의장으로 변했다. 나는 일기예보 안내전화로 묵호의 기상 상황을 확인했고, 남편은 지도를 펼쳐 묵호까지의 거리를 가늠해보았다. 이제는 진짜 민주적인 토론이 필요했다. 갑작스럽게 닥친 상황이니 서로가 가진 정보의 양도 동일했다.

"어떻게 할까? 오늘 밤 묵호로 가면 자정까진 도착할 수 있을 거야. 거기 가서 여관에서 자고 아침에 울릉도 가는 배를 타면 될 것 같은데 너무 무리겠지?"

나는 조심스럽게 대안을 내놓았다.

"묵호는 괜찮을까? 태풍이 온다면서?"

남편이 물었다.

"여기보다는 날씨가 좋으니까 가능할 수도 있어. 정 안 되면 그냥 동해에서 놀다 가야지 뭐."

남편은 선뜻 그렇게 하자고 했다.

"하지만 당신 이 시간에 운전할 수 있겠어?"

나는 걱정스러웠다. 휴가 떠나기 전까지도 며칠씩 야근을 하느라 피로가 누적되어 있다는 것을 잘 알고 있었다.

"난 괜찮아. 가서 푹 쉬면 되지 뭐. 너희는 어때?"

"피곤한데 오늘 밤에 차를 더 타도 되겠니? 아니면 그냥 여기서 방 잡고."

우리는 똑같이 아이들에게 물었다. 이제 결정은 아이들 몫이었다. 특히 멀미가 심한 둘째에겐 우리의 제안이 너무 무리한 것이었다.

"나는 괜찮아. 우린 그냥 차에서 자면 되니까."

둘째가 흔쾌히 동의했다. 큰딸도 마찬가지였다.

"나도 좋아. 근데 아빠가 너무 힘들잖아."

위기가 닥치면 서로 양보하고 배려하는 마음이 커진다. 가족이란 그래야 한다.

그렇게 해서 우리는 밤새 7번 국도를 달렸다. 졸음과 싸워가며 아슬아슬한 해안도로를 달리는 우리를 먼 바다에서 북상하는 태풍이 사나운 기세로 덮쳐 오는 것 같았다. 다음날도 여전히 파도는 높았다. 그래도 다행히 묵호항에서는 배가 떴다.

정말로 저 너머에서 태풍이 오고 있을까

둘째와 내가 번갈아 화장실을 들락거리며 속을 다 비워낸 뒤에야 배는 겨우 울릉도 도동항에 닿았다. 섬에 드는 통과의례치고는 혹독했다. 그러나 금속성이 느껴질 만큼 새파란 바다를 건너 만난, 망망대해 위에 둥실 떠올라 있는 기암괴석의 울릉도는 상상보다도 아름다웠다. 울렁증 때문에 눈물까지 찔끔거리면서 만나게 되는 절경이었다.

그런데 멀미에 대한 걱정은 섬에 내린 뒤에도 계속되었다. 원래 포항에서 떠난 배는 아침 일찍 울릉도에 도착한다. 그래서 오전 내내 도동항 주변을 여유 있게 유람할 계획이었다. 점심으로 울릉도에서만 맛볼 수 있는 홍합밥이나 따개비밥을 먹고, 오후에 느긋하게 독도에 들어갈 계획이었다. 하지만 지금은 독도에 가려면 울렁이는 속을 진정할 틈도 없이, 곧바로 다시 배를 갈아타야 했다.

"독도 들어가는 배는 묵호에서 온 배보다 작아서 멀미가 더 심할 겁니다."

여객선 터미널 안내원의 말에 가장 겁을 먹은 것은 나였다. 입덧이 심했던 나는 임신 기간 내내 헛구역질로 고생을 했다. 그래서 아이를 낳고 기르는 것보다 입덧이 더 고되다고 생각하는 편이다. 울렁이는 여객선 안에서 잠시 딸들이 내 배 속에 있던 때로 되돌아간 기분이었다. "울렁울렁 울렁대는 울릉도길 / 연락선도 형편없이 지쳤구나 / 어지러워 비틀비틀 트위스트 / 요게 바로 울릉도" 이런 노래 가사가 허투루 나온 게 아니었다.

"또 배 타도 괜찮겠니?"

나는 둘째에게 이렇게 물으면서 내심 못 타겠다는 대답을 기다렸다.

"독도는 꼭 가고 싶은데, 지금 너무 힘들어."

결국 우리는 독도행을 미루기로 했다.

"이제 어디로 가지?"

계획했던 일정들이 어긋나자 잠시 난감했다. 울릉도에서 캠핑을 하려고 점찍어놓은 곳은 내수전 해수욕장과 나리분지 캠핑장이었다. 오후에 독도 관광을 하고 나면 도동항에서 가까운 내수전 해수욕장에서 먼저 텐트를 칠 생각이었다. 하지만 도동항과 내수전이 있는 울릉도 남동쪽 바다가 사나웠다. 우리가 묵호에서 타고 온 배가 요동쳤던 것도 그 때문이었다. 우리는 일기예보에 빠지지 않고 등장하는, 한반도 해상 날씨의 주인공 '울릉도 동남쪽 먼 바다'에 와 있었다.

아무리 지구온난화로 인해 기상이변이 잦다고 해도 태양과 지구의 궤도에 변화가 없는 한 절기의 변화는 정확했다. 24절기는 태양의 변화에 따라 정해지기 때문이다. 태양이 움직이는 것처럼 보이는 가상의 길 황도를 춘분점春分點에서부터 15도 간격으로 24개로 나누어 만든 것이다. 그 중 입추는 춘분점에서부터 태양이 135도 동쪽으로 이동한 때다. 낮에는 아직 늦더위로 고생하지만 밤이면 선선한 바람이 불어오기 시작한다. 이 시기에 태풍이 잦아지는 것도 여름 내내 뜨겁게 달구어진 바다의 에너지들이 스스로를 주체할 수 없을 지경에 이르면서 강한 비바람으로 돌변하기 때문이다.

울릉도와 독도는 일본을 거쳐 북상하는 태풍의 길목에 선 한반도의 수문장이다. 지금도 태평양에서 세를 키우고 있는 태풍이 울릉도 동남쪽 도동 해안까지 영향력을 미치고 있었다. 도동항에서 절벽을 따라 아슬아슬하게 나 있는 행남 산책로에서는 파도가 쉴 새 없이 길을 집어삼키고 있었다.

"그래도 바닷가로 나가야겠지!"

나는 이렇게 말했지만, 사방이 바다로 막힌 섬에서 오히려 바다를 피할 곳이 어디일까 궁금하기도 했다. 우리는 일단 도동을 떠나 시계 방향으로 울릉도를 돌기로 했다.

택시 기사가 우리 가족을 내려준 곳은 사동에 있는 몽돌 해변이었다. 해수욕장이라고 해도 울릉도는 해변이 워낙 좁아서, 바다가 성이 나면 금세라도 한 입에 삼켜버릴 거리에 있었다.

"와, 여기서 수영하다간 떠내려가겠다."

우리는 파도의 기세에 주눅이 들었다.

"진짜. 파도가 무섭네."

파도가 덮쳐 올 때마다 해변의 몽돌들이 달그락거리며 몸을 비비고 미끄러졌다. 쉬는 시간 교실에서 왁자지껄 떠드는 아이들처럼 어수선했다.

"그래도 바다 색깔이 예쁘니까 좋다!"

아이들은 바다를 배경으로 사진을 찍으면서 즐거워했다. 하늘은 가을이 깊어진 것처럼 파랬다. 물빛은 하늘빛보다 푸르고 맑았다. 그런 물빛에 대비되는 파도의 포말도 희고 눈이 부셨다. 정말로 저 너머에서 태풍이 오고 있는 것일까. 수평선 너머로 우리가 떠나온 육지는 아득히 멀었다. 우리는 눈이 시릴 때까지 실컷 바다를 보면서 울릉도 해안일주 버스를 기다렸다.

섬 반대편 다른 세상으로 가다

어차피 한 번에 울릉도의 모든 걸 누리겠다는 것은 말도 안 되는 욕심이다. 선택과 집중, 이것은 여행을 알차게 만드는 데도 중요한 기술이다. 그래서 우리의 첫 울릉도 여행은 나리분지 캠핑에 우선순위를 두기로 했다.

울릉도에서 유일한 평지인 나리동은 화산이 만든 분화구 안에 있는 마을이다. 예쁜 마을 이름은 나리꽃이 많아서 붙여진 것이다. 동해의 망망대해 위에 뜬 화산섬, 깊은 산 분화구 속에 텐트를 친다는 것만으로도 충분히 가슴 설레는 일이었다. 나리동으로 가려면 섬의 북쪽, 노선버스의 종점인 천부리에서 다시 소형 승합차로 갈아타야 했다. 섬을 일주하는 울릉도의 정기노선 버스도 도시의 마을버스 크기였다.

"버스 온다!"

사동에서 올라탄 버스는 초만원이었다. 그런 데다 우리 네 사람 등짐의 부피가 만만치 않아서 남들에게 눈치가 보일 지경이었다. 승객의 절반 이상이 피서객들이고, 섬 주민은 노인들 몇 명이 전부였다. 우리가 출입문 앞에 매달리듯 서서, 사람이 내릴 때마다 몇 번씩 내렸다 타기를 반복하는 동안 차츰 버스 안이 한산해졌다.

"와, 이렇게 사람 많은 버스 처음이야!"

아이들은 콩나물시루 같은 버스에서 고생을 하면서도 재미있어했다. 평소 아이들이 학교 수업이 끝나고 집으로 돌아올 때 이용하는 버스는 혼자서 타고 내리는 적이 많을 정도로 한산했기 때문이다. 엄마 아빠 학창 시절, 버스 차장의 완력으로 간신히 문을 닫고서 달려가던 추억의 만원버스를 체험하는 양, 아이들은 신기한 놀이쯤으로 받아들였다. 일부러 버스 타기를 잘한 것 같다. 땀 냄새 묻어나는 사람들이 뱉어내는 사투리도 정겹기만 했다. 자가용을 탔더라면 절대 느껴보지 못할 경험이었다.

그런데 미니버스는 좁은 실내에 사람을 가득 태우고는 곡예운행까지 했다. 가파른 언덕을 거슬러 올라가서는 벼랑을 따라 절벽에 매달린 듯 걸려 있는 길로 달려가는데, 자칫 바다로 곤두박질칠 것 같았다. 울릉도는 성인봉을 중심으로 온 사면이 가팔라서 나리분지를 제외하고는 평지가 하나도 없었다. 절벽에 아슬아슬 매달린 모양으로 길을 낼 수밖에 없는 지형이다. 우리는 버스가 아니라 놀이동산에 있는 아찔한 놀이기구에 올라탄 기분이었다. 창밖으로는 바다 위에 떠 있는 거북바위, 사자암, 곰바위, 만물상, 코끼리바위 같은 기암들이 차례로 선을 보여, 마치 해상동물원을 유람하는 사파리카 같기도 했다. 차멀미는 끼어들 틈조차 없었다. 창밖으로 펼쳐지는 아름다운 경치 때문에 눈이 멀미를 한다면 모를까.

"어디까지 가세요?"

우리의 행색을 유심히 보던 버스 기사가 차내가 한가해진 틈에 물었다.

"나리동 가서 캠핑하려고요. 내수전에서 해수욕하려고 했는데 파도가 너무 세서요."

"캠핑이요?"

기사는 흔치 않는 관광객이란 반응을 보이더니 곧바로 귀한 정보를 알려주었다.

"해수욕은 천부에 가면 더 좋은 데가 있습니다. 애들 데리고 실컷 물놀이하다가 나리동엔 천천히 들어가세요."

파도는 걱정하지 말라고 했다.

신기한 일이었다. 섬을 반 바퀴쯤 돌아 북쪽 해안을 따라 달릴 즈음, 정말이지 믿기지 않을 정도로 바다가 잔잔해져 있었다. 울릉도 동남쪽 먼 바다에서 밀려오고 있는 태풍의 영향력이 섬의 반대편에는 아직 미치지 않은 모양이었다. 전혀 다른 세상에 온 것 같았다. 살아가는 동안에도 이렇게 숨겨진 삶의 이면을 만나 깜짝 놀라게 될 때가 종종 있다. 그때마다 세상을 크게, 넓게 보지 못하고 조급하게 다그치다 후회한 적이 얼마나 많았나.

버스는 우리를 종점인 천부에 내려주었다. 울릉도 북면, 천부항이 있는 마을이다. 조선시대에는 일본 사람들이 와서 배를 만들어 고기를 잡고, 섬에 있는 진귀한 나무들을 실어 나르던 왜선창이 있었다고 한다.

한낮의 포구는 뜨겁고 적막했다. 바닷가 노천 수영장이 쇠락한 항구 대신 북적이고 있었다. 천부리에서 만들어놓은 마을 수영장은 고급 호텔이 부럽지 않은 빼어난 경치의 야외 풀이었다. 바닷물을 가두어 어린아이들 놀기에 안성맞춤으로 만들어놓았는데, 맞은편으로는 추산의 송곳봉이 병풍처럼 서 있고, 다른 쪽은 바다를 향해 탁 트여 있었다. 계단식으로 만들어진 수영장은 바다 쪽으로 갈수록 점점 수심이 깊어지는데, 마지막 풀에서는 곧장 바다로 나갈 수 있었다.

"너무 멋지다!"

가족 모두가 감탄했다. 우리는 언제 태풍을 걱정했느냐는 듯 순한 바다에 풍덩 몸을 담갔다. 동해가 아니라 태평양 가장자리에 몸을 담근 것이다.

천부리 수영장은 내가 사전에 공부한 여행자료에서는 찾지 못했던 보물이었다. 흔히 아는 만큼 보인다고 믿어왔지만 자칫 아는 것밖에 보지 못하는 뻔한 여행이 될 수도 있다는 생각이 들었다. 머리보다는 가슴이 앞서야 하고 무엇보다 낯선 곳으로 성큼 다가갈 수 있는 두 발을 먼저 믿어야겠다.

"인사는 옆으로나 뒤로 해도 되는 것"

울릉도에서 우리는 온전한 배낭여행객이었다. 남편이 65리터, 내가 40리터 배낭을 메고 아이들이 각자 20리터들이 배낭을 멨다. 그리고 바퀴가 달린 커다란 카고백이 하나 더. 이것이 우리 가족이 울릉도에서 사나흘 간 먹고 자는 데 필요한 최소한의 짐이었다. 텐트와 매트리스, 침낭 그리고 쿠킹세트와 옷가지가 전부였다. 그나마 여름이어서 짐의 부피와 중량을 줄일 수 있었다.

　사실 살아가는 데 필요한 것들이 이보다 그리 많지는 않을 것이다. 우리는 그동안 언젠가는 꼭 필요할지도 모른다는 강박관념 때문에 쓸데없이 먼지만 쌓여가는 물건들을 얼마나 많이 가지고 있었던가. 이렇게 배낭 하나로 해결될 만큼 사는 게 단출하면 좋겠다. 하지만 한낮의 뜨거운 길 위에선 이 배낭마저도 무거웠다.

　아이들과 함께 배낭을 메고 길을 걸으면 주목을 받게 된다. 자동차 없이 아이들을 데리고 여행하는 일이 그만큼 쉽지 않은 일로 여겨지는 모양이다. 사람들은 버스에서 내린 우리 가족을 예사롭지 않게 보았다. 더구나 천부리 수영장에서 섬사람이 아닌 여행자는 우리뿐인 것 같았다.

　"어디서 오셨습니까?"로 시작해서 "오늘 어디서 묵으십니까?"로 이어지는 한 남자의 질문. 사내아이 둘을 데리고 물놀이를 나온 섬 주민은 남편과 몇 마디 이야기를 주고받더니 곧바로 호의를 보였다. 우리의 일정에 울릉도의 진짜 비경들이 빠져 있다며 길 안내를 자청한 것이다. 도동 읍내에서 어린이집을 운영한다는 사내는 아내와 아이들이 물놀이를 즐기는 동안 우리 가족을 태우고 석포 전망대를 거쳐 섬목까지 드라이브에 나섰다. 해안일주도로 공사가 중단된 종착점까지 우리를 데리고 간 것이다.

　"저기 보이는 게 삼선암입니다. 선녀가 목욕하러 내려왔다가 울릉도에 반해서 하늘로 돌아가지 못하고 바위로 변했답니다. 어떻게, 선녀처럼 보입니까?"

울릉도 3대 절경 가운데 최고로 손꼽힌다는 바위였다.

"저 섬은 관음도인데 깍새가 많이 살아 섬사람들은 깍새섬이라고 불렀습니다. 울릉도에서 두 번째로 큰 무인도죠. 저 안에 있는 쌍굴이 진짜 멋있습니다. 옛날엔 해적들 소굴이었다죠."

그는 섬목 해안의 빼어난 경치들을 가리키며 관광해설사처럼 친절하게 설명해주었다. 그 한마디 한마디에 섬에 대한 애정과 자부심이 흠뻑 묻어나는 것을 느낄 수 있었다. 아이들은 특히 '해적'과 '무인도'라는 말에 눈을 반짝였다. 마치 어드벤처 영화 속으로 빨려들어온 기분이랄까. 우리가 정말 육지에서 멀리 와 있다는 것을 실감하게 하는 말이었다.

"정말 바다 색깔이 너무 예뻐요."

섬목 해안의 물빛은 에메랄드처럼 반짝였다. 석포 동쪽의 산줄기가 바다로 뻗어나가다가 끊어져 관음도를 사이에 두고 뱃길이 생긴 곳이었다. 섬목은 섬의 목과 같이 생겼다는 뜻이다. 좁은 바위벼랑 사이로 바닷물이 드나들다 보니 물살이 요동칠 수밖에 없었다. 푸른 물빛에 세차게 부서지는 파도는 희다 못해 눈이 부셨다.

"저 색깔일 때는 아름답죠. 하지만 점점 짙어지면 진짜 무서워요."

그는 스쳐 지나가는 여행객들이 보는 바다의 겉모습이 아니라 삶의 터전으로 부대끼는 바다의 참모습을 알고 있었다. 사내는 청년 시절 부푼 꿈을 안고 육지로 나갔다가, 결국 고향 바다로 돌아온 사람이었다. 그와의 짧은 만남 덕분에 섬사람들의 삶을 좌지우지하는 애환의 바다에 대해 조금이나마 이해할 수 있을 것 같았다. 울릉도와 육지를 잇는 뱃길이 편해진 것이 달갑지만은 않다는 섬사람들의 속내도 짠하게 다가왔다. 육지 관광객이 늘어나는 것보다 섬을 떠나는 인구가 눈에 띄게 더 많아졌기 때문이다. 1980년대 초 최고 3만 명에 달했던 섬 주민이 이제는 8천 명으로 줄었다고 한다. 순간 아까 버스 기사가 "A급은 다 떠나고 섬에 남은 것은 B급들뿐"이라고 자조 섞인 목소리로 내뱉었던 말이 씁쓸하게 떠올랐다. 하지만 나는 도시로 나갔다가 다시 섬으로 돌아온 이 사내가 결코 'B급'으로 보이지 않았다. 어디에 뿌리를 내리든 자기 몫을 다한 삶에 대해 만족하면서 살면 되는 것이지, 화려한 도시와 궁벽한 섬마을에 있는 인생을 누구도 함부로 'A급, B급'으로 갈라놓을 수는 없는 노릇이다.

"정말 고맙습니다."

우리 가족 모두는 섬 사내가 보여준 호의에 허리 굽혀 인사했다. 가슴 깊은 곳에서 우러나오는 감사 인사 말고는 달리 보답할 게 없다는 사실이 우리를 안타깝게 했다. 하지만 한편으론 우리가 그에게 남을 행복하게 해주었다는 기쁨을 선물한 것일 수도 있겠다고 생각했다.

"엄마, 저 아저씨 진짜 너무너무 친절하다."

낯선 이의 호의에 아이들은 아름다운 섬 풍경보다 더 강렬한 인상을 받았다.

"기분 좋지? 너희도 남한테 그런 사람이 되면 되는 거야."

아이들은 여행을 통해, 받는 즐거움보다 주는 즐거움이 더 크다는 것도 배우게 될 것이다. 남에게 도움받는 것을 꺼리고 차라리 돈으로 서비스를 사는 게 마음 편하다고 생각하는, 지나치게 깔끔한 태도가 오히려 세상을 삭막하게 만들 수 있다. 여행지에선 사람들 속으로 깊숙이 들어갈수록 인정 넘치는 따뜻한 관계를 맺을 기회도 많아진다.

무위당 장일순 선생은 남에게 받은 은혜에 대한 감사의 마음은 꼭 당사자에게만 돌려줄 필요가 없다고 했다. "인사는 옆으로나 뒤로 해도 되는 것"이라던 선생의 가르침이 생각났다. 우리가 울릉도에서 받은 친절은 언제 어디서고 다른 사람에게 베풀면 그것으로 세상이 이롭게 되는 것이다. 모두가 우리에게 자동차가 없었기 때문에 겪을 수 있었던 특별한 경험이었다. 예기치 못한 만남과 소통, 여행의 묘미는 여기에 있는 게 아닐까.

별똥별 쏟아지는 나리분지

나리분지는 섬 속에 있는 또 다른 섬이었다. 대개의 섬이 육지에서 고립된 곳이라면, 나리분지는 울릉도 안에서 유일하게 바다에서 고립된 '섬'이라 할 수 있다. 동서로 1.5킬로미터, 남북으로 2킬로미터에 이른다는 나리동의 평탄한 땅은 분화구 안에 용암이 흘러내려 굳으면서 만들어진 것이다. 그러나 사방을 병풍처럼 두른 푸른 산줄기들의 품에 안긴 마을에서, 붉은 화산이 폭발하던 시대는 까마득한 별나라 이야기처럼 들렸다. 대신 이 마을에 정착한 사람들이 섬말나리꽃의 뿌리를 캐먹고 살았다는 이야기는 실감이 났다. 나리동으로 올라오는 가파른 길목 어디에나 주황색 나리꽃이 활짝 피어 있었기 때문이다.

캠핑장은 마을에서 외따로 떨어진 숲 속에 있었다. 캠핑장 바닥은 이름 모를 풀들로 빽빽하게 수를 놓은 초록색 카펫을 깐 것 같았다. 보자마자 그대로 뒹굴고 싶었다. 수북하게 뒤덮은 풀들의 기세를 보니 찾는 사람들이 많지 않은 모양이다. 1년 중 캠핑객이 가장 많은 여름철인데도 풀들은 전혀 기가 죽지 않았다. 무성한 풀들을 짓누르고 텐트를 쳐야 한다는 게 미안할 지경이었다. 아무리 인위적으로 만들어놓은 캠핑장이라고 해도 자연의 입장에서 인간은 언제나 침략자인 셈이다.

"여보, 여기 좀 꽉 잡고 있어. 날아가니까 조심해."

평소 같으면 남편 혼자 거뜬히 텐트를 치고도 남았다. 아이들은 텐트 안에서 짐 정리를 하고 나는 식사 준비를 하는 것으로 자연스럽게 분업이 이루어졌을 것이다. 그런데 오늘은 사정이 달랐다. 바람 때문이었다. 텐트를 펼쳐놓기 무섭게 불어닥치는 바람 탓에 텐트 자락이 깃발처럼 나부꼈다. 무거운 돌멩이를 찾으러 가는 사이 알루미늄 팩이 뽑혀 바람에 날아가기도 했다. 탁자 위에 올려놓은 물건들도 사정없이 굴러떨어졌다. 결국 아이들과 나는 날아가는 물건들을 붙잡으러 이리저리 뛰어다녀야 했다. 텐트 역시 힘을 합쳐 네 귀퉁이를 꼭 붙잡고 있어야, 겨우 한 곳씩 차례대로 고정시킬 수 있었다.

"진짜 태풍이 오나 봐!"

아이들은 겁이 나기보다는 놀라운 경험을 기대하는 듯했다.

"저기 학생들이 그러는데 어젯밤에도 바람이 장난이 아니었대. 팩을 튼튼하게 박으라 하더라고."

나는 물을 뜨러 갔다가 만난 옆 텐트 이웃의 경험담을 들려주었다.

"섬이니까 이 정도 바람은 기본이겠지, 뭐."

남편은 오히려 담담했다.

"아빠, 밤에 비 오면 어떻게 하지?"

그래도 아이들은 바람이 심상치 않다고 느낀 모양이었다.

"뭘 어떻게 해. 비 오면 더 아늑하고 좋지. 우리 텐트가 물이 새는 것도 아닌데 무슨 걱정이야."

"그래도 내일 산에 갈 땐 비 안 왔으면 좋겠다."

"에이, 저 별 좀 봐. 비는 무슨 비!"

바람은 들짐승이 울부짖는 것처럼 사나웠지만 하늘은 말끔히 개어 있었다. 어느새 하나 둘 초저녁 별들이 떠오르고 있었다. 버너의 불꽃 때문에 저녁식사 자리를 통나무로 지은 취사장 안으로 피신한 것 말고는, 대체로 견딜 만한 바람이었다. 울릉도에서 자생하는 무공해 약초를 먹고 자랐다는 약소고기를 맛나게 구워 먹은 것도 마음을 든든하게 만들었다. 이제 아무리 모진 바람이 불어도 끄떡없을 것 같았다. 배가 부르면 근심과 걱정거리도 쉽게 잊는 법이다.

캠핑장에는 우리를 포함해 모두 세 팀이 있었다. 포항에서 차를 싣고 들어왔다는 연인 한 쌍은 캠핑 장비로는 호텔 수준의 텐트를 설치해놓고 여유롭게 섬을 즐기고 있었다. 일주일 동안 나리분지에 세운 텐트를 베이스캠프 삼아 날마다 섬 구석구석을 돌아다닌다고 했다. 다른 한 팀은 보름 일정으로 울릉도 탐사를 나온 교원대학교 지리교육과 학생들이었다. 학생들이다 보니 텐트와 장비들이 옹색하기 짝이 없었다. 침낭 대신 담요를, 야외용 조리기구 대신 자취방에서 쓰는 냄비를 그대로 가져왔지만, 젊음 그 자체만으로 광채가 나는 이들이었다. 더구나 여름 캠핑장에서 흔히 만나는 소란스런 젊은 행락객들과는 달리 학술 연구 모임답게 밤이 깊도록 진지하게 토론하는 모습이 인상적이었다. 우리는 서로 처지와 조건은 달랐지만 오늘 밤만은 나리 캠핑장이 맺어 준 한 식구들이었다.

밤이 깊어지자 바람이 더 거세어졌다. 텐트 안에 있으면 플라이가 찢어질 듯 펄럭이는 소리 때문에 무시무시했다. 우리는 차라리 밖으로 나와 평상 위에 매트리스를 깔고 눕기로 했다.

"밖이 더 조용하다!"

나무들은 머리채를 흔들며 격렬한 춤을 추는 듯했다. 그래도 평상에 누워 하늘을 바라보니 나뭇가지들 사이로 드러나는 밤하늘은 맑았다. 귓가에서 펄럭이는 텐트 자락 소리보다는 나뭇가지를 흔드는 바람 소리가 나았다. 처음엔 난해한 헤비메탈 음악 같던 그 소리도 차츰 거대한 오케스트라의 울림처럼 편안해졌다.

"유성이다. 봤어?"

말이 떨어지기가 무섭게 탄성이 터져나온다.

"어, 저기도!"

그날 밤 하늘에서는 사자자리 유성우가 쏟아지는 우주 쇼가 있었다. 깊은 밤 나리분지에는 별똥별이 비처럼 쏟아졌다. 바람은 이제 환희에 가득 찬 축포 소리와 함께 울려 퍼지는 차이코프스키의 '1812년' 서곡을 연주하는 것 같았다.

"소원 빌었어?"

남편이 딸에게 물었다.
"아니, 너무 빨리 떨어져서……."
안타까워하는 둘째에게 나는 이렇게 일러주었다.
"그럼, 다음 거 볼 땐 '유성 많이 보게 해주세요.' 하고 빌어."
그날 밤 눈이 맑은 둘째 딸이 가장 많은 별똥별을 보았다.

우리는 허공에 발을 내딛는 게 아니다

"오늘은 성인봉에 올라가기로 했다. 그런데 성인봉에는 정말 꽃이 많이 피나 보다. 100m당 꽃 안내판이 있었다. 가다 보니 투막집이 있었다. 실제로 투막집은 처음 봤다. 투막집에서 더 올라가보니 신령수가 나왔다. 신령수가 나오는 곳을 세련되게 꾸며놓았다. 성인봉에서 물 없으면 고생한다고 했다. 신령수에서 한~~~~~~~~~~~~~참 걸으니 계단이 나왔다. 몇 100개 올라가니 전망대가 나왔는데, 전망이 정말 좋았다. 전망대에서 1400 몇 개 올라가니 정상이었다. 산에서 내려오니 다리가 후들거렸다."

— 2007년 8월 14일, 둘째의 일기 중에서

산을 오를 때마다 항상 느끼는 것이지만 같은 산을 같은 코스로 올라도 저마다 다른 길을 걷고 있다는 느낌이다. 둘째가 보여준 '방학 숙제용' 일기장 속에서도 마찬가지였다. 특히 등산로에 깔린 지루한 계단을 하나하나 세어보려고 했었다는 게 재미있다. 산행 코스를 비교적 정확하게 기억해내고 있는 것도 놀라웠다.

큰아이는 어땠을까. 중학생이 된 딸의 일기장은 당연히 비공개니까 직접 물어볼 수밖에 없었다.

"넌 뭐가 제일 기억에 남아?"

딸의 대답은 전혀 뜻밖이었다.

"난 그냥 혼자 걷는 게 좋아서 빨리 앞질러 간 건데, 아빠가 화낸 거."

산길은 가파르고, 날은 무더웠다. 그래도 두 아이 모두 별 투정 없이 잘도 올라간다 싶었다. 그런데 큰아이는 그곳이 어느 곳이든 여전히 음악을 들으며 혼자 걷는 것 자체를 즐기고 있었다. 하지만 같이 있는 순간을 즐기고 싶은 게 부모 욕심이다. 더구나 가족과 함께 휴가를 보내기 위해 며칠씩 야근을 하고, 집에까지 일감을 싸들고 돌아와야 했던 남편은 그런 욕구가 더 강했을 것이다. 그러니 아무 말도 하지 않고 혼자서 내내 앞질러 가는 딸아이를 보고 "너, 뭐 기분 나쁜 거 있니?" 하면서 자꾸 불러 세우고, 말을 걸 수밖에.

딸은 공상에 빠진 자신을 방해하는 아빠가 귀찮았고, 남편은 부모와 벽을 쌓는 것 같은 딸의 태도가 마뜩찮았다. 울릉도에 도착해서부터 내내 소녀들만의 시니컬한 표정으로, 모든 게 심드렁하다는 듯 구는 모습도 남편의 심기를 불편하게 했다.

"도대체 쟤는 왜 그래. 요새 무슨 불만이 그렇게 많아? 어디 사춘기 딸내미 무서워서 같이 다니겠나?"

나는 남편에게 이런 말을 듣는 데도 익숙해졌다. 그래도 내가 할 수

있는 말이란 고작 이런 것뿐이었다.

"그냥 둬. 우린 저 나이 때 안 그랬나?"

얼마 전 나와 똑같이 딸 둘을 키우는 친구가 《비폭력 대화》라는 책을 선물해주었다. 책장을 몇 장 안 넘겼는데, 그다지 진도가 나가지 않아 그냥 덮어두었다. 갑자기 그 책 제목이 떠올랐다. 처음엔 너무 당연한 이야기를 하고 있다는 느낌이었는데, 생각해보면 가장 쉽고 기본적인 원칙이기 때문에 실천하기 힘든 것이구나 싶었다. 가까운 사이일수록 더욱 그럴 것이다. 우리는 자기가 진심으로 원하는 것이 무엇인지를 정확히 알지도 못하고, 안다고 해도 그걸 솔직하게 표현하는 데 너무 서툴다. 그래서 상대에게 내뱉는 말이 진심과 달리 폭력적이게 된다. 책은 그런 장벽을 넘어서서 진심으로 대화하는 평화로운 방법에 대해 가르쳐주려 하고 있었다. 나는 집에 돌아가 그 책을 다시 읽어야겠다고 생각했다.

'우리는 너랑 오랫동안 같이 있고 싶고, 많은 이야기를 나누고 싶어. 여행 떠나면서 내내 그걸 기대했는데 네가 혼자만 있으려고 해서 엄마 아빠는 슬퍼. 우리 곁에서 네가 점점 멀어지는 것 같아 외로워.'

솔직히 말하자면 "너 왜 그래?", "뭐가 불만이야!" 이런 식으로 내뱉는 부모의 말들은 모두 이런 속뜻을 담고 있는 것이다. 그렇게 말했다면 딸 역시 "내가 뭘!" 이런 식으로 대답하지 않았을까. 나는 딸과의 대화에도 마음공부가 필요한 것 같다는 생각을 하면서 산을 올랐다.

사실 우리 가족을 산으로 이끌었던 사람인 남편은 산을 오르면서 남과 대화하는 걸 좋아하지 않는다. 오히려 혼자서 오랫동안 묵묵히 산길을 걸으면서, 일상에서 쌓인 육체와 정신의 피로를 씻어내는 게 그의 유일한 건강 비결이었다. 그럼에도 망망대해에 홀로 높이 솟구친 성인봉 산길을 오르는 내내 그는 문득 외로웠던 모양이다.

성인봉 높은 산마루는 운무에 쌓여 앞을 분간하기 힘들었다. 구름 속에 갇힌 원시림 속에서 우리는 나무 계단을 따라 더듬더듬 발을 내딛어야 했다. 길은 알 수 없는 사람들 마음속으로 미로처럼 뻗어 있는 것 같았다. 정상 부근 울창하고 신비로운 숲의 주인이 천연기념물인 너도밤나무들이었다는 사실도 미처 깨닫지 못했다.

그래도 정상에서는 한순간 구름이 걷히며, 깜짝 쇼를 하듯 산 아래 풍경들을 보여주었다. 푸른 바다와 옥빛 하늘 사이에 박힌 보석 같은 초록 섬, 울릉도의 속살들이 살짝 고개를 내밀었다가 이내 구름 뒤로 숨었다.

우리는 안개와 구름장 너머에 갇혀 있는 발아래 풍경들의 실체를 믿기 때문에 무사히 산을 내려갈 수 있는 것이다. 허공에 발을 내딛고 있는 것이 아니라는 사실을 알고 있기 때문이다. 우리가 서로를 믿고 사랑하는 마음도 그와 다르지 않을 것이다. 살아가는 동안 안개와 구름 낀 날들이 앞을 가리는 일이 더욱 많아지더라도 말이다.

산을 내려와서는 서둘러 섬을 탈출해야 했다. 태풍 때문에 내일은 배가 뜨지 못한다는 예고가 있었다. 도동항 선착장에는 표를 예매하지 못해 발을 동동 구르는 사람들로 아수라장이었다. 결국 우리는 독도에도 못 가고, 하룻밤 만에 울릉도를 떠나야 했다. 못내 아쉬웠다. 그래서 언제고 다시 울릉도에 오지 않을까, 하는 마음을 위안 삼아 배에 올랐다.

섬으로 들어올 때보다 파도가 높았다. 배는 안전한 항로를 찾아 헤매느라 먼 길을 에돌아서 뭍으로 갔다. 진짜 태풍이 오고 있었다.

여덟

만파식적 따라
신라의 달밤으로

― 백로白露와 추분秋分 즈음
경주 토함산과 감포에서

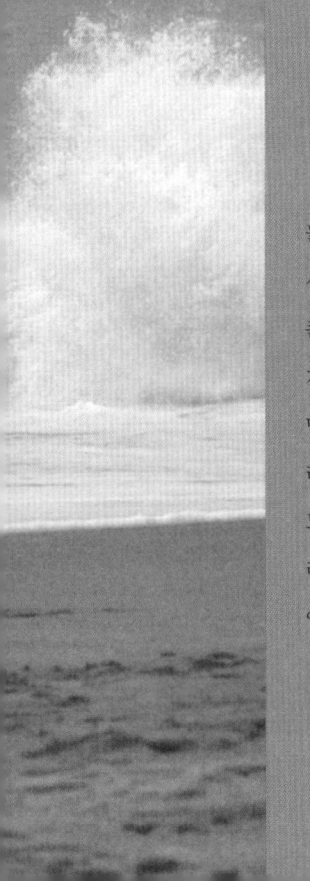

둘째가 언니 이름 뒤에 바보라고 모래 위에 쓴다. 응석 부리는 걸 부끄럽게 생각하고 투정도 줄고 또 그만큼 부모와의 대화와 스킨십도 점점 줄어드는 큰딸을 보면서, 나도 바보라 부르고 싶었다. 혹시 딸아이가 그렇게 부모와 거리를 두는 게 어른이 되는 거라고 착각하는 것은 아닌지 궁금했다. 어쩌면 아이는 바다에 발도 못 담그고 어정쩡하게 놀고 있는 우리를 바보라 놀리는지도 모른다. 큰아이가 달려가 제 이름 앞에 '얼짱'이라고 쓴다. 금세 파도가 달려와 지워버린다. 모래밭 위에 쓴 글자들이 스르르 흔적도 없이 사라졌다. 아빠가 그런 딸들을 지켜보며 아이 대신 만파식적을 불었다. 피리야, 우리 모두의 근심과 걱정을 만만파파 날려버려라.

기러기가 날아오고 나면, 제비가 떠나가고, 뭇새들이 먹이를 저장한다. 백로白露부터 추분秋分까지 보름 동안 벌어지는 새들의 움직임이다. 새들이 바빠지는 만큼 사람들의 가을걷이 채비도 분주한데, 우리 집은 느긋했다. 여름내 무성하던 토마토며 오이, 수세미, 가지들이 시들해져 맥없이 늘어지도록 땅을 갈아엎지도 못했다. 남들은 이미 김장배추 모종을 심어놓고, 아침저녁으로 젓가락을 들고 텃밭의 배추벌레와 씨름하고 있을 때였다. 하지만 제대로 뿌린 게 없는 우리 텃밭의 가을은 한가롭다 못해 적조했다. 결국 우리는 눈으로나마 가을걷이를 하러 떠났다. 백로가 지나고 추분을 하루 앞둔 9월 하순이었다.

"아직은 여름 침낭만 가져가도 되겠지?"

짐을 챙기며 내가 물었다.

"그래도 산속은 추울 거야. 따뜻하게 챙겨 가자."

아침저녁으로 소슬바람이 불고 있었다. 남편은 '뭐니 뭐니 해도 잠자리가 편해야 한다'며 카고백 속에 두툼한 침낭들을 더 집어넣었다.

이제부터 본격적으로 밤이 길어지니, 다시 짐이 늘어날 때다. 여름 동안 겨울 침낭과 오리털 파카 같은 보온용품의 부피가 줄어 자동차의 트렁크도 한결 여유 있었다. 하지만 이제 우리도 동면하는 동물처럼 단단히 겨울 채비를 해야 했다. 나는 늘어난 짐들을 보면서 '사람도 털갈이를 하면 편하겠구나' 싶었다. 동물들은 이즈음 하모夏毛가 빠지면서 털이 길고 보온력이 뛰어난 동모冬毛가 새로 난다고 한다. 공교롭게도 이번 캠핑에는 추석 연휴까지 겹쳐 필요한 짐이 더욱 많았다.

추분이고 추석이라! 달밤에 캠핑하기 좋은 때였다. 보름달은 어디나 공평하게 떠오르지만, 달빛의 호사를 누리기 좋은 곳은 분명 따로 있었다. 나는 다시 낮과 밤의 길이가 같아지는 추분날 밤, 아이들과 함께 달을 보며 눕고 싶었다. 대구 비슬산에 있는 대견사 절터는 높은 산벼랑 위에 있는 광활한 폐사지다. 그곳에서 달을 보면 온몸으로 찌르르 달빛이 내리꽂혀, 우리식으로는 귀인을 잉태하고, 서양식으로는 늑대인간으로 변할 것 같은 그런 곳이었다. 비슬산은 시댁으로 내려가는 길목에 있으니 맞춤한 장소이기도 했다.

하지만 이번에도 어김없이 복병이 기다리고 있었다. 귀성차량들 틈에서 용케도 막힘없이 달려왔다고 안심하고 있을 때였다. 운전 중인 남편에게 선배의 부친상을 알리는 전화가 걸려온 것이다. 이제 겨우 다 왔다고 생각한 우리는 대구에서 울산까지 다시 또 먼 길을 떠나야 했다. 울산에서 조문을 마치자 길 위에 어둠이 짙게 깔렸다. 이제 어디로 가야 하나. 망자 앞에 남겨진 사람들처럼 우리도 막막하기는 마찬가지였다. 애초에 가려고 했던 비슬산에서도 이미 너무 멀리 와 있었다.

"경주로 가자!"

남편은 오히려 잘되었다는 듯이 말했다. 나 역시 지난달 울릉도로 떠나기 전, 경주에 오래 머물지 못해 남편이 섭섭해하던 것을 만회할 수 있어 다행이었다. 아이들 역시 경주에 가면 '황남빵'과 '경주빵'이 있어 좋아했다.

그렇게 우리는 경주로 향했다. 물론 경주는 차선책이 되기에는 억울한 곳이다. 우리나라 여행지 중에서 경주만큼 자존심이 센 곳이 어디 있을까. 비슬산 높은 절터가 아니어도 경주에는 천 년 묵은 '신라의 달밤'이 기다리고 있을 것이다. 달밤에 탑돌이를 하다 눈이 맞았을 신라의 연인들을 생각하면 또 얼마나 로맨틱한가.

"애들아, 우리 경주 가서 탑돌이 하면 좋겠다! 오늘 보름달도 뜰 텐데……."

하지만 내 말이 떨어지기 무섭게 빗방울이 듣고 있었다. 울산에서부터 날이 흐렸지만 경주에 가면 거짓말처럼 개지 않을까 기대했는데 말이다. 우리가 도착한 시각, 신라의 달밤은 비에 흠뻑 젖어 있었다.

"비 오는데 우리 어디서 자?"

아이들은 불안한 모양이었다.

"걱정 마, 경주 땅에 우리 텐트 칠 자리가 없을까?"

남편은 큰소리를 쳤다. 하지만 사실은 난감한 상황이었다. 경주로 들어올 때 토함산 자연휴양림에 전화를 걸었는데, 공사 때문에 캠핑장을 이용할 수 없다고 했기 때문이다. 하지만 다른 대안이 없었다. 경주는 캠핑객을 위한 시설은 미흡했다.

더구나 여름휴가철이 끝나는 즈음부터는 캠핑을 하겠다고 하면 철 모르는 사람 같았다. 봄과 가을은 날씨는 비슷해 보여도 캠핑지에서 벌어지는 상황은 딴판이다. 봄 캠핑은 계절을 앞서가는 진취적인 사람들로 보이는데, 가을부터는 영업시간 끝난 가게에 찾아와 문을 두드리는 사람 취급을 받았다. 바닷물이 차가워지면 해수욕장이 문을 닫는 것처럼, 대개의 캠핑장들도 휴업 상태로 들어가기 때문이다. 겨울이 되면 야외 수도가 얼어버릴까 봐 아예 문을 닫는 곳도 있었다. 토함산 휴양림 역시 동면을 준비하는 모양이었다.

"그냥 가보자. 정 안 되면 휴양림 문 앞에라도 텐트 치지 뭐."

남편과 나는 이렇게 의견일치를 보았다. 뒷자리의 딸들은 정말 길바닥에서 잠을 자는 건 아닐까 걱정스러운 표정이었다.

"캠핑? 이 밤에? 비도 오는데?"

휴양림 매표소 직원 역시 난감한 표정을 지었다. 순순히 표를 끊어주었지만 초저녁에도 텐트 들고 왔던 사람들이 무서워서 도로 나가버렸다는 말로 겁을 주었다. 하지만 그런 걸 두려워할 우리가 아니었다.

캠핑장은 휴양림 가장 깊숙한 곳에 있었다. 비에 젖은 밤공기 때문에 어둠이 더욱 짙게 느껴졌다. 그러나 길이 끝나는 곳에 우리를 기다리고 있는 불빛이 있었다.

"뭐야, 아까 그 사람 거짓말한 거야?"

나는 캠핑장에 이미 불을 밝힌 텐트가 두 동이나 있는 것을 보고 화가 났다.

"귀찮으니까 그냥 돌아갔으면 했나 보지!"

남편이 말했다.

비 오는 날 밤, 그것도 추석 연휴를 앞두고 찾아온 우리는 불청객이었을까. 관리인의 처사에 은근히 화가 났지만, 그래도 캠핑장에 이웃이 있어 위로가 되었다. 텐트 안에서 은은하게 비쳐 나오는 가스 등불이 우리를 반기는 청사초롱 같았다.

빗속에서 텐트를 치는 일은 고생스러웠다. 그래도 어렵게 얻은 자리라 그런지, 어느 때보다 잠자리가 아늑하게 느껴졌다. 고생 끝에 얻은 열매는 늘 달다. 둥근 달은 밤새 비구름 속에 꼭꼭 숨어 있었다.

우리는 서로에게 가장 큰 선물이다

"비도 오는데 그냥 텐트 안에서 밥 먹을까?"

가을비는 추적추적 아침까지 이어졌다. 비 때문에 갑자기 처지가 옹색해진 느낌이었다. 그러니 밖으로 나가기도 귀찮아졌다.

"타프가 있잖아. 이럴 때 쓰려고 산 건데."

그러나 남편은 오히려 의욕이 넘쳤다. 지난밤 늦은 시간에 도착해서 채 풀지 못한 짐들을 마저 펼치고는, 텐트 앞쪽에 타프를 세웠다. 뚝딱뚝딱, 금세 비를 막을 지붕이 있고 사방이 숲으로 뚫려 있는 거실이 세워졌다. 타프는 텐트 밖에 그늘막을 만들어주는 보조 텐트다. 지난여름 새로 장만했는데, 정작 뜨거운 여름휴가 때는 짐을 줄이느라 써먹지도 못했다. 아침은 사골국물로 떡국을 끓였는데, 비에 젖은 숲 속으로 김이 모락모락 퍼져오르는 것도 운치 있었다. 네 명이 좁은 텐트 안에 쪼그리고 앉아 밥을 먹었다면 금세 실내가 눅눅해져 불편했을 것이다.

"좋지? 어때? 사길 잘했지?"

남편이 뿌듯한 얼굴로 내게 말했다.

"그러네. 생일 선물로는 실속 있어!"

내가 타프 사는 걸 반대하자 남편은 자기 생일 선물로 사달라고 했다. 캠핑을 하면서 더 이상 짐을 늘리지 않겠다고 다짐했던 내가 새 장비를 살 수밖에 없도록 만든 것이다.

적어도 자연 속에서는 부족한 대로 불편을 감수하며 생활하는 게 낫다, 아니 옳다. 나는 고가의 캠핑 장비에 돈을 쓰느니 여행지에서 풍요롭게 즐기는 게 낫다고 생각했다. 남편도 원칙적으로는 적게 소유할수록 더 많이 얻게 된다는 데 동의한다. 하지만 타프만큼은 '아이들이 불편한 여행을 즐기게 하는 데 필요한 최소한의 것'이라고 주장했다.

텐트가 침실이라면 타프는 거실 개념이다. 요즘 캠핑을 하는 사람들은 거주공간이 넉넉한 큰 텐트를 선호한다. 말하자면 텐트에서 잠만 자는 데 그치지 않고, 야외용 가구를 들여놓고 집에서 생활하는 것과 다르지 않게 한 살림을 꾸린다. 심지어 전기를 끌어다 야외용 보일러 난방은 물론 컴퓨터까지 자유롭게 쓴다. 우리 부부가 처음 아이들을 데리고 캠핑을 시작하던 때와는 사뭇 달라진 풍경들이었다. 캠핑은 이제 등산의 보조수단이 아니라 그 자체가 목적이 되고 있다. 그 속에는 남에게 과시하듯 경쟁적으로 고가의 장비로 치장한 사람들도 보인다. 나는 새 장비가 가져다주는 편리함이, 불편함 속에서 얻는 '자연의 선물'

을 빼앗아가지 않을까 염려한다.

그러면서도 오늘 아침은, 공간의 크기에 따라 삶의 질도 달라진다는 사실에 나도 모르게 고개를 끄덕였다. 열두 달 캠핑 계획을 세우면서 '단칸방의 온기' 같은 것을 운운했던 내가 타프 하나로 숲 속에 방 한 칸을 늘리며 이런 생각이 들다니.

"아빠, 다음부터 선물은 정말 아빠가 갖고 싶은 걸 말해."

둘째가 짐짓 어른스럽게 말했다.

"아빤 정말 이게 갖고 싶고, 필요한 거였어."

"그래도, 이건 우리가 다 같이 쓰니까 좀 미안하잖아."

이렇게 말하는 딸아이를 보고, 남편은 아이의 볼을 살짝 꼬집는다.

"우리 가족이 좋으면 아빠도 좋은 거야!"

둘째는 지난여름 아빠의 마흔네 번째 생일 선물로 자기가 입던 잠옷을 잘라 우리 네 식구를 헝겊인형으로 만들어주었다. 일주일 내내 식구들 몰래 밤새 바느질을 해서 만든 작품이었다. 아이는 가족의 생일이나 기념일이 있을 때면 한 달 전부터 '생일 준비 모드'에 들어간다. 갖고 싶은 것이 무엇일까 주위 사람들을 통해 사전 탐색 작업에 들어가고, 생일날까지 선물 준비에서 포장까지 그 일련의 과정을 놀이처럼 즐긴다. 그 모습을 보고 있으면 선물의 의미를 누구보다 가장 잘 알고 있는 것 같아 흐뭇하다. 격식과 의무감에 묶여 선물이 부담스러울 때가 많은 어른들과는 사뭇 달랐다.

"우리 이제부터 필요한 캠핑용품은 다 선물로 살까?"

내가 웃으며 말했다.

"좋아, 당신 생일 선물로 텐트부터 더 큰 걸로 바꾸자!"
남편은 기다렸다는 듯이 말했다.
"그럼, 너희는 이 의자부터 편한 걸로 바꿔줄게."
하지만 엄마의 말에 아이들은 동시에 입을 비죽 내밀었다.
"피! 그게 무슨 선물이야. 돈 아끼려는 거지!"
정말 좋은 선물이란 무엇일까. 비 내리는 토함산 소나무 숲에 모여 앉아 있는 순간, 우리에게는 서로가 가장 소중한 선물이었다.
비에 젖은 가을 숲 속으로 나무 피리 소리가 울려 퍼졌다. 피리는 둘째가 캠핑 떠나기 직전 외할머니에게 받은 '선물'이었다. 멕시코 인디언들이 쓰던 나무 피리인데 아이는 그것을 보자마자 '만파식적'이 생겼다며 좋아했다.

서로 부딪치는 만큼 아이들은 자랄 것이다

정말로 만파식적이 우릴 부른 것일까. 토함산 휴양림에서 나온 우리는 우연찮게도 전설 속 피리가 이끄는 길을 따라가고 있었다.
토함산 하면 불국사와 석굴암을 제일 먼저 떠올리게 된다. 하지만 그것만으로는 산의 절반도 이해하지 못하게 된다. 우리나라 사람이라면 누구나 한 번쯤은 가보았을 경주, 그 중에서도 불국사와 석굴암은 너무나 잘 알려져 있고 익숙한 곳이어서 우리는 마음이 끌리지 않았다. 대신 불국사와 석굴암이 있는 곳에서 반대편으로 향했다. 이제껏 경주를 일곱 번 이상 와본 것 같은데도 여전히 발길이 미치지 못한 곳이 많았기 때문이다.

"어, 저게 뭐지?"

휴양림에서 나와 감포 바닷가로 향하는 산자락을 타고 내려올 때였다. 숲 속에 빠끔 고개를 내밀고 있는 석탑이 보였다. 차를 세워보니 장항사지라는 간판에, 길가에 주차장까지 닦아놓은 곳이었다. 이제껏 경주에서 들도 보도 못 했던 곳이었다.

"가보자!"

우리는 숨은 보물찾기라도 한 것처럼 들뜬 마음으로 계곡을 건넜다. 토함산에서 흘러내려오는 물길 위로 놓인 구름다리를 건너 산기슭을 걸어올라가는 사이 비는 긋고 머리 위로 먹구름만 빠르게 움직이고 있었다. 계곡을 내려다보는 산 중턱의 반듯한 자리에 커다란 돌탑 두 개가 덩그러니 서 있었다.

"이것도 국보래."

아이들이 문화재 안내판의 글을 보고 말했다. 국보 제236호인 탑은 월성장항리사지서오층석탑月城獐項里寺址西五層石塔이란 긴 이름을 가지고 있었다.

"이름이 어려워 보여도 한자를 보면 다 뜻을 알 수 있어. 월성 장항리 마을 절터에 있는 5층짜리 돌탑 가운데 서쪽에 있는 탑이다, 이 소리거든."

"그럼 저건……."

아이가 나란히 서 있는 동탑을 가리켰다. 매끈하게 솟아 있는 서쪽 탑과 달리 동쪽 탑은 납작하게 주저앉은 모양이었다. 몸돌이 사라진 채로 지붕돌만 겹쳐놓았기 때문이다.

"일본놈들은 진짜 나빠!"

해설판의 안내를 따라 일제강점기에 동탑이 주저앉은 사연을 읽은 둘째가 대뜸 이렇게 말한다. 문화재를 찾아다니다 보면 아이들은 저절로 애국자가 된 양 말한다. 우리 역사를 바로 아는 것은 중요하다. 하지만 과거를 표적 삼아 무조건적으로 상대에게 적의를 품는 태도는 경계해야 한다. 나는 우리 아이들이 국경에 갇히지 않고, 그저 사람을 사랑하는 따뜻한 어른으로 자라길 바란다.

두 탑 모두 1923년에 도굴꾼들이 다이너마이트로 폭파시켜버린 뒤에 버려진 조각들을 옮겨 짜 맞춘 것이라고 했다. 경주박물관 앞마당에 퍼즐 조각처럼 맞춰져 있는 커다란 불상의 상반신도 이곳에 있던 것이라는 설명이 사진과 함께 있었다. 그나마 원형 그대로의 몸뚱이라도 겨우 남아 있는 서쪽 탑은 대대적인 보수를 위해 공사용 철 구조물 속에 갇혀 있었다.

"여기 탑에 문고리가 달려 있네!"

"그러게, 이런 건 처음 보는데……."

계곡 건너 숲 속에 숨어 있는 한가로운 절터에는 퍼즐처럼 생각을 짜 맞춰볼 수 있는 이야깃거리들이 많았다. 탑의 두드러진 특징은 단연 아래쪽 몸돌에 새겨진 조각상이었다. 탑에는 금방이라도 돌에서 튀어나올 것 같은 금강역사상 둘이 마주 보고 서 있었다. 물론 패잔병처럼 군데군데 깨지고 상처투성이였지만 그렇다고 해서 얼굴에 새겨진 위

엄이 줄어들지는 않았다. 금강역사 사이에는 문처럼 보이는 틀이 있고, 문고리가 두 개씩 새겨져 있었다.

  탑에 왜 문이 있을까. 그것은 문 안에 부처가 있다는 사실을 알려주는 상징이었다. 탑 안에 감실을 만들어 넣었던 목탑 양식을 본뜬 것이라고 한다. 문득 이 돌문 속에 숨은 부처의 사리를 탐한 도굴꾼들은 무사했을까 하는 생각이 들었다. 몸돌에 새겨진 돌문은 '닫혀라, 참깨!' 하는 신의 주문과 함께 영원히 봉인된 것처럼 보였다. 과연 그 문을 연 인간의 삶이 순탄했을까.

경주 곳곳에 흩어져 있는 무너지고 부서지고 불에 타버린 유적들을 보면 만만파파萬萬派派 울려 퍼져 나라의 근심과 걱정을 사라지게 했다는 피리의 기적이 영원하지만은 않은 것 같다. 만파식적은 문무왕이 김유신과 뜻을 모아 아들 신문왕에게 보낸, 대나무로 만들었다는 기적의 피리다. 그 피리를 불면 나라의 근심 걱정이 사라지고, 가뭄에는 단비를 뿌리고, 태풍을 잠재우며, 적군이 물러갔다고 한다.

아이는 돌탑 사이를 뛰어다니며 연신 피리를 불었다. 언니가 동생 피리를 빼앗으려고 쫓아다니느라, 고요하던 절터가 금세 놀이터로 변했다.

"안 돼, 내 만파식적이야."

언니가 빼앗은 피리를 되찾아 멀찌감치 달아난 아이는 전설 속에 나오는 신라의 왕처럼 긴 머리를 휘날리며 피리를 불었다. 저를 잡으러 오는 언니를 향해 "잡귀야, 물러가라!"는 주문을 외는 것도 잊지 않았다.

동해의 용이 신문왕에게 준 대나무는 낮에는 두 갈래로 갈라졌다가 밤이 되면 하나로 합쳐지는 신기한 나무였다고 한다. 용은 대나무를 건네며 이렇게 말했다.

"한 손으로는 소리를 낼 수 없지만 두 손이 마주치면 소리가 난다. 이 대나무가 소리 나는 이치도 마찬가지니 세상을 구할 이치를 거기서 얻으라."

삼국통일이라는 '형식'의 통일이 갈라진 사람들의 '마음'까지 단번에 붙잡을 수는 없었을 것이다. 서로 적이 되어 싸우던 이들이 마음을 합쳐야만 이 땅에 진정한 평화의 피리 가락이 울려 퍼지리라는 가르침인 것이다.
 만파식적을 가지고 장난치는 아이들을 보면서 그래도 둘이 있어 다행이란 생각이 들었다. 서로에게 마주칠 손뼉이 되는 셈이니까. 물론 살아가는 동안 서로 부딪치는 만큼 시끄러운 소리도 잦겠지만, 그만큼 아이들은 자랄 것이다.

아, 감은사. 나 돌아갈래

 장항리 절터 앞 계곡물은 대종천으로 흐른다. 옛날 황룡사에는 에밀레종보다 큰 종이 있었는데, 몽고군이 종을 빼앗아 가려다 강물에 빠뜨렸다고 한다. 대종천은 바로 그 큰 종이 동해로 실려나가던 물길이다. 우리는 대종천을 따라 감은사 터에 닿았다.
 "너 두 살 때 여기 처음 왔었는데."
 큰딸에게 말했다.
 나는 감은사 주차장에 차를 세우자마자 추억들이 밀려왔다. 그때야말로 경주를 찾는 그 누구도 감은사에 제대로 눈길 한 번 주지 않던 시절이었다. 그 무렵 출간된 《나의 문화유산답사기》에 소개되기는 했지만, 아직은 유명세를 얻기 전이었다. 우리는 경주에 사는 선배를 따라 감포로 가는 길 황량한 절터에 차를 세웠다. 여름 휴가철 뒤끝이어서 바닷가로 가는 길목이 적조했다. 사람들로 붐비는 어수선한 경주의 관광지들만 보다가 만난 감은사 터는 빽빽한 역사책 속에서 만나는 거대한 쉼표 같았다. 그 쉼표는 들판 한가운데 무심한 듯 숨겨져 있어 더욱 좋았다. 감은사 탑에 대한 해박한 지식은 없었지만, 텅 빈 절터에서 가슴이 꽉 차오르게 밀려오던 강렬한 느낌, 그것은 오래도록 잊히지 않았다. 탑보다는 탑을 둘러싼 공간의 거대한 여백이 주는 느낌이 더욱 강렬했다.

그때도 해 지는 감포 바닷가에서 캠핑을 했던 것 같다. 2인용 텐트에 온 가족이 누워도 좁은 줄 모르던 시절이었다. 그때 바닷가에서 우리는 어떤 꿈을 꾸었을까. 그 꿈은 또 얼마나 현실이 되었을까. 그렇게 남편과 나에겐 두고두고 추억 속에서 되새김질해보는 은밀한 즐거움이 감은사 터에 남아 있었다. 그래서 두 사람 중 누구든 "경주 가고 싶다."라고 말하면, 그 말을 "아, 감은사에 가고 싶다!"라는 말로 받아들였다. 또 그 말에는 "나 돌아갈래!" 하고 외치는 영화 '박하사탕'의 한 장면이 오버랩되기도 했다.

"엄마, 나는?"

둘째가 묻는다.

"넌, 엄마 배 속에 있을 때."

12년 전 아장아장 병아리처럼 종종걸음치던 큰아이가 학처럼 긴 다리로 겅중겅중 앞장서서 걸었다. 그때 배 속에서 올챙이처럼 헤엄치던 둘째는 만파식적을 들고 다람쥐처럼 쪼르르 달려갔다. 문득 세월이 무서웠다.

감은사의 웅장하고 미려한 돌탑은 문화재 보수공사용 휘장을 수의

처럼 덮어쓰고 있었다. 그럼에도 불국사 앞마당처럼 북적였다.

"용이 된 문무왕이 드나들게 하기 위해 여기 법당 밑에 물길을 내놓은 겁니다."

문화재 해설사로 보이는 중년의 여자가 구석구석을 돌며 열심히 설명하고 있었다. 모두가 '아는 만큼 보인다'는 주문에 걸린 사람들처럼 진지한 얼굴이었다.

"너도 좀 가서 들어보지?"

나는 학부모티를 내며 아이들을 불러 세웠다.

"싫어. 다 아는 얘기야."

큰딸은 하늘 높은 줄 모르고 의기양양, 한창 건방진 때다. 남편과 나는 눈을 마주치며 어이없다는 듯 웃었다. 아이는 자기가 모른다는 것을 알 때가 비로소 아는 것이란 사실을 언제쯤 깨달을까. 우리도 깨우치지 못한 것을 아이에게 요구하려는 내가 우습다.

해설사의 설명을 들어보라고 했지만, 나 역시 이야기를 꺼내자마자 후회했다. '그냥 즐겨라. 이렇게 좋은 곳에서 무슨 공부 생각을 하니.' 딸아이의 피리 소리가 이렇게 노래하는 것 같았다.

"만파식적은 제대로 가지고 왔네."

"그러게."

전설 속 만파식적은 가로 피리지만, 아이가 부는 피리는 세로 피리였다. 피리 소리에 잃어버린 신라의 종이 화답하지나 않을까 상상해보았다. 풍랑이 심하면 바다에 종소리가 울려 퍼져, 실제로 군인과 해녀들이 물속을 뒤지기까지 했다는데 말이다.

인생이란 수학여행은 계속 된다

감포 바다는 사나웠다. 만삭의 임부처럼 한껏 부풀어오른 하늘이 바다 위로 쏟아질 듯 내려앉았다. 바다를 바라보는 심장의 고동 소리도 파도처럼 높아졌다. 거친 파도 한가운데 대왕암만 묵묵히 흔들림이 없어 보인다.

"아, 나 여기 수학여행 때 왔었어."

큰아이가 대왕암 슈퍼 간판을 보고는 한참 후에야 알은체를 한다. 파도에 맞서 꿋꿋하게 자리를 지키는 대왕암보다 슈퍼가 더 인상적이었던 모양이다.

"나 저기 화장실 간 것도 생각나."

죽어서도 나라를 지키겠다는 호국의 일념으로 산화한 문무왕의 수중왕릉, 아이에겐 그 웅장한 역사의 터전보다는 슈퍼와 화장실이 기억에 남는다는 게 재미있다. 원래 수학여행이란 게 그런 거라고 생각하니 피식 웃음이 나왔다. 아무튼 큰딸아이가 '경주와 수학여행'이란 추억을 우리와 공유할 나이가 되었다는 게 새삼 대견했다. 엄마는 중학교 때, 아빠는 고등학교 때 수학여행으로 경주에 왔었다. 세상 많이 변했다 싶은데도 엄마 아빠의 20~30여 년 전 추억의 장소를 딸들이 그대로 답습한다는 게 신기했다. 그래도 서로의 인생에서 공통분모가 많아진다는 게 나쁘지 않았다.

"그런데 왜 수학여행에선 촛불의식 같은 거 안 하나?"

나는 문득 아이의 첫 수련회 때 기억이 떠올라서 물었다.

"유치하게, 그런 건 초딩들한테나 통하지."

기억도 하기 싫다는 투였다.

초등학교 5학년 때, 큰아이가 처음으로 집을 떠나 2박 3일간 단체여행을 갔다. 밤 10시쯤 되었을 때, 갑자기 걸려온 전화에 대고 아이가 대성통곡을 했다. 왜 그러는지 물어도 대답도 못 한 채, "엄마! 엄마!"를 부르며 울기만 하는 것이었다. 나는 무슨 사고가 난 게 아닐까 싶어 가슴이 철렁 내려앉았다. 그런데 한참 후에 "엄마, 미안해요. 나 좋은 딸이 될게요." 하는 것이었다.

한밤중에 촛불을 켜고 분위기 있는 음악으로 아이들의 마음을 사로잡아놓고는, 선생님이 아이들의 눈물샘을 자극하는 편지를 읽어준 것이다. 말하자면 부모님께 효도하라는 뜻으로 의도적으로 만들어놓은 프로그램이었다. 나중에 알고 보니 촛불의식은 어느 학교에나 있는, 수련회의 하이라이트였다.

그날 숙소 전체가 눈물바다가 되었다는 소리를 나중에야 듣고서 우리 부부는 얼마나 웃었는지 모른다. 아이는 돌아와서는 분위기에 속았던 거라고 했다. 하지만 우리는 그 순진한 눈물을 잊지 않는다. 누구라도 부모님 생각을 하면 왈칵 눈물을 쏟아낼 준비가 되어 있지 않을까. 다만 어른이 된다는 것은 쉽게 눈물을 보일 수 없도록, 자기를 포장하고 감추는 데 시간을 허비하는 일인지도 모른다.

감포에서는 어린아이들이 모래밭 위를 줄달음질하며 놀았다. 우리 중에 가장 어린 둘째만 거리낌 없이 바지를 걷어올리고 첨벙첨벙 파도에 발을 담갔다. 나이가 어릴수록 바다와 사람 사이의 흡인력이 강한

게 아닐까. 엄마의 배 속 바다에서 헤엄치던 기억이, 무의식 깊은 곳에 더 또렷하게 남아 있을 테니까 말이다.

둘째가 언니 이름 뒤에 바보라고 모래 위에 쓴다. 응석 부리는 걸 부끄럽게 생각하고 투정도 줄고 또 그만큼 부모와의 대화와 스킨십도 점점 줄어드는 큰딸을 보면서, 나도 바보라 부르고 싶었다. 혹시 딸아이가 그렇게 부모와 거리를 두는 게 어른이 되는 거라고 착각하는 것은 아닌지 궁금했다. 어쩌면 아이는 바다에 발도 못 담그고 어정쩡하게 놀고 있는 우리를 바보라 놀리는지도 모른다. 큰아이가 달려가 제 이름 앞에 '얼짱'이라고 쓴다. 금세 파도가 달려와 지워버린다. 모래밭 위에 쓴 글자들이 스르르 흔적도 없이 사라졌다.

아빠가 그런 딸들을 지켜보며 아이 대신 만파식적을 불었다. 피리야, 우리 모두의 근심과 걱정을 만만파파 날려버려라.

아홉
/

함께 모닥불만
피울 수 있다면

— 한로寒露와 상강霜降 즈음
포천 산정호수에서

지금 생각해보면 친정엄마의 육아 방식은 독한 제초제나 바지런한 김매기조차 필요 없는, 벼들 스스로 잡초와 더불어 살면서 강해지게 하는 태평농법 아니었을까. 우리 삼 남매가 어려운 집안 형편 속에서도 서로를 아끼며 잘 자랄 수 있었던 것도 그렇게 무덤덤한 사랑의 힘이 아니었을까. 딸들에게 물려주고 싶은 것도 그런 어린 시절이다. 방 안 가득 값비싼 장난감을 산더미처럼 쌓아놓고 있던 이웃집 아이들도 우리 집 단칸방에 와서 노는 걸 더 좋아했던 이유, 그것을 어떻게 설명해줄 수 있을까. 하지만 나는 우리 엄마와 비교하면 아이들 앞에서 너무도 안절부절못하고 잔소리도 많다. 딸들이 자기주장이 강해지면서 서로 부딪히는 일이 많아지는 요즘, 나는 아이들 싸움에 끼어들어 야단을 쳐야 할 때마다 자꾸 엄마 생각이 난다. 자식을 길러봐야 비로소 부모 마음을 안다더니…….

　큰아이의 2학기 중간고사가 끝났다. 나도 덩달아 해방감을 느꼈다. 그동안 밤늦게까지 공부하는 아이를 두고 먼저 잠자리에 드는 것이 미안했기 때문이다. 물론 성적표라는 진통이 남아 있긴 해도, 일단은 모든 게 홀가분한 토요일이었다.

　아이가 중학교에 입학하고부터 시험이 끝나면 한 차례 태풍이 휩쓸고 지나간 기분이다. 실제 날씨에서도 가을 태풍의 기세가 만만치 않았다. 갈수록 봄과 가을이 짧아지는 만큼 겨울이 다가오는 속도도 빨라진 것 같다.

　둘째에겐 여전히 시험 때면 공부 좀 그만 하고 더 일찍 자라고 하면서도, 큰아이에겐 다른 모습을 보이게 된다. 이제껏 의연한 척해왔지만 나 역시 다른 엄마들과 크게 다르지 않았다. 이제 큰아이에게 꽃피는 좋은 시절은 다 갔다고, 입시라는 혹독한 겨울채비를 해야 한다고 사람들은 말한다. 나 역시 불안한 모양이다.

　큰아이는 초등학교 5학년 때만 해도, 나에게 이렇게 항의했다.

"엄마도 다른 집 엄마들처럼 공부하라고 잔소리 좀 해. 정말 날 이렇게 내버려둬도 되는 거야?"

그런데 이제 나는 "엄마, 그만 좀 해. 내가 다 알아서 한다고!" 딸에게 이런 소리를 들으며 자존심에 상처받는 사람이 되었다. 물론 나는 여전히 겉으로는 태연한 척 웃으며 큰소리를 친다.

"엄만, 네가 해달라는 대로 하는 거야. 네 입으로 때려서라도 공부시켜달라고 하지 않았어? 나도 잔소리하기 싫다고!"

물론 아이를 때린다는 것, 그것도 성적 때문에 체벌을 한다는 것은 부모로서 자존심이 허락하지 않는 일이다. 그렇지만 때론 말 한마디가 매보다 무서운 폭력이 되기도 한다는 것을 절실히 깨닫는다. 나는 아이에게 매를 들지 않았다 뿐이지, 말로는 그보다 더한 폭력을 휘둘렀을지도 모른다. 매 맞은 자리의 멍이야 시간이 지나면 자연히 아문다. 하지만 가슴에 못이 박히는 상처들은 쉽게 지워지지 않는다. 다 잊어버린 것 같아도 언제고 기회만 되면 기억의 밑바닥에서 수면 위로 떠올라 여러 사람의 마음을 어지럽힌다.

딸들의 인생에서 시험이 끝날 때까지, 앞으로 나는 얼마나 더 많은 잔소리를 하며 살게 될까. 또 스스로 내뱉은 말들 때문에 남몰래 부끄러워하며 가슴앓이 하는 일을 얼마나 되풀이하게 될까. 그런 씁쓸한 마음을 달래기 위해서라도 여행이 필요한 때였다. 한로가 지나고 상강을 사흘 앞둔 날이었다. 상강은 가을의 마지막 절기다.

9월 말 대청봉에서 점화한 설악산의 단풍이 천불동, 수렴동 계곡까지 내려와 온 산이 붉게 물들었을 즈음이었다. 마음은 자꾸 설악으로 달려가는 가을이었다. 하지만 우리는 집에서 가까운 강원도 대신 서울을 거쳐 포천 쪽으로, 먼 길을 택해야 했다. 토요일 오후 서울에서 있는 큰딸아이의 애니메이션 강좌 때문이었다.

큰아이는 지난달부터 토요일마다 한국예술종합학교의 주말영상교실에 참가하고 있었다. 평소 만화 그리기를 좋아하는 아이에게 도움이 되겠다 싶어서 내가 직접 신청한 것이었다. 그런데 막상 신청자는 일반인과 대학생들이 대부분이었고, 중학생은 딸아이 혼자였다.

"시험 기간에 국영수 과외도 아니고 이런 거 들으라고 하는 엄마가 어디 있어?"

아이는 이렇게 입을 비죽 내밀었지만 싫지 않은 모양이었다.

"엄마는 신청만 해준 거야. 다니든 말든 나머지는 네가 알아서 해."

딸아이는 5주간의 주말 강좌를 듣는 동안, 중간고사와 겹쳐 고생깨나 하는 눈치였다. 그래도 제가 좋아하는 일을 할 때는 신명이 나는 법이다. 짧은 기간이었지만 광주에서 서울까지 두 시간 거리를 통학하는 동안 아이의 눈빛이 달라 보였다.

별다른 뜻은 없었다. 중학교 1학년, 남들이 대학 입시라는 장기 레이스에 뛰어들 채비를 하라고 채근할 때, 정말 아이에게 중요한 것이 무엇일까 고민했을 뿐이다. 학교 성적의 기초를 탄탄히 다지는 것도 중요하지만 아이에게 여러 가지 가능성에 대해 탐색할 수 있는 기회를 주어야겠다고 생각했다.

시종일관 식물학자가 되겠다는 꿈을 바꾸지 않는 둘째와 달리, 큰아이는 수시로 생각이 변했다. 그 폭도 너무 다양해서 통 종잡을 수가 없다. 우리 가족이 시골에 내려와 한창 집을 지을 때는 건축가가 꿈이었고, 남자아이들과 자주 부딪칠 때는 느닷없이 강력반 형사가 되고 싶다고 하고, 여행작가에서 영화감독을 꿈꾸더니 급기야 최근에는 런웨이 runway 모델이 꿈이라는 말까지 해서 우리를 깜짝 놀라게 만들었다. 애니메이션도 아이의 그런 다양한 관심사 중 하나였다.

"엄마, 나는 하고 싶은 게 너무 많아서 어떻게 해야 할지 모르겠어." 하다가 금세 "아, 나는 정말 아무것도 하고 싶은 게 없어! 왜 꼭 어른이 돼서 뭘 해야만 하지?" 하고 하소연하기도 한다. 나는 그런 딸아이의 투정을 들으면서, 지극히 자연스런 성장통을 앓고 있다고 받아들인다.

하지만 내가 바라는 이상적인 '나'와 엄마인 현실의 '나'는 이중적이었다. 아이에게 다양한 길을 보여주고 싶다는 마음에서 '애니메이션 읽기, 보기, 만들기'라는 강좌를 신청해주었지만, 막상 학교 시험이 닥치자 괜한 짓을 했다고 후회한 것이다. 수학문제집을 덮어놓고서, 만화 콘티를 짜기 위해 스케치하고 있는 딸아이를 보면 애가 탔다. 결국 "너 숙제 다 했어? 오늘 할 공부는?" 이런 식으로 자꾸 트집을 잡고, 잔소리를 한 것이다. 아이는 그런 엄마가 얼마나 우스웠을까.

아무튼 시험이 끝났고, 결과야 어떻든 나도 잔소리할 일이 줄어서 좋았다. 가을볕에 몸을 말리는 억새꽃처럼 홀가분한 오후였다. 우리가 텐트를 칠 명성산 자락 산정호수 주변도 억새꽃이 한창이었다.

어디에 있느냐보다 중요한 것은

"어머, 이게 이렇게 작았었네! 저기서 어떻게 네 식구가 잤지?"

평소 우리 가족이 사용하는 텐트 옆에 예전에 쓰던 작은 텐트를 하나 더 세웠다. 캠프장으로 초대한 남동생 내외가 쓸 집이었다. 아이들이 태어나기 전부터 우리 부부가 애용하던 텐트인데, 오랜만에 펼쳐보니 장난감 집처럼 작아 보였다.

"그러게. 하나씩 품에 안고 자면서도 좁은 줄 몰랐던 것 같은데……."

남편도 한동안 펼쳐볼 일이 없었던 옛 텐트를 치면서 감회가 새로운 모양이었다. 나는 뽀얗게 먼지 앉은 상자 깊숙이 포개두었던, 젖내 밴 딸들의 배냇저고리를 꺼내 본 기분이었다. 텐트와 우리 부부는 그대로인데 아이들만 거침없이 자라난 것 같았다. 문득 잭의 콩나무가 자라서 지붕을 뚫고 하늘 높이 솟구쳐오르던 만화 속 한 장면이 떠올랐다. 우리는 아직도 딸들을 품 안에 안고 어르던 아기로 생각하는 것은 아닐까. 아이들은 언제까지나 부모의 틀 안에 갑갑하게 갇혀 있지만은 않을 것이다. 결국 제 몸에 맞지 않는 지붕과 벽이라면 뚫고 나가서라도 찬란한 햇빛을 향해 가지를 뻗을 테니 말이다.

한 달에 한 번씩 절기에 따라 계절을 느껴보자고 시작한 이 여행도 내년이면 아이들에겐 몸에 맞지 않는 옷이 될 수도 있겠다 싶었다. 그래서 가을이 깊어가고 성큼 겨울이 다가오는 게 더욱 쓸쓸하게 느껴졌다. 이내가 깔리기 시작하는 산정캠프의 잣나무 숲도 적막하기는 마찬가지였다.

엄마 아빠의 쓸쓸함과 달리 딸들은 어느 때보다 신이 나 있었다. 외삼촌만 있으면 우리 부부는 안중에도 없을 정도로 남동생은 아이들에게 인기였다. 딸들은 결혼 5년차에 아직 아이가 없는 삼촌 부부에게 어서 빨리 아기가 생기길 바라지만, 한편으론 자신들이 받던 사랑을 모두 가져갈, 세상에 태어나지도 않은 누군가를 시샘하는 것도 같다.

캠핑장 주변을 둘러싼 울창한 잣나무 숲 뒤로 서 있는 명성산에 어둠이 내려앉았다. 산 그림자로 사위가 어둑어둑해질 무렵, 산정캠프 관리인이 모닥불에 쓸 통나무를 싣고 왔다. 실내 장작 난로를 설치한 이웃 텐트에선 초저녁부터 모락모락 흰 연기가 피어오르고 있었다. 아이들은 삼촌과 곁불로 쓸 나뭇가지들을 주워 모으느라 도토리를 모으는 다람쥐처럼 바빴다.

"이건 선물입니다."

참나무 장작을 솜씨 좋게 쌓아올린 캠프지기가 실한 잣송이 두 개를 내놓았다.

"잘 보면 숲에 아직 많이 남아 있을 거예요."

잣나무 숲의 그늘처럼 눈빛이 고요한 사람이었다. 우리는 산정캠프 주인인 시인의 눈빛도 그러하다는 것을 알고 있다. 비슷한 사람들끼리 모이는 것일까, 숲이 그렇게 사람을 정화시키는 것일까.

산정캠프의 또 다른 이름은 '아버지의 숲'이다. 실제로 실향민인 시인의 아버지가 그리운 북쪽 고향과 가까운 이곳에 정착하고부터, 손수 어린 나무들을 심어 가꾼 숲이기 때문이다. 장 지오노의 《나무를 심은 사람》이 떠오르는 곳이다.

우리는 시인의 안부가 궁금했지만, 눈 맑은 사내에게 묻지는 않았다. 시인은 지난 10년간 히말라야가 있는 땅 네팔에 살면서 여행객들을 안내했던 사람이다. 그를 만나고 온 사람들은 눈부신 설산보다도 자유로운 영혼의 길 안내를 받았다고 생각했다.

남편은 2001년 히말라야 트레킹에서 만났던 시인과 아내의 눈빛을 못 잊었고, 문득문득 설산에 비치던 황홀한 아침노을을 생각하며 말했

다. 아이들이 크면 다 함께 히말라야로 가자고. 아이들은 이미 혼자 트레킹 배낭을 멜 수 있을 만큼 컸다. 하지만 과연 그렇게 떠날 수 있는 날이 언제일까. 세월은 무작정 우리를 기다려주지 않는데.

산정캠프에 세운 우리 텐트의 이름은 '피츠로이Fitzroy'와 '안타티카Antarctica'다. 초록색 작은 텐트는 칠레와 아르헨티나의 국경을 이루고 있는 3,375미터의 높고 험준한 산 이름이고, 노란색 큰 텐트는 지구상에서 인간이 다다를 수 있는 도전의 한계를 상징하는 극점, 남극대륙을 뜻했다. 그래서 단순히 텐트라는 물건을 사는 게 아니라 미지의 세계에 대한 꿈을 사는 느낌이었다. 정작 가장 높고 추운 곳을 향하는 빛나는 정신이야말로 돈을 주고는 살 수 없는 것인데도 말이다.

그래도 피츠로이와 안타티카를 펼쳐놓은 산정캠프에는 차고 맑은 기운이 살아 있었다. 한로에서 상강 사이, 이즈음이면 찬 이슬이 되서리로 변한다. 밤이 되자 손과 귀가 시릴 만큼 바람이 찼다. 모닥불 주변에 둘러앉아, 야크 똥으로 불을 지핀다는 네팔의 어느 로지에 가 있는 미래를 상상하는 것도 나쁘지 않았다. 그만큼 집에서 멀리 떨어진 느낌이었다. 히말라야는 아직 우리에게 너무 멀었다. 그래도 산정캠프는 언제든 마음만 먹으면 찾을 수 있는 거리에 있다는 게 소중하게 느껴졌다. 어쩌면 중요한 것은 어디에 있느냐보다 가족과 함께 모닥불가에 앉아 있다는 사실인지도 모른다. 아이들은 그 밤을 동화 속 한 장면 같다고 두고두고 이야기했다.

자식을 기르는 데도 태평농법이 필요하다

아침에도 내가 제일 먼저 잠이 깼다. 텐트 문을 열고 밖으로 나오니 코끝이 알싸하게 매웠다. 간밤에 모닥불을 피웠던 자리에 타다 남은 장작더미가 색만 검게 그을린 채 고스란히 있었다. 산정캠프에서 밤새 모닥불을 피우고도 남을 만큼 후하게 장작을 주었기 때문이다.

잣나무 숲을 가로질러 화장실로 가는데 발밑에 낙엽더미 아래로 하얗게 서리 내린 게 보였다. 찬 이슬 맺히는 한로가 지나면 서리가 내리는 상강이 온다. 서리가 내린 것은 이슬점의 온도가 영하로 내려갔다는 뜻이다. 발밑의 서릿발을 눈으로 확인하고 나니 어깨가 으스스해지며 더욱 춥게 느껴졌다. 그러면서 절기에 따른 계절의 변화가 이렇게 딱딱 들어맞는다는 사실이 새삼 놀라웠다. 태양의 움직임은 내가 발 딛고 선 지구 위에서 가장 절대적인 진리다. 그래서 절기의 변화는 지극히 당연한 것인데도, 그것을 신기하게 받아들이는 게 도리어 이상한 일이었다.

"잘 잤어? 춥지 않았어?"

텐트 자리로 돌아오니 남동생이 혼자 깨서 장작더미를 손보고 있었다.

"응, 생각보단 괜찮았어. 그래도 밖에 나오니까 제법 춥네. 불 좀 피울까 봐."

"그래, 나는 따끈하게 차 끓일게."

동생은 숲으로 가서 검불과 나뭇가지들을 모았고, 나는 가스버너 위에 찻물을 올렸다. 기온이 낮아져 부탄가스의 화력이 좋지 않았다. 차가워진 가스통을 손으로 감싸 쥐고 있으려니 얼음이 박힐 듯 손끝이 시렸다. 다시 동계용 가스를 쓰거나, 휘발유 버너를 써야 할 때가 된 것이다. 동생은 젖은 나뭇가지에 불을 붙이느라 애를 먹었다. 장작에 불이 붙기 전까지 흰 연기가 오래도록 타올랐다. 흰 연기가 곧고 높게 올라가는 것을 보니 오늘은 날이 맑을 모양이다.

동생과 불가에 마주 앉아 아침 커피를 마셨다. 둘이서 함께 있는 게 참으로 오랜만이었다. 아무리 형제라고 해도 함께 살 수 있는 시간은 인생에서 극히 짧은 순간임을 실감한다. 동생은 고등학교 때부터 식구들과 떨어져 살았으니 우리가 함께 산 시간이 고작 16년 남짓이다. 두어 해만 더 있으면 내가 남편과 함께 산 시간이 형제지간보다 더 오래된다. 텐트 안에서 서로에게 다리 한 쪽씩 포개고 잠들어 있는 딸들에게도 그런 시간이 많이 남아 있지 않았다.

나는 모닥불 위에 삼각대를 놓고 주전자를 걸어서 찻물을 끓였다면 더욱 운치 있었겠다고 생각했다. 아침 해가 명성산 자락을 넘어 오려면 아직 한참 더 기다려야 될 것 같았다. 문득 산정캠프 아버지의 숲이 영화 '브로크백 마운틴'의 무대처럼 세상에서 단절된 느낌이었다. 실제로 브로크백이란 산은 지구상에 존재하지 않는다. 로키산맥 어딘가에 있다고 설정된 가상의 공간일 뿐이다. 산정캠프와 아버지의 숲이란 이름도 이 땅에 실재하지 않는 어떤 이상향을 꿈꾸며 붙여진 것이 아닐까 싶었다.

남편과 아이들 그리고 올케 순으로 잠자리에서 깨어났다. 텐트 밖에는 이미 모닥불이 활활 타오르고 있었고, 불가에는 따끈한 차가 준비되어 있었다. 늦게 일어난 식구들이 추운 날씨에도 불구하고 안온하게 아침을 맞을 준비가 끝난 것이다. 일찍 일어난 새가 벌레를 먹는 게 아니라, 일찍 일어난 새가 고생한 덕에 다른 가족들이 조금 더 편안할 수 있었다. 가족이란 그렇게 상대를 위해서 기꺼이 수고하는 일이 싫지 않은 것이다.

"삼촌이랑 잣 주우러 가자!"

동생이 아이들에게 말했다. 그 말은 '우리 다람쥐 놀이 하러 가자!'라는 말로 들렸다. 동생은 아이들과 함께 있으면 심각하거나 힘든 일도 모두 즐거운 놀이로 만들 줄 아는, 마법 같은 능력을 가지고 있다.

큰아이가 다섯 살 때 있었던 일이다. 열대어 두 마리를 기르던 어항이 있었는데, 마침 외삼촌이 놀러오기로 한 날 아침에 한 마리가 죽어 물 위에 떠올랐다. 나는 아이에게 한 생명의 죽음을 어떻게 설명해야 좋을지 몰라 난감했다. 아이가 얼마나 슬퍼할지, 또 그걸 어떻게 달래주어야 할지 막막하기만 했던 것이다. 그때 구세주처럼 동생이 왔고, 나는 뒤처리를 떠넘겼다.

아이는 외삼촌 손을 잡고 아장아장 연립주택의 계단을 걸어내려가 흙이 있는 뒤꼍으로 갔다. 동생은 아이와 함께 예쁜 물고기 무덤을 만들어주었던 모양이다. 잠시 후 딸아이가 엄마를 부르며 다급하게 집 안으로 뛰어들어왔다.

"엄마, 쟤도 죽으면 내가 묻어줄래!"

아이는 너무도 신이 나서 생글생글 웃는 얼굴이었다. 마치 남은 한 마리도 빨리 죽어서 멋지게 장례식을 치러주고 싶다는 투로 들릴 만큼 즐거워했다. 어른의 눈높이로 아이들을 속단하는 것이 얼마나 어리석은지 실감한 날이었다. 아울러 일상의 모든 것을 놀이로 바꿀 줄 아는 동생의 능력을 다시금 확인한 순간이기도 했다.

어려서부터 우리 삼 남매는 번듯한 장난감 하나 없이도 수없이 많은 놀이를 만들며 놀았다. 지금 생각해도 유년 시절 가장 큰 자산은 사계절 꽃이 만발한 작은 마당에서 동생들과 원 없이 뛰어놀던 기억이다. 먹고사는 게 바빠 우리 삼 남매의 뒤를 쫓아다니며 살갑게 보살필 여력이 없었던 엄마는 무심하다고 느낄 만큼 담대했고, 대신 잔소리도 없었다. 지금 생각해보면 친정엄마의 육아 방식은 독한 제초제나 바지런한 김매기조차 필요 없는, 벼들 스스로 잡초와 더불어 살면서 강해지게 하는 태평농법 아니었을까. 우리 삼 남매가 어려운 집안 형편 속에서도 서로를 아끼며 잘 자랄 수 있었던 것도 그렇게 무덤덤한 사랑의 힘이 아니었을까.

딸들에게 물려주고 싶은 것도 그런 어린 시절이다. 방 안 가득 값비싼 장난감을 산더미처럼 쌓아놓고 있던 이웃집 아이들도 우리 집 단칸방에 와서 노는 걸 더 좋아했던 이유, 그것을 어떻게 설명해줄 수 있을까. 하지만 나는 우리 엄마와 비교하면 아이들 앞에서 너무도 안절부절못하고 잔소리도 많다. 딸들이 자기주장이 강해지면서 서로 부딪히는 일이 많아지는 요즘, 나는 아이들 싸움에 끼어들어 야단을 쳐야 할 때마다 자꾸 엄마 생각이 난다. 자식을 길러봐야 비로소 부모 마음을 안다더니……. 이런 당연한 것들이 자꾸 새삼스러워지는 아침이었다. 집 안에만 있었다면 밤사이 서리가 내린 줄도 몰랐을 쌀쌀한 날이었다.

같은 호수에 다른 시간이 흐른다

산정호수는 산속에 묻혀 있는 우물 같은 호수란 뜻에서 붙여진 이름이다. 산우물은 1925년에 만들어진 농사용 저수지지만, 실제로는 쌀농사보다는 관광객 농사로 바쁜 곳 같다. 우리는 아침 일찍 명성산 억새밭으로 올라가려고 했다. 그러나 산정캠프에서 나와 산정호수 주변 도로를 가득 메운 차들을 보고는 산행을 포기할 수밖에 없었다. 산 위에는 억새보다 사람이 더 많을 기세였다.

"안 되겠다. 우리 호수나 한 바퀴 돌자."

모처럼 억새 핀 산을 오를 생각에 잔뜩 기대했던 어른들로서는 아쉬운 일이었다. 하지만 아이들은 산에 올라가지 않는 것이 천만다행이라고 좋아했다. 갑자기 등산이 산책으로 바뀐 것이다. 산정호수에는 느슨한 신발 끈으로도 부담없이 걸을 수 있는 길이 물가를 따라 빙 둘러 이어져 있었다. 우리는 시계 방향으로 호수 둘레를 돌기 시작했다.

오늘은 아이들과 군밤을 까먹으며, 오붓하게 호숫가를 걷는 것이 숨가쁘게 산을 오르는 것보다 나았다. 억새가 피고 단풍이 물들 때면 산은 너무 번잡했다. 명성산의 흰 이마 위로 하늘이 푸르렀다. 지금 저 산으로 올라간 사람들은 억새보다 사람을 더 많이 볼 것이다.

"사람들한테는 산정호수에 대한 로망이 있잖아."

호숫가 산책로를 따라 앞장서 걷던 남편이 말했다.

"어떤?"

내가 물었다.

"양희은 노래에 '깊은 산 오솔길 옆 자그마한 연못에 예쁜 붕어 두 마리' 이 노래를 들어도 떠오르는 게 산정호수잖아."

"글쎄. 그건 당신 세대의 로망 같네."

남편은 나보다 다섯 살이 많은데도, 집안의 막내인 그와 맏이인 나 사이에는 종종 한 세대를 뛰어넘는 차이가 느껴진다. 나는 산정호수에 대한 남편의 로망이 실감나지 않았다. 이제껏 그 이름에서 풍기는 한적하고 고요한 이미지를 오롯이 즐겨본 일이 없었기 때문이다.

"지금처럼 자가용이 많지 않았던 80년대만 해도, 운천 터미널까지 시외버스 타고 와서 다시 버스 갈아타고 들어와야 하는 깊은 산속이었거든."

그는 산정호수의 아우라가 많이 사라졌다며 아쉬워했다. 호수의 로망이 장바닥에 내놓은 싸구려 관광상품 같은 게 되어버렸다는 말도 잊지 않았다. 오늘도 호수 입구 주차장 주변에는 억새축제 행사로 열린 장터가 북새통을 이루고 있었다. 우리는 빠른 걸음으로 호수 반대편을 향해 걸었다. 반 바퀴쯤 돌았을 무렵, 차츰 인적이 줄었고 비로소 행사장의 소음도 멀어져갔다.

"저쪽은 딴 세상 같네!"

호수 건너 현수막이 펼쳐진 장터를 바라보며 내가 말했다.

"엄마, 난 저런 데서 트는 음악이 제일 싫어."

큰아이가 한 말이다. '뽕짝 메들리'였다. 다른 때 같으면 MP3 때문에 바깥세상에서 들리는 소리 따위엔 신경도 쓰지 않던 아이가 오늘은 사정이 달랐다. 자신의 애장품 1호인 MP3가 얼마 전부터 동생에게 넘어갔기 때문이다. 언니는 자기 MP3가 고장 나자 마치 인심이나 쓴다는 듯 "이거 고쳐서 쓸 거면 너 가져라." 하며 동생에게 건넸다. 그 물건이 AS를 거쳐 말짱하게 거듭날 줄은 꿈에도 생각하지 못하고 한 말이었다. 남편은 둘째를 위해 헌 MP3를 케이스까지 교환해서 새것처럼 고쳐주었다. 대신 AS에 드는 택배 배송비는 둘째의 용돈으로 충당하도록 했다. 금쪽같은 용돈을 모아서 MP3를 샀던 아이는 단돈 몇천 원으로 새것과 다름없는 물건을 얻게 된 동생을 보며 배 아파했다. 우리는 자업자득이라고 놀렸고, 두고두고 딸들에게 좋은 공부가 될 사건이라고 생각했다.

MP3를 건네받은 둘째는 달리는 차 안에서 칭얼대는 일이 사라졌다. 줄곧 흥얼흥얼 노래를 따라 부르느라 멀미할 겨를조차 없는 모양이었다. 재미있는 것은 똑같은 MP3를 가지고도 큰딸은 조용히 창밖을 응시하며 혼자만의 생각에 잠겨 있었는데, 둘째는 큰 소리로 따라 부르길 좋아한다는 것이었다. 한 사람에겐 음악이 바깥세상의 잡음을 막아주는 차음벽이라면, 또 한 사람에겐 가슴속의 숨은 소리를 이끌어내는 견인차 역할을 하고 있었다. 나는 그것이 나이 차이 때문일까, 아니면 본디 타고난 기질의 차이 때문일까 궁금했다.

다만 오늘은 둘 다 MP3 속에서 흘러나오는 음악 대신 서로의 발자국 소리와 목소리에 귀 기울일 수 있어서 좋았다. 특히 호숫가에서 야트막한 산자락으로 이어지는 숲길에선 고요히 마음을 가다듬으면 상대의 숨소리마저 느낄 수 있었다. 호수는 잠시 수면 위로 번지는 소금쟁이의 물그림자마저 어지럽게 느껴질 만큼 잔잔했다. 산정호수의 로망이란 것도 결국 그렇게 깊은 숲 속 적요한 산우물로 있을 때 이야기다. 오리 배가 잰걸음으로 퍼덕거리며 떠다니고, 분수의 물줄기가 하늘 높은 줄 모르고 치솟아오르는 지금은 그냥 유원지일 뿐이다.

생각해보니 큰아이가 세 살 때, 코끝이 싸하도록 매운바람을 맞으며 얼어붙은 호숫가를 산책한 적이 있었다. 호수의 겨울은 적막했다. 지금의 산정호수는 꽁꽁 얼어붙은 뒤에야 고요함을 되찾는 것 같다. 당시 세상에 없던 둘째가 엄마의 어깨만큼이나 자라서 팔짱을 낀 채, 그 옛날의 호숫가를 함께 걷고 있다. 그리고 먼 훗날 우리는 아이들에게 이끌려 다시 이 호숫가를 찾아올 때가 있을 것이다. 그때는 지금의 딸아이보다 큰 손자들이 우리 곁에 있을지도 모르겠다. 미래의 우리가 그리워하게 될 산정호수의 로망은 과연 어떤 것일까.

짜장면 한 그릇에 담긴 세월의 무게

포천에는 산정호수에 대한 로망만 있는 게 아니었다. 남편이 군대 생활을 한 이동면의 백운계곡과 짙푸른 스무 살 청춘에 대한 로망이 읍내 거리 구석구석까지 배어 있었다. 우리는 남편이 제대한 이후 복학생 시절에 만났기에 그의 로망은 나와는 별 상관없는 것들이다. 그럼에도 나는 연애 시절부터 그의 추억을 더듬는 길 위에 무던히도 끌려다닌 터라, 마치 그의 스무 살 적에도 늘 곁에 있었던 것처럼 세뇌당한 기분이다. 그런 점에서는 딸들도 마찬가지였다.

큰아이의 초등학교 입학식 때였다. 남편은 "세상에서 제일 맛있는 짜장면을 먹으러 가자."라고 했다. 입학식과 짜장면은 옛날 영화의 한 장면처럼 정감 어린 메뉴였다. 문제는 짜장면 한 그릇 때문에 경기도 광주에서 포천까지 무려 100여 킬로미터를 달려야 한다는 점이었다. 설상가상으로 난데없이 3월에 폭설이 내린 궂은 날이었다. 우리는 오로지 아빠의 로망 때문에 주린 배를 참아가며 집에서 먼 북쪽으로 달려갔다. 설령 여느 평범한 중국집이었더라도 배가 고파 무조건 맛있을 수밖에 없는 지경이었다. 그런데 오후 3시가 다 되어서 도착한 중국집은 내부 수리 중으로 문을 굳게 걸어 잠그고 있었다. 결국 이동갈비로 메뉴가 바뀌었지만, '세상에서 제일 맛있는 짜장면' 사건은 두고두고 아빠를 놀리는 이야깃거리가 되었다.

오늘도 어김없이 남편의 제안이 이어졌다.

"진짜 세상에서 제일 맛있는 짜장면 집이야. 예전엔 우리끼리만 알던 곳인데 그새 너무 유명해졌더라고."

동생 내외에게 그곳에 다녀가지 않는 것은 포천에 대한 예의가 아니라고까지 했다.

"아빠 거기 또 가?"

딸들은 재미난 이야깃거리가 생겼다는 데 신이 난 듯, 삼촌 부부에게 입학식 날의 에피소드를 이야기했다. 이야기는 시간이 흐를수록 더 많이 부풀려지는 법이다. 딸들의 이야기는 마치 우리가 짜장면 한 그릇 때문에 눈보라와 사투를 벌이며 고난의 행군을 벌인 것처럼 실감 나게 묘사되었다.

우리는 이동 온천에서 캠핑지에서 노곤해진 몸을 풀고, 다시금 '세상에서 제일 맛있는 짜장면'으로 속을 채우기 위해 이동면 읍내 중국집으로 갔다. 그런데 읍내는 마치 옛날 영화의 세트장처럼 퇴락해 있었다.

"이 동네 완전히 죽어버렸네."

가장 놀란 사람은 당연히 남편이었다. 그가 군 복무를 할 즈음 드나들던 일동 터미널 근처의 단골 서점이며 찻집 같은 곳은 이미 사라진 지 오래였다. 하지만 지역주민들이 이용하는 동네 슈퍼마저 먼지가 뽀얗게 앉은 채로 풀썩 주저앉아버린 듯한 풍경은 나 역시 당혹스러웠다. 오로지 중국집 앞 도로에 외지에서 온 관광객들의 차량 행렬이 늘었을 뿐, 마을 전체가 폐사지처럼 생기가 없었다. 우리는 길가 도로에서 꺼질 듯 내려앉은 자리에 허름한 슬레이트 지붕을 이고 있던 옛날 중국집부터, 번듯하게 새집을 지어 이사한 뒤로도 몇 번을 더 와보았다. 하지만 오늘처럼 생경한 풍경은 처음이었다.

사실 그 짜장면이 세상에서 제일 맛있는지에 대해서는 누구도 장담할 수 없다. 더구나 그렇게 주장하던 남편은 짜장면에 첨가된 캐러멜 소스와 조미료들 때문에 더 이상 시중에서 파는 어떤 짜장면도 그다지 좋아하지 않는 나이가 되었다. 나도 아이들이 인정하든 말든 집에서 안전한 재료로 직접 만든 내 짜장면이 가장 맛있다고 큰소리를 친다. 딸들은 짜장면이 배달되지 않는 외진 시골집에 10년 가까이 살았던 터라, 도시의 아이들보다는 아직 짜장면을 아주 조금 더 특별한 음식으로 여기고 있다. 그럼에도 엄마 아빠 세대처럼 짜장면 한 그릇에 어떤 환상이나 향수 따위를 느끼지는 않는다.

짜장면 한 그릇에서 남편은 스무 살 시절의 추억을 먹는 것이고, 나는 연애 시절을, 딸들은 눈보라 치던 초등학교 입학식의 추억을 맛보는 것이다. 달큼한 노란 단무지 위에 뿌려진 시큼한 식초와 누르스름한 면발 위에 뿌려진 검은 짜장 그리고 윤기 흐르는 탕수육의 끈적한 녹말 소스……. 각자의 추억은 그 속에 저마다 다른 양념을 뿌려 다른 맛으로 기억될 것이다. 그리고 오늘 처음 이곳을 찾은 동생 내외는 난생 처음 캠핑장에서 하룻밤을 보낸 추억의 연장선에서 짜장면을 기억하게 될 것이다. 각자의 마음속은 짜장 소스 빛깔처럼 검어서 누구도 그 속을 쉽게 들여다볼 수는 없었다.

"엄마, 나 이제 곱빼기도 먹을 수 있어!"

큰딸이 자랑하듯 말했다.

"그래? 진짜 위胃대大해진 모양이네!"

내가 이렇게 답하자, 남편은 "많이 먹는 걸로 자랑하는 것은 어리석은 일"이라고 덧붙였다.

"언니, 그럼 내 꺼 더 먹어라!"

둘째는 여전히 짜장면 한 그릇을 다 비우는 게 버거웠다. 그래도 작년까지만 해도 짜장면 세 그릇을 시키면 우리 네 식구가 먹고도 남았던 것에 비하면 장족의 발전이었다. 우리는 짜장면 한 그릇을 비우는 것으로도 세월의 무게를 가늠할 수 있었다.

열
/

저마다의
천국으로 가는 숲

— 입동立冬과 소설小雪 즈음
원주 치악산에서

우리 부부의 바람은 노인이 되어서 자식들이 찾아와주기만 기다리는 그런 소극적인 삶을 살지 않는 것이다. 오래 전부터 딸들이 스무 살만 되면, 우리는 배낭을 메고 어디로든 떠난다고 큰소리쳐왔다. 그런데 딸들이 쑥쑥 자라면서 그 시간이 성큼 다가오고 있었다. 길어야 8년이면 약속한 시간이 된다. 과연 그때 우리는 훌훌 일상의 짐을 털고 자유롭게 떠날 수 있을까. 경제적으로나 신체적으로 충분히 그럴 여력을 가지고 있을까. 또 그때가 되어서도 여전히 두 사람이 다정하게 한 길을 갈 수 있을까. 대답 대신 조용히 먼 산만 바라보았다.

　겨울이 실감 나는 것은 언제일까. 내가 느끼는 겨울은 LPG를 연료로 쓰는 우리 차에 시동을 끄며 반드시 가스차단 밸브를 눌러야 하는 것, 거실 유리창 쪽으로 어느 계절보다 붉어진 노을이 옮겨 와 저녁밥을 지을 때면 자꾸 창밖으로 시선이 머물게 되는 것, 밤늦게 귀가할 때면 지붕 위로 내가 좋아하는 별 오리온자리가 도드라지게 빛나는 것 그리고 아침이면 개밥그릇 주변에 흩뿌려진 털 위로 하얗게 서리가 내려 낮 동안 보이지 않던 게 눈에 띄는 것들이다. 그리고 날씨에 예민한 둘째의 손등과 볼 그리고 건조한 내 발뒤꿈치가 꺼칠해지기 시작한다.

　나머지 우리 가족 셋은 어떻게 겨울을 느낄까. 남편은 출근길 새벽 별을 보면서 집을 나서야 한다는 것이 가장 큰 변화가 아닐까. 그럼 아이들은 어떨까. 생각해보니 아이들은 아직 살아본 겨울보다 겪어야 할 겨울이 더 많이 남아 있었다. 나이 든 어르신들은 봄이면 매화나 벚꽃 같은 봄꽃들의 정취에 취해 있다가도 문득 '내가 살아서 저 꽃을 몇 번이나 더 보게 될까' 하는 생각에 막막해진다고 하던데……. 하지만 그리운 것은 봄뿐이 아니다. 겨울을 앞두고 시린 찬바람에 살갗이 땅기고 정신도 팽팽하게 긴장하게 되는 것, 이렇게 겨울을 맞는 일도 무한정 계속되는 것이 아니라는 사실을 우리는 미처 깨닫지 못한다. 입동이 지나고 소설을 며칠 앞두고 있었다.

캠핑장에서의 겨울은 짐이 늘어나는 것에서부터 시작된다. 우선 침낭의 부피와 무게가 늘고, 침낭만큼 두툼한 오리털 파카가 필수품이 된다. 그리고 지난달 산정캠프에서 모닥불 맛을 본 뒤로는 캠프파이어가 없는 밤을 상상할 수 없게 되었다.

"여보, 내가 끝내주는 거 찾았어!"

나는 며칠째 인터넷 쇼핑 사이트들을 뒤지다 쓸 만한 물건을 하나 찾아냈다. 아주 저렴하면서도 실용적인 국산 화로대를 발견한 것이었다. 평소 캠핑장에서 쓸 화로대를 갖고 싶었지만, 비싼 수입품이 아니면 그를 본뜬 엇비슷한 물건들뿐이어서 오랫동안 망설이고 있었다. 화로대가 필요한 이유는 모닥불을 자유롭게 피울 수 있는 캠핑장이 많지 않기 때문이다. 화로대가 있으면 땅바닥을 직접 달구지 않아 안전하고, 주위에 불 자국을 남기지 않아 주변 환경에 폐를 덜 끼치게 된다.

"좀 무겁긴 하겠는데, 그래도 쓸모는 있겠네. 바비큐 하기도 좋고."

애초에 절대로 짐을 늘리지 않겠다고 큰소리나 치지 말 것을……. 나는 두 눈을 질끈 감고 새 장비를 '질러'버렸다. 늘어난 장비와 겨울옷가지 때문에 차가 조금 무거워진 채로 강원도 원주로 향했다. '소설이면 초순의 홑바지가 하순의 솜바지로 변한다.'고 했다. 우리 가족도 내복을 챙겨 입고 치악산으로 떠나는 길이었다.

캠핑장이 있는 판부면 금대리는 치악산 남대봉 자락에 있는 마을이었다. 초겨울 금대계곡에서는 황금빛으로 물든 잎갈나무들이 우리를 반겼다. 깨질 듯 파란 하늘가에 높이 발돋움을 하고 선 잎갈나무는 절로 카메라를 꺼내 들게 만드는 선명한 색의 대비를 이루고 있었다. 그저 '그림 같은 풍경'이라고밖에 쓸 수 없는 빈곤한 상상력이 안타까운, 그런 빛이었다. 잎갈나무 아래는 아직 까끄라기들을 다 털어내지 못한 억새들이 저녁 햇살에 빛나는 몸을 뒤흔들고 있었다.

"와! 정말 예쁘다."

아이들도 탄성을 아끼지 않았다. 이렇게 아름다운 길을 차를 타고 가는 것이 길에 대한 모독이라고 느껴질 정도였다. 하지만 서산으로 해가 빠르게 넘어가고 있었다. 어두워지기 전에 텐트를 치려면 어쩔 수 없었다.

그런데 우리를 놀라게 한 것은 거기서 끝나지 않았다. 금대계곡을 가로질러 올라간 캠핑장에는 여름휴가철 못지않게 텐트촌이 꾸려져 있었다.

"역시 소문대로네. 이 겨울에 사람이 있어 봐야 얼마나 있을까 싶었는데 말이야."

캠핑 떠날 때마다 "우리 가족처럼 별난 사람들이 또 있을까?" 하면서 투덜대던 아이들도 신기한 모양이었다. 이곳은 우리가 지극히 평범한 사람이란 걸 확인시켜주었다. 치악산 금대캠핑장은 캠퍼들에게 유

명한 곳이었다. 더구나 대부분 거실과 침실이 구분된 오토캠핑용 최신형 텐트와 장비와 가구들을 갖춘 집들이 많아서, 우리 텐트가 초라해 보이기까지 했다.

"어딜 가든 우리 텐트가 제일 멋졌는데. 여기선 젤 꼬지네."

둘째가 말했다. 아이는 조리공간과 식탁을 실내로 끌어들인 거실이 있는 큰 텐트가 마음에 끌리는 모양이었다. 캠핑장에서 상대적 빈곤을 느끼게 될 줄이야. 역시 남과 비교하는 것이 불행의 씨앗이다.

"우리 텐트가 얼마나 좋은 건데 그래. 겨울이야말로 이 텐트가 진가를 발휘하는 거 몰라? 히말라야 원정대도 쓰는 거라고 엄마가 얘기해 줬잖아."

나는 이렇게 말했지만 스스로 생각해도 그 말이 우스웠다. 그도 그럴 것이 여기는 히말라야도 아니고, 금대계곡에서 가장 높게 솟구친 남대봉의 높이도 고작 1,180미터밖에 안 됐다. 이런 곳에 어울리는 것은 따로 있는지도 모른다. 그리고 나 역시 사람이 많은 곳에선 남의 시선을 가려주는 공간이 있는 텐트가 부러웠다. 타프는 너무 개방적이어서 살림살이가 훤히 들여다보이는 게 문제였다. 평소 우리끼리만 오붓하게 텐트를 칠 때는 전혀 문제 될 게 없었던 것이었다.

그래도 새로 산 화로대가 우리를 위로해주었다. 모닥불에 고기도 굽고, 고구마도 굽고 그리고 잿더미 위에 화로 뚜껑을 덮고 있으면 뜨끈한 아랫목처럼 푸근했다.

봄날의 아이와 겨울이 다가오는 부모

기다리던 첫눈은 오지 않았다. 지난밤 아이와 화장실을 다녀오면서, 궂은 하늘을 보고 내기를 했다. 내가 진 셈이다. 소설小雪을 맞아 강원도 쪽으로 캠핑지를 택한 데는 내심 첫눈에 대한 기대가 컸다. 아침에 텐트 문을 열었을 때, 온 세상이 하얗게 뒤덮여 있는 설경을 만나면 얼마나 황홀할까. 언제고 한 번은 그런 아침을 맞을 수 있는 날이 오겠지.

캠핑장의 아침은 소란스러웠다. 새 소리에 잠을 깨야 하는데 겨울이라 새들은 기척도 없고, 이웃 텐트의 인기척이 먼저였다. 그래도 우리를 흐뭇하게 했던 소음은 위쪽 텐트에서 들려온 생일축하 노래였다. 세 가족이 함께 텐트를 친 집이었는데, 아침부터 할아버지의 생일파티를 열고 있었다. 노부부와 아들, 손자, 며느리가 다 모인, 다복한 가족이었다.

"엄마 아빠도 늙으면 우리 딸들이 저렇게 생일파티 해주면 좋겠다!"
남편이 부러운 듯 말했다.
"난 이다음에 우리 애들 데리고 절대 캠핑 안 할 건데?"
"언니, 나두!"
둘째가 큰아이 말에 쌍수를 들었다.
"그래도 생일엔 부모가 원하는 걸 해줘야 하는 거 아냐?"
이번엔 내가 따져 물었다.
"으윽! 진짜로 울 엄마 아빤 못 말려!"
우리 부부의 바람은 노인이 되어서 자식들이 찾아와주기만 기다리는 그런 소극적인 삶을 살지 않는 것이다. 오래 전부터 딸들이 스무 살만 되면, 우리는 배낭을 메고 어디로든 떠난다고 큰소리쳐왔다. 그런데 딸들이 쑥쑥 자라면서 그 시간이 성큼 다가오고 있었다. 길어야 8년이면 약속한 시간이 된다. 과연 그때 우리는 훌훌 일상의 짐을 털고 자유롭게 떠날 수 있을까. 경제적으로나 신체적으로 충분히 그럴 여력을 가지고 있을까. 또 그때가 되어서도 여전히 두 사람이 다정하게 한 길을 갈 수 있을까. 대답 대신 조용히 먼 산만 바라보았다. 산이 높아 골짜기까지 아침 해가 찾아드는 데는 꽤 오랜 시간이 걸렸다.

느긋하게 아침을 먹고 나서, 나뭇가지에 줄을 묶고 겨울바람에 침낭을 말렸다. 아무리 추운 겨울이라도 밤사이 잠자리에서 쏟아내는 땀 때문에 침낭이 눅눅해지기 때문이다.

"안녕하세요. 저희는 요 밑에서 캠핑했어요. 우리 남편이 이 텐트가 좋은 거라고 해서 구경 좀 하려고요."

아침 먹은 짐들을 정리하고 있는데 한 여자가 불쑥 텐트로 찾아와 말을 걸었다.

"와, 이건 정말 하나도 안 춥겠다. 우린 이제 막 캠핑 시작했거든요. 여기저기 보면서 좀 배우려고요."

여자는 스스럼없었다. 딱히 우리 대답을 기대하지도 않는 듯했다. 자기 하고 싶은 이야기들만 술술 쏟아내는데도 그다지 밉살맞은 구석이 없었다.

"저기 우리 옆 텐트 아저씨는 보일러도 직접 만들었대요. 한번 가서 보세요."

그는 이내 종종걸음으로 다른 텐트를 찾아갔고, 우리에게 한 것처럼 상냥하게 말을 걸고 있었다.

"재미있는 사람이네."

남편도 나처럼 '우리와는 참 다른 사람이구나.'라고 생각하는 것 같았다. 사실 캠핑장에서는 울도 담도 없는 집들이 한데 모여 있다 보니, 고작 하룻밤을 함께 보내도 도시의 이웃보다 쉽게 마음이 열린다. 그럼에도 우리는 가족끼리만 조용히 있는 것을 지나치게 좋아하는 편이다. 굳이 우리가 무거운 짐 싸 들고 먼 길을 떠나는 것은 집과 학교와 회사가 있는 번잡한 일상과는 '다른' 공간을 원하기 때문이다. 분명 캠핑장에서 만나는 사람들은 도심에서 만나는 사람들보다는 특별한 이웃이었다. 그래도 우리는 여전히 조용한 게 좋았다.

"엄마, 나는 캠핑장에 사람들이 있는 게 더 좋아."

하지만 아이의 생각은 달랐다. 깊은 산속에 우리 가족만 달랑 텐트를 치고 있는 적막한 공간이 두렵다고 했다. 아이들에게 고요함이란, 즐기기보다는 견뎌내야 하는 부담스러운 것인 모양이다.

캠핑장에서 우리는 가끔 아이들에게 '아무것도 안 하기' 놀이를 하자고 제안하는데, 딸들은 그것 역시 곤혹스러워한다. 오늘 아침에도 아이들은 "우리 이제 뭐 할 거야?" 하고 자꾸 묻는데, 나는 "그냥 좀 아무것도 하지 말고 햇볕이나 쬐자."라고 대답했다. 줄에 널어놓은 침낭들처럼 그냥 그렇게 햇볕에 몸을 맡기고 싶을 뿐이었다. 고요하게 말이다. 하지만 도토리를 주워 모으는 다람쥐처럼 생명의 에너지가 왕성한 아이들에게 '고요함'을 즐기라는 것은 너무 힘든 요구였다. 손과 발에 보이지 않는 족쇄를 채워놓는 일인지도 모른다.

　다람쥐는 평소 1분에 150번 정도 심장이 뛰는데, 겨울잠을 잘 때는 1분에 5번으로 급격하게 심장박동수가 줄어든다고 한다. 긴긴 겨울을 견뎌내기 위해서 에너지 소모량을 최소화해야 하기 때문이다. 결국 고요함에 대한 욕구는 인생의 겨울이 다가오는 어른들의 몸이나 원하는 것 아닐까. 이제 막 피어나는 봄날의 아이들에겐 어울리지 않는다. 그러면 지나치게 고요함에 연연하는 우리 부부는 조로早老한 것일까.

인생에도 원조가 있을까

　캠핑장을 나오면서 원주의 지도를 펼쳐 들고 우리가 고른 곳은 황둔 찐빵마을과 성남리 성황림이었다.
　"우리 찐빵 사가지고 이 숲에 가자."
　두 곳 다 금대 캠핑장에서 치악산 줄기 반대편에 있는 신림면에 있는 마을들이었다. 그곳에 닿으려면 원주에서 충북 제천으로 이어지는 길을 따라 치악재를 넘어가야 했다. 거리상으로는 성남리가 가까웠지만 금강산도 식후경이라 황둔리를 먼저 찾았다. 찐빵으로 아이들을 달래놓아야 겨울 숲에서 오래 머물 수 있을 것 같았기 때문이다.
　우리는 찐빵의 대명사 격인 '안흥찐빵'과는 어떻게 다를까 궁금했다. 황둔리에도 찐빵 하나로 마을 전체를 먹여 살리는 할머니가 있는 모양이다. 우리는 강원도 쪽을 여행할 때면 길을 돌아가더라도 일부러 안흥에 들러 찐빵을 사곤 했다.

"안흥찐빵이야 원조 집을 정확히 아는데 황둔찐빵에 대해선 아는 게 없잖아."

"그래도 진짜 원조 집은 다 표가 나잖아. 찾을 수 있을 거야."

남편과 나는 오랜 여행길에서 길러온 서로의 안목을 믿기로 했다. 황둔리 읍내는 찐빵이 아니었다면 어떻게 먹고살았을까 싶을 정도로 작았다. 국도변에 늘어선 예닐곱 군데 찐빵 집이 전부였는데, 저마다 이름을 내건 커다란 간판들이 서로가 제일이라는 듯 사람들을 부르고 있었다.

"어디가 원조일까?"

나의 질문에 남편과 아이들 모두 갸우뚱했다.

"원래 모두 다 자기가 원조라고 하잖아."

"근데 진짜 원조는 맛이 다를까?"

제일 허름하고 오래되어 보이는 집이 가능성이 높다고 생각했는데, 다들 엇비슷했다. 이런 경우 현지인의 도움을 받는 것이 나았다. 우리는 찐빵 집들 틈바구니에서 오래된 막국수 집을 찾아들어갔다. 빛바랜 유리문에 퇴색한 사방무늬 벽지까지 시골 장터에서 꽤 오랫동안 터줏대감 노릇을 했을 법한 집이었다. 넓은 주차장을 보니 평소에 손님이 많을 거라고 생각되었다. 막국수를 먹으며 진짜 맛있는 집이 어딘가 주인에게 물어볼 요량이었다. 하지만 주인의 대답은 "다 맛있어요."였다. 우리가 너무 순진한 건가, 주인이 요령 있는 것일까.

"물어본 우리가 바보다. 그치?"

남편과 나는 애초부터 단추가 잘못 끼워졌음을 실감했다. 하지만 실망스러운 것은 주인의 대답보다 그 집 막국수의 맛이었다. 설상가상으로 먼저 막국수로 주린 배를 채웠으니 찐빵의 맛이 제 빛을 발휘할 수도 없었다.
　황둔찐빵의 특징은 반죽에 쌀가루를 섞어 찰지고 흑미, 단호박, 쑥, 고구마 등을 넣은 오색찐빵을 만들어 판다는 점이다. 우리는 더 이상 어느 집이 원조일까 고민하지 않기로 했다. 그냥 차를 대기 편한 집에서 찐빵 한 박스를 샀다.
　"어때? 이게 원조 맞을까?"
　하지만 어느 누구도 분명한 대답을 하지 못했다. 사실 어느 집이 원조이든 별 상관없어 보이는 맛이었다. 모든 찐빵 집이 똑같이 여러 가지 색을 내고 부재료를 다양화한 점도 가게마다 별다른 차이를 느끼지 못하게 했다. 차이라면 갓 쪄낸 것과 식은 것을 다시 데운 것 정도일 것 같았다. 아무튼 황둔리 오색찐빵에서는 찐빵 후발 주자로서 경쟁력을 확보하기 위해 애써 고심한 흔적을 엿볼 수 있었다. 진짜 원조를 가르는 것은 오로지 밀가루와 팥만으로 승부하는 오리지널 찐빵의 경우에나 따져 물어야 할 것 같았다. 단순할수록 기본 재료와 제조 공정에 따른 손맛의 차이가 분명하기 때문이다. 미인은 화장과 장신구를 모두 없애고 '쌩얼'로 판별해야 하는 것처럼 말이다.
　하지만 나는 가끔씩 의구심이 든다. 우리는 습관적으로 '원조'라고 믿는 집을 찾아가지만, 과연 거기서 느끼는 맛이 정직한 것일까. 무의식중에 '진짜 원조니까 낫겠지'라는 주술에 걸려든 것은 아닐까. 거짓말쟁이 재단사의 말에 속아 벌거벗은 임금님을 보고도 세상에서 가장 멋진 옷을 차려입었다고 믿고 싶어 하는 사람들처럼 말이다.

원조가 아니지만 분명 더 훌륭한 맛을 내는 신참들도 있을 것이다. 차라리 '원조는 아니지만 진짜 맛있는 집' 또는 '원조에 도전하는 새 맛' 이런 식으로 당당하게 간판을 내거는 집이 있으면, 나는 기꺼이 그 집을 선택하겠다.

사실, 맛이란 지극히 주관적이고 개인의 입맛도 시기와 상황에 따라 얼마든지 변할 수 있는 것이다. 그러므로 음식 칼럼니스트나 맛집 전문 기자들의 호사스런 언변에 좌지우지될 성질의 문제가 아닌 것이다. 다만 사람들이 가장 많이 찾는 집이, 적어도 식재료의 유통이 원활해서 가장 신선하기는 할 것이다. 하지만 그것도 때론 의심스럽다.

나는 우리 아이들도 '원조'의 기득권에 기대기보다는, 늦게 출발하더라도 남다른 자신만의 세계를 만든다는 자신감이 있는 사람이었으면 좋겠다. 황둔에서 성황림으로 가는 동안 찐빵을 먹으며 문득 그런 생각이 들었다.

천국 가는 데도 열쇠가 필요해

성황림에 가기 전 명주사 고판화박물관이란 간판이 우리 발길을 붙잡았다. 명주사는 치악산을 등지고 멀리 감악산을 바라보는 탁 트인 자리에 세워진 현대식 절집이었다. 들머리에 오래된 절집의 육중한 일주문이나 사천왕상의 위엄 대신 나무판자에 붓으로 써놓은 소박한 푯말이 손님을 반겼다. '치악산 명주사 고판화박물관 3분 명상의 길'이라고 화살표가 그려진 짧은 오솔길을 안내하는 것이었다.

"얘들아, 우리 이리로 가자!"

나는 오솔길로 아이들을 불렀다. 하지만 아이들은 좀 더 편해 보이는, 자동차가 드나드는 널찍한 길로 쪼르르 달려갔다. 칼바람이 매서워 어떻게든 빨리 박물관 실내로 들어가고 싶은 모양이었다.

'3분 명상의 길'은 명상에 들기에는 너무 짧게 느껴졌다. 이파리를 다 털어낸 벌거숭이 나무들뿐이어서 숲 속 오솔길이라고 해도 밖이 훤히 내다보였다. 대신 녹음이 우거져 푸른 장막으로 뒤덮일 때는 잠시나마 그 길을 걷는 것으로도 마음의 문이 열릴지도 모르겠다. 명상의 길 끝에는 달마처럼 생긴 배불뚝이 선승의 석상이 웃으며 기다리고 있었다. 찢어질 듯 벌어진 입가에 시주로 놓아둔 동전들이 쓰러질 듯 아슬아슬하게 쌓여 있었는데, 그 모습이 꼭 돈 때문에 흐뭇해하는 것처럼 보였다. 천국으로 가는 면죄부를 팔던 사람들의 모습이 이렇지 않았을까. 고상한 척하면서 뒷돈을 더 밝히는 세태를 풍자하는 것도 같고, 오히려 드러내고 웃는 모습이 정직해 보이기도 했다.

고판화박물관은 2004년 문을 열었다는데, 중국과 일본, 인도, 티베트 등에서 수집한 고판화 작품과 판화 원판, 판화로 인쇄된 옛 책들을 전시하고 있었다. 박물관을 만든 스님이 다른 절에서 관광버스를 대절해 온 관람객들을 대상으로 구석구석 열심히 설명하고 있었다.

"엄마, 나 발 시려서 못 걷겠어."

"아니, 너 왜 맨발이야?"

"양말 차에다 벗어놨는데 급해서 그냥 내렸어."

둘째는 늘 차만 타면 신발은 물론 양말까지 벗는 습관이 있다. 여름이든 겨울이든 상관하지 않았다. 워낙 갑갑한 것을 싫어해서 몸을 조이거나 거추장스럽게 하는 어떤 것도 견디질 못하는 성격이다. 박물관 마룻바닥은 양말을 신은 사람도 얼음이 박힐 정도로 차가웠는데, 관람객들이 많아 실내화가 턱없이 모자랐다. 아이는 발을 동동 구르면서도 판화로 찍어낸 그림들을 유심히 들여다보았다. 그 중에서도 지옥의 모습을 상세하게 형상화한 목판화 인쇄본에서 눈을 떼지 못했다.

"사람을 진짜 종이처럼 찢어 죽이네!"

아이가 탄성을 질렀다. 판화로 찍어낸 그림 속에는 뜨거운 불길 속에서 벌거벗은 사람의 살이 익어 터지고, 날을 세운 칼날들이 비처럼 쏟아져 몸뚱이를 찢고, 사나운 매가 눈알을 파먹고, 불이 붙은 쇠몽둥이로 치고, 쇠꼬챙이로 쑤시고…… 인간이 상상할 수 있는, 아니 그보다 더한 고통의 극한들이 적나라하게 그려져 있었다. 문제는 이런 고통을 받으면서도 절대 죽지 않고 계속 되풀이해서 벌을 받는다는 것이다. 그러니까 죽은 다음에 머물게 되는 지옥에서 가장 끔찍한 일은 다시는, 절대로, 죽을 수 없다는 사실이다.

"어때, 지옥이 진짜 무서워 보이니?"

나는 시린 발끝을 곧추세우고 눈을 반짝이며 지옥도를 바라보는 딸에게 물었다.

"아니, 재미있어."

반응은 뜻밖이었다. 하지만 불교에서 이야기하는 지옥보다도 우리가 사는 세상이 더 무서울 때가 많은 것이 사실이다. 모르긴 해도 공포나 두려움은 원초적인 것보다는 사회적 학습에 의해 세뇌된 부분이 많다. 내 아이도 언젠가는 사는 게 더 지옥 같다는 처절한 말들에 고개를 끄덕이게 될 때가 올까.

검은 판화 속 지옥도에서 걸어나와 우리가 다다른 곳은 천국의 숲이었다. 신림神林면의 성황림은 '신들의 숲'이란 마을 이름에서부터 그 숲의 위용을 짐작할 수 있다. 하지만 우리는 천국으로 들어가는 데는 열쇠가 필요하다는 것을 미처 알지 못했다. 신들이 사는 숲은 천연기념물을 보호하는 높다란 울타리를 두른 채 자물쇠로 꼭꼭 잠겨 있었다. 이 숲에 들어가려면 원주시 문화관광과에서 사전 허락을 받아야 했다.

우리 아이들과 성황림 해설판에 쓰인 글들을 꼼꼼히 읽어보는 것으로 만족해야 했다. 치악산의 성황신을 마을의 수호신이라 믿어온 주민들이 매년 이 숲에 있는 서낭당에서 동제를 지내왔다고 한다. 제사는 자정 전후, 달이 지기를 기다려 지낸다고 한다. 그 옛날 캄캄한 숲에서 촛불을 밝히고 사람과 신이 소통하던 순간, 그 신령한 기운을 꼭 한 번 느껴보고 싶었다. 하지만 제를 지내는 동안 부녀자와 어린아이들은 얼씬도 못하게 했었다는 설명을 보니, 우리가 옛날에 태어났더라도 쉽지 않은 일이었을 것 같다. 천국에 들어가는 것은 예나 지금이나 쉽지 않은 모양이다. 지금은 열쇠가 필요하고, 옛사람들은 차별의 벽을 뛰어넘어야 했으니까.

얘들아, 우리 천국 가는 열쇠를 구해 다시 오자. 하지만 진짜 천국은 열쇠가 필요 없는 세상이 아닐까.

해월의 마지막 자취 송골을 찾아서

사실 나는 천국도 지옥도 믿지 않는다. 아니 이 세상 저 세상이 따로 있다는 걸 아직 믿고 싶지 않다. 우리에게는 죽어서 저 세상 가는 일에

목을 매지 말고 지금 당장 여기를 사람 사는 세상으로 만들자는 철학이 있다. 동학은 현세에서 스스로를 구원하는 게 참된 목적이다. 그 믿음에 목숨을 바친 해월 최시형. 그가 관군에게 붙잡히기 전 마지막까지 숨어 지내며 동학을 널리 전파하던 곳이 원주시 호저면에 있었다.

우리는 신림면에서 만난 지옥과 천국의 갈림길에서 빠져나와 송골로 달려갔다. 길가에는 달리는 차창 밖으로 잎을 다 떨군 앙상한 은사시나무 숲이 길게 이어졌다. 송골 어귀에는 장승과 함께 "모든 이웃들의 벗 崔보따리 선생님을 기리며"라고 쓰인 검은 돌비석이 길 안내를 하고 있었다. 원주의 정신적 스승이자 생명운동의 대부인 무위당 장일순 선생의 글씨가 새겨진 비석이다. '최보따리'는 민중들 사이에서 불린 해월의 애칭이다. 비석에는 "하늘과 땅은 곧 부모이고, 부모는 곧 하늘과 땅이니, 온 우주와 부모는 한 몸이니라(天地卽父母요 父母卽天地니 天地父母는 一體也니라)."라는 해월 선생의 가르침도 함께 적혀 있었다.

장일순은 밥 한 그릇의 소중함을 일깨우고, 모든 사람과 생명을 하늘처럼 모시도록 일깨운 해월과 동학의 가르침이야말로 병든 세상을 치유하는 열쇠라고 믿었다. 선생은 가톨릭 신자였으니, 아마도 그것이 이 세상을 천국으로 만드는 열쇠라고 생각했을 수도 있다.

남편은 마을 공터에 차를 세우고 예전에 가보았던 송골 집터로 우리를 안내했다.

"저기 비석 있는 곳이야."

남편이 가리킨 곳에는 몇 안 되는 농가 사이에 타작이 끝난 콩깍지를 탑처럼 쌓아놓은 밭이 있었다. 그 너머 야트막한 야산자락 빈터에

검은 비석이 동그마니 서 있었다. 가까이 다가가 보았다.

"이 자리는 원진여 씨 집이 있던 곳으로 겨레의 거룩한 스승 해월 최시형 선생이 송경인이 인솔했던 경병 45명에게 포덕 39년 즉, 1898년 4월 5일에 피체된 곳이다."라고, 역시 장일순 선생의 글씨로 새겨져 있었다.

해월 선생은 이곳에서 관군에게 붙잡혀 그해 6월 2일, 서울 단성사 자리에 있던 한성감옥에서 처형되었다. 국사책에서 보아온, 수염이 성성한 채로 형형한 눈빛이 살아 있던 흑백사진 속 노인이 바로 처형당하기 직전의 모습이었다. 당시 해월의 나이 72세였다.

그는 사람들을 만나 이야기할 때면 항상 새끼를 꼬거나 짚신을 삼으며 한시도 손을 쉬지 않았다고 한다. 이곳에서 잡혀가기 직전까지도 그랬다. 가장 낮은 곳에서 머슴처럼 일하며 주위 사람을 하늘로 섬기던 살가운 지도자였다. 사람들은 물레를 돌리던 간디는 알아도 새끼를 꼬며 세상을 바꾸려 했던 우리의 스승 해월에 대해서는 잘 모른다.

우리 집 마당에서 바라보이는 경기도 여주와 광주의 경계에 있는 원적산 천덕봉 자락에 바로 해월 선생의 묘소가 있다. 9년 전, 우리는 새로 정착한 낯선 마을에 해월 선생을 모신 묘소가 있다는 사실을 알고 얼마나 마음이 푸근했는지 모른다. 그 뒤로 아이들과 함께 그곳에 올라 새해 첫 해를 보려고 칠흑 같은 어둠 속으로 산길을 헤쳐 갔던 적도 있었고, 짬나는 대로 산책 삼아 자주 그곳에 들르곤 했다.

그런데 지금 아이들은 따뜻한 차 안에서 황소바람 부는 들판으로 나오길 거부하고 있었다. 더는 거둘 것이 없는 겨울 빈 들판은 바람이 매웠다. 나는 차창 밖으로 물끄러미 우리를 내다보는 딸들에게 손을 흔들어주었다.

아이들은 언젠가 책에서 동학의 역사를 만날 것이고, 형형한 눈빛의 노인 해월의 사진도 보게 될 것이다. 그리고 빈 콩깍지만 수북이 쌓인 황량한 겨울 들판에서 오래도록 머물러 있던 엄마 아빠의 뒷모습도 기억할 때가 있을 것이다. 나는 그것으로 족하다고 생각했다.

겨울 해가 서둘러 모습을 감추었다. 해월 선생이 떠난 송골에 땅거미가 지고 있었다.

열하나

아이가 등 뒤에서 나를 가르치고

— 대설大雪과 동지冬至 즈음
춘천 중도에서

"엄마, 걱정 마. 내가 뒤에 있으니까."
딸아이가 나를 응원하고 있었다. 아이가 걸음마를 시작할 때 나는 얼마나 들뜬 목소리로 환호하고 박수를 치며 좋아했던가. 꼭 그렇게 딸이 나를 지켜보고 있었다.
"엄마, 이거 암벽등반보다 쉬운 거야."
몇 미터 앞으로 전진하지도 못하고, 그냥 발을 땅에 디뎌 자꾸 멈춰서는 내게 아이가 한 말이었다.
"엄만, 그 무서운 것도 해냈는데 이건 아무것도 아니잖아."
나는 눈물이 날 것 같았다. 아이는 자꾸 포기하려는 나를 두고 짜증을 내거나 제대로 못 한다고 꾸짖거나 비웃지도 않았다. 아이의 지난 기말고사 성적표 앞에서 보인 우리 부부의 감정적인 대응과는 전혀 다른 모습이었다. 아이 얼굴을 보고 싶은데, 부끄럽고 무서워서 돌아볼 수 없었다.

"오늘이 벌써 열한 번째 캠핑이다." 둘째는 이렇게 일기를 써내려갔다. '벌써'라는 말에는 열두 번 캠핑이 막바지에 다다랐다는 아쉬움이 담겨 있는 것일까. 나는 '드디어'가 아니어서 다행이라고 생각했다. 처음 여행을 계획하면서 '한 달에 한 번씩'이란 약속을 지키는 게 이렇게 힘든 일인 줄 몰랐다. 이제 와 생각해보니 포기하거나 미루지 않고 열한 달이나 계속해왔다는 게 신기할 지경이다. 여행이 무슨 숙제도 아닌데 말이다. 아이들의 세계가 이미 부모 뜻대로 좌우지되는 단계를 넘어섰기 때문이다. 아이들이 차차 독립을 하게 되면 1년에 한 번 부모와 함께 여행 계획을 잡는 데도 꽤 오랜 조율이 필요할 것이다. 더구나 미래에는 사위 될 누군가와도 뜻을 맞추어야 할 것이고, 딸들 시댁의 눈치도 보아야 할 것이다. 이런저런 생각을 하다 보면 그래도 더 늦기 전에 시작한 것이 다행이라고 스스로를 위로하게 된다.

열한 번째 캠핑 떠나는 날은 대설이 지났고, 딱 동짓날이었다. 올 동지는 음력 보름에 가까운 중동지였고, 크리스마스까지 이어지는 긴 연휴의 시작이기도 했다.

"니가 팥죽이나 쒀 먹겠냐. 애들 데리고 와서 팥죽 먹고 가라."

떠나기 전날, 친정 엄마는 절에 와서 동지 공양을 받으라고 했다.

"엄마, 나는 팥죽에 새알심 넣은 거 먹고 싶은데……."

외할머니의 전화를 받은 둘째가 말했다.

"그래, 우리 딸이 팥죽 좋아하는지 몰랐네."

나는 엉겁결에 이렇게 둘러댔다. 하지만 절기에 맞춰 여행을 떠나자고 거창한 계획만 세웠지, 정작 그 시절을 제대로 즐기는 일에는 게을렀구나 싶었다.

"동화책에 보면 자기 나이대로 새알심 만들어서 넣어주잖아. 난 내가 직접 새알심 만들어서 넣고 싶거든……."

"그랬구나. 미안해. 엄마가 그 마음을 너무 몰라줬네."

나는 체질적으로 팥을 싫어해서, 평소 내 손으로 팥밥을 짓는 일조차 거의 없었다. 그러고 보니 가족을 위해 팥죽을 만들어야겠다는 생각을 한 번도 해본 적이 없었다. 순간 딸들에게 미안했다. 엄마의 기호 때문에 어린 딸들에게 다양한 음식을 맛볼 기회조차 주지 않았다는 사실을 깨달았기 때문이다. 어른들이 '어려서 먹어보지 못한 음식은 커서도 잘 안 먹게 된다'는 말씀을 귀에 못이 박이도록 하셨는데도 말이다.

"엄마가 이번에 캠핑 가서 꼭 팥죽 끓여줄게."

딸에게 약속은 했지만 팥죽은 마음만 먹는다고 쉽게 할 수 있는 음식이 아니었다. 돌처럼 단단한 팥으로 죽을 만들려면 오랜 시간 물에 불려야 한다. 다행히 냉동실에 삶아 놓은 팥이 남아 있었다. 처음엔 캠펑장에서 어떻게 팥죽을 쑬까 엄두가 나지 않았는데 미리 삶아 놓은 팥이기 때문에 가마솥에 끓이면 어려울 것 같지 않았다.

'이거면 저녁 먹고 후식으로 먹을 팥죽은 나오겠네.'

기나긴 동짓날 밤이면 남는 건 시간뿐인데, 팥이 물러지기를 기다리는 동안이면 저녁밥 먹은 게 다 소화될 것 같았다.

"대신 이번에는 새알심 사서 넣고, 다음에 집에서 할 때는 꼭 같이 만들자."

"그럼, 내 나이만큼 열두 개 넣어주는 거다!"

"그래, 그리고 엄마 몫까지 너 더 줄게."

아이는 흐뭇해하며 빠르게 계산까지 했다.

"엄마, 우리 가족 꺼 다 만들려면 109개가 필요하네!"

나는 냉동실에서 꺼낸 팥이 캠핑장에 도착하는 동안 자연 해동이 되도록 짐을 꾸렸다. 하지만 액귀를 막을 팥죽치고는 너무 정성이 부족한 게 아닐까 싶었다. 아마도 하지 무렵 팥빙수를 만들고 남았던 팥인 모양인데, 뒤늦게 동지에 와서 팥죽이 되는 것이었다. 내 게으른 살림을 적나라하게 보여주는 것이기도 했다.

절에서 묵은해의 액을 쫓아내는 의미에서 동지 팥죽으로 대중공양을 하는 것처럼, 서양에서도 오래 전부터 동짓날을 축제로 기렸다. 크리스마스가 12월 25일이 된 것도, 교황청에서 태양을 숭상하던 고대인들의 동지 축제날과 성탄절을 통일시켰기 때문이라고 한다. 동양과 서양을 가리지 않고, 어느 절기보다 중요한 의미를 갖는 날이 바로 동지였던 것이다.

겨울에 다다른다는 동지는 1년 중 밤이 가장 긴 날이다. 그 밤은 어둠과 추위가 극에 달한다. 하지만 모든 끝은 곧 시작이다. 암흑의 극점은 새로운 빛의 출발점이기 때문이다. 밤은 새벽을, 겨울은 새봄을 잉태하고 있는 것처럼 말이다. 동짓날은 그렇게 어둠 속에서 태양이 새롭게 되살아나는, 기쁜 날이었다.

먼저 타면 나중에 내려야 한다

우리가 동지를 맞기 위해 떠난 곳은 춘천이었다. 동지부터 다시 낮이 길어진다는 것은 분명 희망적인 소식이지만, 그래도 우리는 오늘 가장 긴 겨울밤을 텐트에서 보내야 한다. 2년 전 크리스마스 전날 봉평에서 캠핑을 한 적이 있는데, 그날 밤 최저 기온이 영하 20도를 기록했었다. 새 텐트의 성능도 시험할 겸, '우리도 한번 해보았다'는 무용담을 만들기에는 충분했다. 하지만 그다지 재현하고 싶은 추억은 아니었다. 이번 캠핑도 시기적으로 그때와 별 차이가 없었다. 그래서 겨울을 즐기면서 적당히 추위도 견딜 만한 곳이 어디일까 고심할 수밖에 없었다. 춘천 의암호 한가운데 있는 중도유원지 캠핑장은 그런 기준으로 선택한 곳이었다.

"섬은 섬인데 바다가 아니라 호수 위에 있는 섬이야."

내가 중도에 대해 아이들에게 준 정보는 이것이 전부였다. 아이들은 배 위에 차를 싣고 섬으로 들어간다는 말에 제주도 같은 섬을 기대하는 것 같았다. 하지만 나는 일부러 아이들 마음대로 상상하도록 내버려두었다.

"그리고 저녁 메뉴는 춘천에 왔으니까 닭갈비야!"

중도로 들어가기 전 시내 닭갈비 골목에 들러, 캠핑장에서 바로 조리해 먹을 수 있도록 양념된 닭갈비를 포장했다. 하지만 슈퍼마켓을 서너 군데 들렀는데도 아이와 약속했던 새알심은 살 수 없었다. 결국 오늘 밤은 붉은 팥 대신 매운 닭갈비 고추장 양념으로나 동지 액막이를 해야 할 것 같다.

우리가 중도로 들어가는 배를 타기 위해 춘천시 근화동 선착장에 도착했을 때는, 호수 위로 노을이 내려앉고 있었다. 선착장에는 배의 운행 시간을 알리는 시간표만 달랑 걸려 있을 뿐, 매표소도 안내원도 없었다. 관광객을 상대로 어묵과 호떡을 파는 포장마차마저 없었다면, 잘못 찾아왔나 싶어 되돌아갈 뻔했다. 우리는 섬으로 들어가는 거의 마지막 배를 타야 하는 모양이었다.

선착장에는 우리보다 먼저 도착해 배를 기다리는 차가 한 대 있었다. 덩치가 큰 고급 승용차였는데, 일행을 기다리면서 채 도착하지도 않은 차들을 위해 널찍이 자리를 맡아놓고 있었다. 그 차가 선착장 가까이 차를 대는 남편에게 뒤로 물러서줄 것을 요구한 모양이다. 차에서 내리는 남편이 이내 불쾌한 표정이 되어, 포장마차에서 어묵을 사먹고 있는 우리들 곁으로 왔다.

"사람들 욕심하고는……."

일행들끼리 먼저 배에 오르겠다고 한 모양이었다.

"저 사람들 새치기한다!"

그 차의 뒤로 두 대의 차가 우리 차 앞으로 주차를 했다.

"완전 비양심이네!"

아이들은 정의감에 불타올라 목소리를 높였다.

"내버려둬. 배에 먼저 타면 제일 늦게 내리게 되는 걸 모르나 봐."

나는 아이들 손에 어묵 꼬치를 하나씩 들려주며 말했다. 먼저 배에 오른 차가 역순으로 제일 뒤에 내리게 되어 있는 이치를 모르고 사람들은 어리석은 욕심을 부리고 있었다. 이내가 깔리는 선착장은 을씨년스럽기까지 했다. 춘천 시내에는 가로등이 하나 둘 불을 밝히고 있었다.

"저기 배 들어온다."

"에게! 무슨 배가 저렇게 코딱지만 해."

우리 차를 싣고 섬으로 들어갈 배는 승용차를 열 대 남짓 실을 수 있는 크기의 작은 바지선이었다. 아이들 눈에는 장난감처럼 보이는 모양이었다. 설마 제주도 갈 때 차를 싣고 갔던 8천 톤이나 되는 카페리를 상상했던 것은 아니겠지.

"엄마, 저거 뒤집히지 않을까? 무서워."

배가 멀리 있을 때보다, 오히려 선착장 가까이 다가와 실체가 뚜렷하게 드러나자 아이들의 불안과 실망은 커졌다. 이제껏 석모도, 소록도, 제주도, 마라도 그리고 울릉도까지 여러 섬을 다니면서 다양한 배를 타보았는데, 중도로 가는 배가 그 중 가장 작았다.

"근데 설마 저 섬에 가는 거야?"

아이들은 눈앞에 손에 잡힐 듯 가까운 중도의 모습을 보고도 놀랐다.

"헤엄쳐 가도 되겠다."

중도는 원래 소양강과 북한강이 만나는 곳에 모래가 쌓여서 생긴 삼각주였다. 1967년 춘천의 서쪽을 에둘러 싸는 거대한 인공호수가 생기면서 졸지에 섬이 되었다. 짧은 뱃길이지만, 물 위로 흐르는 시간은 엿가락처럼 길게 늘어지는 것 같았다. 아이들의 가녀린 등 뒤로 노을이 내려앉고 있었다. 검어진 산들이 성큼성큼 다가오고 검푸른 물 위로 도시의 네온 불빛이 형광물감처럼 번져오는 동안, 우리는 잠시 차안此岸에서 피안彼岸으로 흘러가는 느낌이었다. 아무리 짧은 물길이라도, 물을 건넌다는 것은 흐르는 물길에 세속의 때를 씻어내는 듯 차분한 마음이 들게 한다. 바람 부는 뱃머리에 서서 물끄러미 호수 건너 도심의 야경을 바라보는 어린 딸들의 눈빛도 그윽해 보였다. 선착장에서 욕심을 부리던 차들을 뒤로 한 채 우리 차는 먼저 중도에 내렸다.

우린 이대로 섬에 갇히는 걸까

"진짜 멋지다!"
"저 텐트 봐. 크리스마스트리도 켰네!"

중도 캠핑장은 기대 이상이었다. 광활한 잔디밭에 듬성듬성 늘어선 키 큰 나무들 그리고 구석구석 쓸모 있게 잘 차려진 야외용 탁자와 테이블까지, 지금껏 다녀본 어떤 캠핑장보다 훌륭했다. 워낙 사람이 많은 여름철에야 사정이 다르겠지만, 지금은 다른 캠핑객들에게 방해받을 염려가 없었다. 구석구석 불이 켜진 텐트촌은 넓은 들판 사이로 듬성듬성 집들이 떨어져 있는 적막한 시골 마을 같았다. 한겨울인데도 열 대여섯 채의 텐트들이 불을 밝히고, 구석구석 모닥불 연기와 바비큐 향기를 피워올리고 있었다.

우리는 커다란 플라타너스 두 그루가 기둥처럼 서 있는 자리에 텐트를 세웠다. 아이 얼굴을 덮을 정도로 커다란 플라타너스 마른 이파리들이 두툼한 솜이불처럼 잔디 위를 수북이 덮고 있었다.

"바닥이 이만하면 따뜻하겠네."

남편이 텐트를 펼칠 땅바닥을 고르며 말했다. 이번에는 언 땅에서 한기가 올라오면 잠자리가 괴로울 것 같아, 텐트 바닥에 깔 보온용 깔개도 새로 준비하고 담요까지 여유 있게 가져왔다. 하지만 발밑에 깔린 풍성한 낙엽들 덕분에 충분히 견딜 만했다.

"여보, 저 사람들은 왜 하필 화장실 옆에 텐트를 쳤을까."

내가 가장 가까운 곳에 있는 텐트를 가리키며 물었다.

"화장실 전기를 끌어다 쓰려고 그런 거지."

남편의 말을 듣고 자세히 보니, 야외 공사장에서 쓰는 전선 감는 기구까지 동원해 텐트에 전기를 공급하고 있었다.

"저런 거까지 다 가지고 다니려면 우리 차로는 어림도 없겠네."

실제로 중도 캠핑장에 텐트를 친 사람들은 대부분 대형 텐트에 부피가 큰 야외용 가구를 풀 세트로 갖추고 있어서, 자동차 역시 배기량이 큰 차들이 대부분이었다. 캠핑장에서 텐트와 함께 우리 자동차마저 초라해 보이기는 처음이었다. 딸들의 눈에도 그 차이가 두드러지는 모양이었다.

　전기를 쓰기 위해 한적하고 경치 좋은 자리를 포기하고 화장실 가까운 곳에 텐트를 칠 것인가, 아니면 전기를 포기하고 자연 깊숙이 들어갈 것인가. 물론 우리 부부의 선택은 후자였다.

　"엄마, 화장실 같이 가자."

　그때 둘째가 애처로운 얼굴로 말했다.

　"어머머, 나이가 몇인데 엄마한테 화장실을 같이 가자고 해. 저기 매점 옆에 보이잖아. 혼자 갔다 와."

　나는 야멸치게 말했다.

　"언니, 같이 가자."

　결국 둘째는 언니에게 구원 요청을 했고, 역시 혼자 가는 게 무서웠던 큰딸이 순순히 따라나섰다. 나는 손전등을 들고 어둠 속으로 멀어져 가는 딸들의 뒷모습을 보며 생각했다. 그래, 뒷간은 역시 등불을 들고 멀찌감치 가봐야 제 맛이라고. 이렇게 멀리 집을 떠나온 이상 어둠을 뚫고 화장실을 찾아가는 것 자체도 스릴이고 추억 아닌가. 하지만 진짜 잊지 못할 추억은 따로 기다리고 있었다.

　"여보, 차 좀 봐! 불!"

　나는 저녁밥을 준비하다가 놀라 소리쳤다. 내 말이 떨어지기 무섭게 남편이 자동차로 달려갔다. 텐트를 치는 동안 주위가 너무 어두워 잠시 전조등을 켜놓은 것을 그만 잊고 있었다. 남편이 도착하기도 전에 자동차 불빛이 수그러들었다. 자동차에 키를 꽂아보았지만 이미 배터리가 방전된 차는 노인의 기침 소리처럼 그르렁거리다가 멈출 뿐이었다. 배터리가 낡아 불과 이삼십 분을 못 버틴 것이다.

"어떡하지? 배도 끊겼을 텐데."

보험회사의 긴급출동 서비스가 있었지만 한밤중에 섬 안으로 들어오라고 하기가 미안했다. "캠핑하는 사람들은 점프선을 가지고 다니지 않을까?"

결국 남편은 우리 세 모녀를 어둠 속에 남겨두고 대책을 마련하러 떠났다. 일순간 우리 텐트 분위기도 침울해졌다. 이게 다 동지 액막이를 소홀히 한 탓인가.

차도 우리도 충전이 필요해

"엄마, 어제 아빠랑 싸웠어?"

큰아이가 아침에 일어나자마자 내게 물었다.

"아니. 왜?"

"어제 내가 먼저 텐트에 들어갔잖아. 근데 밖에서 엄마 아빠 얘기 소리가 하나도 안 들려서. 왜 아무 얘기도 안 했어? 술도 다 안 마시고."

"그랬나? 그냥, 피곤해서 엄마 아빠도 일찍 잔 건데. 근데 너 맨날 자는 척하면서 엄마 아빠 얘기 엿듣나 보지?"

우리는 지난밤 어느 때보다 일찍 잠자리에 들었다. 팥죽을 먹으며 동짓날 긴긴밤 이야기꽃을 피우리라 기대했는데, 자동차 방전 때문에 모든 흥이 깨져버렸다. 사실 그 정도야 우리 가족에겐 그다지 큰 어려움도 아니었다. 여행하면서 폭우 속에서 자동차가 논두렁에 빠져 견인차에 실려 간 적도 있고, 달리다가 연료가 똑 떨어져 도로 한가운데에서 차가 멈춘 적도 있었다. 어떤 어려움 속에서도 우리는 꿋꿋하게 살아남을 수 있다는 자신감과 희망이 우리 부부가 가진 가장 큰 재산이라고 믿고 있기도 했다.

차가 방전됐다고 해서 우리가 섬에 발이 묶여 영영 못 나갈 리도 없다. 우리가 태평양 한가운데 고립된 무인도에 있는 것도 아니고, 날이 밝으면 어떻게든 차를 소생시킬 방법은 나올 것이었다. 그런데도 우리는 지난밤 섬으로 사가지고 들어온 술도 다 비우지 않고, 별다른 이야기도 없이 물끄러미 별이나 바라보다가 그냥 쓰러져버린 것이다. 둘 다 너무 지쳐 있었다. 단지 자동차 배터리가 방전됐을 뿐인데, 우리 두 사람은 몸 안의 에너지를 다 소진한 양 기운이 빠졌다.

줄곧 우울한 연말이었다. 덧없이 또 한 해가 가고, 우리는 쓸쓸하게 나이만 먹고 있는 것 같았다. 나는 특히 지난가을부터 마흔이 된다는 사실에 몹시 우울했고, 남편 역시 과도한 업무와 오랜 출퇴근 시간 속에서 몸과 정신이 많이 황폐해져 있었다. 안팎으로 복잡하고 힘든 일이 많았는데, 오래된 자동차마저 운행하기 힘든 겨울철을 맞아 잦은 말썽을 부렸던 것이다. 어젯밤의 방전도 단순히 시동을 끈 상태에서 불을 오랫동안 켜서 생긴 문제만은 아니었다. 자동차 역시 근본적인 문제 때문에, '이제 더는 나도 못 살겠다'며 철퍼덕 주저앉아버린 느낌이었다.

중도의 아침은 서리와 안개가 자욱했다. 우리 마음속처럼 사방이 뿌옇기만 했다. 그때 아침 일찍 화장실에 간 줄만 알았던 남편이 안개 속에서 달려나왔다. 코끝이 벌겋게 상기된 얼굴이었다.

"점프선 구해 왔다!"

"어디서? 어젯밤 섬을 다 뒤져도 없다더니."

남편이 밤새 관리사무소부터 섬 안에 텐트를 친 사람들마다 다 찾아다녔지만 허사였다. 결국 오늘 아침 첫 배를 타고 춘천 시내에 나가서 직접 점프선을 사겠다던 그였다.

"저기 전기자동차 빌려주는 아저씨한테 있더라고. 어젯밤엔 문을 닫았거든."

이제는 차를 빌려줄 사람만 찾으면 됐다. 남편은 근처에서 캠핑을 하던 사람들에게 도움을 청했다. 남편보다 어려 보이는 사내 둘이서 차를 몰고 왔다.

"근데 이거 할 줄 아세요?"

사내들은 긴장한 표정이었다. 곤경에 처한 사람을 도와주겠다고 달려오기는 했지만, 혹시나 자신들의 차에 손상이 가지 않을까 염려하는 게 얼굴에 그대로 드러났다.

"걱정 마세요. 아주 간단해요. 그 차에 문제가 되는 게 아니에요. 잠깐 스파크만 일으켜주면 되거든요."

남편은 사내들을 안심시켰다. 방전된 차의 배터리와 정상적인 차의 배터리를 점프선으로 연결하고 시동만 걸면 되는 간단한 일이었다. 사실 여자인 나도 할 수 있었고, 실제로 우리 동네에선 긴급출동 서비스를 부르느니 아줌마들끼리 충전해주는 게 더 빨랐다. 하지만 우리 차와 전선으로 연결된 자신의 차를 바라보는 사내들은, 마치 마지못해 에이

즈 환자에게 수혈이라도 하는 것처럼 겁먹은 표정이었다. 더구나 그 차는 '뽑은 지' 얼마 안 되었는지 번지르르한 고급 차였고, 며칠 전에 깨진 왼쪽 전조등을 갈지도 못한 채 중도까지 달려온 우리 차는 상처투성이인 불량배 같았다.

1분도 안 되어서 우리 차에 시동이 걸렸다. 비로소 사내들의 얼굴에서도 경계의 빛이 사라졌다. 이제는 마치 자신들이 대단한 일을 해낸 듯 뿌듯한 표정이었다. 나는 무용담을 가득 안고 귀향하는 용사들처럼 흐뭇해하는 사내들에게 귤 한 봉지를 건네며 인사했다. 그리고 나 역시 '당신이 얼마나 떨고 있었는지 다 보았소' 하는 마음으로 웃어주었다.

"엄마, 봤어? 저 아저씨들 표정? 완전히……."

사내들이 돌아간 다음, 아이들이 참았던 웃음을 터뜨리며 말했다.

"우리 차가 쫌 더러웠지? 만약에 아빠 얼굴이 무섭게라도 생겼으면 저 사람들 그냥 도망갔을지도 몰라."

딸에게 자전거를 배우다

"자, 너희들 타."

남편은 점프선을 빌린 인사로 전기자동차를 빌려 왔다.

"에이, 아빠. 내가 뭐 애들인가."

처음엔 이렇게 발뺌하던 큰아이가 금세 자동차 모는 재미에 흠뻑 빠졌다. 캠핑장이 워낙 넓어서 아이가 탄 자동차는 훌쩍 시야에서 사라져버렸다. 털털거리는 전기자동차가 겨울 숲 속의 아침 공기를 가르고 있었다.

"손 시려 못 타겠어. 이제 너 타!"

한참 후에 언니가 동생에게 자동차를 건네는데, 이미 얼굴이 시퍼렇게 얼어 있었다. 춥다고 무릎에 담요를 두르고 타다가 그만 바퀴에 걸려서 고꾸라지기까지 했다는데, 그깟 일로 울거나 할 나이는 이미 지나버렸다는 투로 담담하게 말했다. 새삼 그런 모습이 대견해 보였다.

"싫어, 나 무서워. 안 탈래."

하지만 둘째는 아직도 몸을 사렸다. 키만 멀쑥하게 컸지 운동신경이라곤 하나도 없는 큰딸과 달리, 운동회에서 항상 계주 대표로 뽑힐 정도로 몸이 야무진데도 말이다. 혼자 모는 자동차를 타는 게 불안한 모양이었다.

"언니도 타는데 니가 왜 못 타."

나는 이렇게 격려했다. 아이들에게 서로를 비교하는 것만큼 나쁜 것이 없다는 사실을 잘 알면서도, 너무 쉽게 내뱉은 말이었다.

"진짜 하나도 안 무서워."

하지만 둘째는 내 말보다는 언니의 경험담을 더 신뢰했다. 신기한 것은 늘 '언니 때문에 못 살겠다'고 툴툴거리는 아이가, 어려운 결정은 꼭 언니를 통해서 한다는 점이다. 특히 외출하기 위해 옷을 골라 입을 때는 언니의 의견을 제일 중요하게 생각했다. 세대차이 나는 엄마의 시선보다는 자신을 괴롭히는 언니가 훨씬 나은 모양이었다.

핸들을 당기는 것만으로 자동차는 전진했다. 방향 조절을 하는 것 말

고는 달리 기술이 필요 없었다. 단지 둘째는 엄마 아빠가 있는 텐트에서 너무 빨리 멀어져가는, 속도 자체에 겁을 먹었는지도 모른다. 그러나 무엇이든 처음이 힘들 뿐이지, 이미 한 차례 벽을 넘어선 뒤로는 거침없이 달려나가는 법이다.

"우린 자전거 타자."

남편은 큰딸을 데리고 자전거를 빌리러 갔다. 이젠 차도 고쳤겠다, 느긋하게 섬에서 즐길 계획이었다. 나는 모닥불 화로 위에 고구마를 올려놓고 가족들을 기다렸다. 안개가 걷히며 겨울 숲으로 햇살이 들고 있었다.

"엄마, 아빠랑 내가 엄마 자전거 가르쳐주기로 했어. 같이 타자."

잠시 후 아빠와 자전거를 타고 온 딸아이가 말했다.

"자, 당신이 이거 타."

남편은 자신이 타고 온 자전거에 나를 억지로 끌고 가 앉혔다.

"싫어. 무서워."

나는 마흔 살이 가깝도록 배우지 못한 자전거를 하루아침에 가르치려는 남편을 무모하다고 생각했다.

"안장이 너무 높아. 발이 페달에 안 닿잖아."

나는 출발도 하기 전에 트집부터 잡았다.

"엄마, 그럼 내 꺼랑 바꾸자."

그러자 아이가 얼른 제가 탄 자전거를 내주었다. 하지만 두 자전거는 별다른 차이가 없었다.

"일단 타봐. 익숙해지면 괜찮아."

남편은 뒤에서 자전거를 붙잡고, 무작정 나를 밀고 나갔다. 넘어지지 않으려면 페달을 밟을 수밖에 없었다. 나는 그렇게 난생 처음 바퀴를 굴려 앞으로 나아갔다. 남편은 금세 손을 놓았고, 아이가 줄곧 내 뒤를 따라왔다.

"엄마는 네가 맡아라."

남편은 둘째에게 자전거를 가르쳐주겠다며 떠났다. 목소리가 등 뒤에서 멀어지는데 나는 돌아볼 수도 없었다.

"엄마, 걱정 마. 내가 뒤에 있으니까."

딸아이가 나를 응원하고 있었다. 아이가 걸음마를 시작할 때 나는 얼마나 들뜬 목소리로 환호하고 박수를 치며 좋아했던가. 꼭 그렇게 딸이 나를 지켜보고 있었다.

"엄마, 이거 암벽등반보다 쉬운 거야."

몇 미터 앞으로 전진하지도 못하고, 그냥 발을 땅에 디뎌 자꾸 멈춰서는 내게 아이가 한 말이었다.

"엄만, 그 무서운 것도 해냈는데 이건 아무것도 아니잖아."

나는 눈물이 날 것 같았다. 아이는 자꾸 포기하려는 나를 두고 짜증을 내거나 제대로 못 한다고 꾸짖거나 비웃지도 않았다. 아이의 지난 기말고사 성적표 앞에서 보인 우리 부부의 감정적인 대응과는 전혀 다른 모습이었다. 아이 얼굴을 보고 싶은데, 부끄럽고 무서워서 돌아볼 수 없었다.

바퀴는 계속 굴러갔다. 아이가 등 뒤에서 무한한 신뢰와 사랑으로 나를 가르치고 있었다. 자전거는 계속 달렸다. 길이 갑자기 벌떡 일어서지도 않았고, 큰 나무가 나를 향해 돌진하지도 않았고, 돌부리가 나에게 일부러 발을 걸지도 않았다. 맞은편에서 오는 자전거들은 알아서 다 나를 피해 갔다. 나는 드디어 바퀴 두 개로 달리고 있었다. 두 다리의 상하운동이 페달을 통해 바퀴의 회전운동으로 변했을 뿐인데, 내 앞에 선 세상이 달라지고 있었다. 자전거를 타보기 전에 상상했던 어떤 두려움도 현실로 나타나지 않았다. 다만 다리가 짧아 허벅지 사이가 아팠을 뿐이고, 몇 차례 넘어질 때마다 손으로 땅을 짚어 팔목에 무리가 갔을 뿐이다.

열둘
/

우리 생애
최고의 순간은
언제나 지금

— 소한小寒과 대한大寒 즈음
제주도에서

진짜 흥미진진한 여행은 낯선 남녀의 인생이 한길로 포개질 때부터가 아닌가 싶다. 부부는 분명 한길을 가지만, 같은 길 위에서도 늘 다른 꿈을 꾸었다 깨기를 반복하고 있는 것은 아닌지. 함께 두 딸을 키우면서도 어느 길로 인도해야 할지 몰라 갈팡질팡 우왕좌왕 좌충우돌 티격태격 서로가 붙잡은 방향키가 잘 맞지 않아 피로워하는 것도 마찬가지다. 그래서 진짜 맨발로 꾹꾹 바닥을 눌러가며 찬찬히 걸어들어가야 할 길은 가장 가까운 상대의 마음속에 있는 것 같다.

'일단은' 마지막 캠핑이다. 아이들과 입춘부터 시작한 열두 번의 캠핑은 소한과 대한을 끝으로 막을 내린다. 그 이후는 어떻게 될지 나도 모르겠다. 확실한 것은 더 이상 이런 여행을 강요하지 않겠다는 것뿐이다.

소한과 대한은 대략 양력 1월 5일과 20일경이 된다. 달력으로는 새해의 시작인데, 절기로는 겨울 추위를 매듭짓는 한 해의 마지막이다. 그래서 예부터 대한의 마지막 날을 절분節分이라고 불렀다. 우리가 제주도로 떠나는 날은 소한과 대한 사이의 딱 중간이었다.

그런데 떠나기 전날부터 중부 지방에 폭설이 내렸다. 산속에 있는 우리 집은 아랫마을 어귀에 차를 대놓고 걸어서 귀가해야 할 정도였다. 과연 우리가 공항까지 무사히 갈 수 있을까 밤새 뒤척이며 걱정했다. 비행기가 뜨고 못 뜨고는 우리가 어쩔 수 없는 노릇이지만, 눈에 갇혀 아예 집에서조차 벗어나지 못한다면 너무 억울한 노릇이었다.

제주도를 어떻게 갈 것인가 결정할 때도 그렇게 머릿속이 복잡하더니, 출발하기 직전까지도 심란한 상황이 계속되고 있었다. 제주도를 어떻게 가다니, 왜 그렇게 간단한 것을 고민했는지 의아해하는 사람도 있을 것이다. 하지만 나는 '그냥 김포에서 비행기 타면 되지'라고 생각하는 사람에게 말한다. 여행은 단순히 '어디를 가느냐'의 문제가 아니라 '어떻게 가느냐'부터 시작된다고.

겨울방학을 맞으면서부터 시작된 우리의 고민은 '도대체 제주도를 어떻게 갈 것인가'였다. 첫 번째 안은 인천에서 금요일 밤에 출발하는 배를 타고 서쪽 바다를 통해 우리나라를 에돌아가며 선상일출을 보는 것이었다. 이 경우는 차를 함께 싣고 가는 조건 아래 짠 계획이다. 특별히 금요일 밤에 떠나는 배는 갑판 위에서 불꽃놀이까지 한다고 했다. 타이타닉 같은 유람선 흉내도 낼 수 있을 것 같았다.

하지만 지난 달 겨울 태안 앞바다에서 벌어진 기름유출 사고로 만신창이가 된 바다를 생각하니 그 위를 건너갈 엄두가 나지 않았다. 우리 가족이 소서와 대서 무렵 캠핑을 즐겼던 태안군 파도리 아치내 앞바다도 검은 기름에 뒤덮여 신음하고 있었다. 바위틈에서 따먹던 굴이랑, 돌 틈 사이로 숨바꼭질하던 돌게들도 모두 죽어버렸다. 그 바다 위를 한 달 만에 배 위에 자동차까지 싣고 태연자약 놀러간다는 게 편치 않았다.

두 번째는 예전에 집 앞 3번 국도를 따라서 마라도까지 갔던 《아이들은 길 위에서 자란다》의 여행처럼 전라남도 고흥에서 배를 타는 방법이었다. 그러나 3박 4일 일정 중에서 단지 배를 타기 위해 고흥까지 가는 데 한나절 넘게 소비한다는 게 경제적이지 못했다. 두 가지 모두 자동차를 가져가야 한다는 생각에서 출발한 방법이다. 자동차를 포기하려면 짐을 줄여야 하는데, 겨울이라 아무리 줄여도 울릉도에 갈 때보다는 무거울 수밖에 없었다. 아예 짐을 따로 화물로 부칠까도 고민해보았지만 여러모로 번거로웠다. 결국 제주도의 지인에게 도움을 청할 수밖에 없었다.

"누님, 텐트만 가져오랑게요. 나머지는 낼랑 다 준비할게롱."

제주도에 갈 때마다 톡톡히 신세 졌던 한라산 산악구조대원 후배였다. 우리가 마지막 목적지를 제주도로 정한 것도, 평생 한라산이랑만 연애할 줄 알았던 그가 지난해 12월 마지막 날 드디어 결혼식을 올리고 총각 딱지를 떼었기 때문이다. 후배는 다음 제주도 여행에선 등대숙박 체험을 해보라고 권했다. 제주항 근처 사라봉에 있는 산지등대는 학생이 있는 육지의 가족 여행자에게만 무료로 개방하고 있었다.

나는 등대에 가면 꼭 초청해 달라던 후배와의 약속을 지키기 위해, 지난달 초 제주해양항만청에 부지런히 신청서를 냈다. 첫날밤은 캠핑을 하고, 둘째 날은 등대에 묵으면서 제주토박이 신랑 신부를 초대할 계획이었다. 그가 부피가 큰 매트리스와 동계용 침낭 하나를 준비해주겠다고 해서, 우리는 굳이 제주도까지 차를 모셔갈 필요가 없어졌다.

이제는 제주도까지 헤엄쳐 가지 않으면 날아가는 방법만 남았다. 당연히 비행기를 탈 수밖에 없는데 거기서 또 고민을 했다. 제주로 가는 비행 편에 저가항공이 새로 생긴 지 얼마 되지 않았을 때였다. 제주도에 가서 렌터카를 이용하려고 보니, 저가항공과 연계된 캠핑카 상품이 눈에 띄었다.

"음, 하루는 캠핑, 하루는 등대 그리고 마지막 날은 캠핑카에서 자볼까?"

나는 한 달 내내 수시로 변하는 여행 계획을 아이들에게 들려주면서 즐거웠다. 제주도로 떠나기도 전, 이미 머릿속으로는 온갖 수단과 방법을 다 동원해 제주도를 수십 번도 더 드나든 것 같았다.

폭설에 묻힌 집을 떠나 비 내리는 섬으로

이른 아침 눈 덮인 마을 길을 커다란 배낭을 메고 걸어내려왔다. 발목까지 푹푹 빠지는 눈길을 헤쳐 공항으로 가는 길이었다. 염화칼슘이 뿌려지지도 않은 도로 위를 엉금엉금 기다시피 해서 겨우 마을을 빠져나와 고속도로에 몸을 실었다. 청주공항에는 예정된 출발 시각보다 1시간이나 일찍 도착했다. 불안한 마음에 새벽부터 부산을 떤 탓이다. 그런데 고작 경기도에서 충청도로 남하했을 뿐인데 눈은 비로 바뀌어 있었다. 집에서 북쪽인 김포공항을 택하지 않은 게 천만다행이었다.

우리가 탄 소형 비행기는 제트엔진에 프로펠러를 단 것이었다.

"이렇게 꼬진 거 타고 가다가 추락하면 어떻게 해?"

둘째는 활주로에 늘어선 대형항공사의 보잉기와 비교해 보고는 입을 비죽 내밀었다.

"아니야, 이게 큰 비행기보다 훨씬 안전하대. 걱정 마."

항공사에서 설명하는 대로 아이를 안심시켜 줄 수밖에 없었다. 짧은 거리를 운행하는 비행기로는 프로펠러 방식이 훨씬 안전하고 경제적이라고 했다. '엔진이 정지해도 글라이더 방식으로 날기 때문에 제트기보다 안전한 착륙이 가능하다, 착륙할 때 활주로에 도달하는 속도가 낮아 항공기 사고발생률이 가장 높은 착륙 단계에서도 안전하다' 등등.

막상 기내로 들어가니 관광버스처럼 오붓하기까지 했다. 최대 이용 인원이 72석이라는데 전 좌석이 꽉 차 있었다. 각각 양쪽 창가에 나란히 좌석 배정을 받고 아이들을 창가에 앉혀주었다. 우리는 요금 할인이 많은 시간대를 선택해서 일반 항공기의 편도 요금으로 왕복항공권을 끊었다. 경제성으로야 대만족이었지만 처음 소형비행기를 타본 나 역시 조금은 긴장된 순간이었다.

"러시아에서 입석 비행기 타봤다는 사람도 있었는데 이 정도면 양반이지 뭐."

나는 이렇게 중얼거리며, 좌석에 꽂혀 있는 항공사의 홍보자료를 꼼꼼히 살펴보았다.

"야! 이 연비 차이 좀 봐."

나는 다른 항공사의 보잉기와 터보트롭 비행기에 드는 연료량의 차이를 비교한 표를 보자, 우리가 잘한 일이란 생각이 들었다. 청주에서 제주도로 가는 짧은 거리를 승객 절반도 못 채운 보잉기를 타고 하늘에 엄청난 양의 기름을 흩뿌리는 것보다야 훨씬 낫다고 생각했다.

"이것 봐. 우리가 작은 비행기를 타면 지구를 돕는 일이 될 수 있어."

나는 아이에게 홍보용 자료를 보여주며, 적은 비용으로 높은 효율을 내는 비행기의 장점에 대해 설명해주었다. 꽃과 나무를 좋아하는 둘째는 자연을 사랑하는 마음이 각별하다. 항상 "지구를 사랑하는 사람이 그러면 안 되지."라는 말에는 꼼짝없이 꼬리를 내렸다.

하지만 아무리 경제적인 비행기라고 해도 소음은 만만치 않았다. 하필 우리 좌석이 프로펠러 가까운 곳이었다.

"그래도 다음엔 큰 비행기 탈래."

아이는 여전히 불안한 모양이었다.

11시 20분에 청주공항을 출발한 비행기는 12시 35분에 제주에 닿았다. 제주에는 부슬비가 내렸다. 소한, 대한 절기가 무색할 만큼 섬 공기는 포근했다.

내비게이션과 이별하고 길과 만나다

우리는 내비게이션이 달린 렌터카와 부족한 캠핑 장비를 후배에게 건네받고, 제일 먼저 '맛있는 집 찾아가기'에 나섰다. 제주공항 근처에서 물회 잘하는 집과 둠베고기 집을 찾았는데, 결론적으로 처음 써보는 내비게이션과 궁합이 맞지 않았다. 지도를 보고 지형지물을 읽어가는 데 익숙한 우리는 손바닥만 한 화면 속에서 움직이는 화살표와 상냥한 척하지만 실제로는 권위적으로 느껴지는 음성 안내를 곧이곧대로 따라가지 못했다. 우리가 자꾸 가르쳐준 길에서 벗어나자, 내비게이션은 쉬지 않고 GPS로 현재 자기 위치를 파악하고, 다시 새로운 길을 추적해 새 정보를 알려주기 바빴다.

"여보, 이러다 얘 돌아버리는 거 아냐?"

내가 수시로 재설정 화면으로 바뀌는 내비게이션을 가리키며 말했다. 남편은 자기가 아는 길에 대한 정보가 머릿속에 남아서인지, 기계가 일러주는 길과 방향이 자꾸 엉키는 모양이었다.

"그러게. 더러워서 못 해먹겠다고 확 폭발하면 어쩌지?"

우리의 이런 농담에도 아랑곳하지 않고, 여전히 '상냥한 척 권위적인' 음성 안내는 쉴 새 없이 "왼쪽입니다. 오른쪽입니다."를 반복했다.

"고분고분 말을 듣든가 아님 그냥 꺼버리지?"

결국 우리는 30여 분 넘게 제주공항 근처를 빙빙 돌다가 내비게이션의 종료 버튼을 눌렀다. 비로소 길도, 차창 밖의 풍경도 편안하게 우리 눈에 들어오기 시작했다.

"세상이 다 조용하네. 그냥 우리식대로 가자!"

남편과 나는 제주도 해안도로 일주만도 여러 번 해본 경험이 있어서 비교적 길이 눈에 익었다. 설령 초행길이어도 지도가 있으니 그다지 문제 될 게 없었다. 물론 목적지의 정확한 번지수나 전화번호만 있으면 내비게이션이 훨씬 편리할 수 있다. 하지만 우리는 의무감 때문에 장례식장이나 결혼식장을 바삐 찾아가는 게 아니지 않은가. 낯선 길을 찾아가는 모험과 여정이 생략된 이런 길 안내가 지금 우리에게 필요할 이유가 없었다. 또 전자신호음이 시키는 대로만 운전대를 잡는 일은 두 사람 모두 재미없었다.

우리 마음속 내비게이션은 인공위성이 쏘아주는 전자파가 아니라 오로지 자연이 내뿜는 생명의 파동에 따라 움직일 뿐이다. 그것은 길가에 멋진 당산나무가 있으면 차를 세우고 그 그늘에 쉬었다 가고, 꼬불꼬불 운치 있는 길을 만나면 불편하더라도 멀리 돌아갈 줄 알고, 때론 차를 세워두고 터벅터벅 원 없이 걷다가 되돌아올 수도 있는, 그런 이끌림이다. 그것을 따라가는 진짜 여행은 빼곡하게 적힌 스케줄을 잊고, 휴대전화 벨소리와 문자메시지도 끊고, 이메일과 메신저에도 로그인 할 수 없는 곳으로 훌훌 떠나는 것이다. 그런 길을 가는 데까지 GPS로 끊임없이 위치 추적을 받을 필요가 있을까. 우리는 시키는 대로만 움직이는 게 어리석다고 느꼈다.

우리는 인터넷이 일러준 맛집 정보에 나온 집 대신 그냥 길가에 참하게 생긴 간판을 보고 차를 세웠다. 우선 제주 보리빵 집에 들러 따끈하고 담백한 찐빵을 사고, 근처에 '고기국수' 전문임을 내세운 식당에 들어갔다. 식당의 주 메뉴는 고기국수였지만, 우리는 고기국수와 함께 멸치국수도 시켰다. 장국의 기본인 멸치국물이야말로 그 집 국수의 수준을 보여준다고 믿기 때문이다.

"이 국수 진짜 신기하다."

풍성한 국수를 한 상 받아든 아이들이 놀랐다.

"난 고기국수가 엄마가 해주는 것처럼 소고기 볶음 올려주는 건 줄 알았는데……."

"그러게, 이건 꼭 설렁탕에 국수 만 것 같네."

정확히 말하면 고기국수는 돼지국밥 국물에 국수를 만 것인데, 면발도 '육지 것'보다 굵었고, 일반적인 칼국수보다는 가늘었다. 나는 밀양에서 처음 경상도 돼지국밥을 먹어봤는데, 도무지 입에 맞질 않았다.

하지만 제주도의 고기국수는 국물이 담백하고 깔끔했다. 제주도 '똥돼지'를 알아주듯 고기의 재료가 다른 탓일까. 멸치국수도 국물 맛이 훨씬 묵직했다. 진짜 깊은 바다의 맛이랄까.

내비게이션을 끈 덕분에 생각지도 않았던 '새로운 맛'을 찾았다고 생각했다. 국숫집을 나온 우리는 이제 익숙한 길을 따라, '그리운 맛'을 찾아 떠났다.

그 여름 제주에서 이 겨울 제주로

제주도 생각만 하면 식구들 모두 먹고 싶다고 노래를 부르는 순댓국이 표선면 가시리에 있다. 우리는 여름날, 표선면 성읍리 모구리 캠핑장에서 하룻밤을 보낸 일이 있다. 제주도에 들어와 한라산에서 하루, 마라도에서 하루씩 텐트를 치고 나서 맞던 세 번째 밤이었다. 딸들이 초등학교 5학년, 3학년 때였고, 오랜 직장 생활에 지쳐 있던 나는 한 달간 휴직계를 냈을 때였다. 보름 일정으로 보따리를 싸 들고 난생 처음 딸들만 데리고 집을 떠났다. 남편 없이 혼자 계획해서 떠난 첫 여행이었다. 텐트 하나 달랑 차에 싣고 세 모녀가 집 앞 국도를 따라 국토를 종단하다시피 남쪽 끝으로 내려와, 고흥에서 남편을 만나 제주도로 들어왔었다. 그때 모구리 캠핑장에서 맛보았던 순댓국밥은, 말하자면 오랜 여행에 지쳐 있던 우리 모녀를 위로하는 친정엄마의 손맛 같은 것이었다. 실제로는 제주 토박이 후배가 우리를 환영하는 뜻으로 자기 동네 식당에서 사 온 순댓국밥이었다.

  섬을 떠난 이후 우리는 줄곧 그 맛을 그리워했다. 순댓국과 멸치젓갈에 찍어 먹던 가시리의 돼지고기가 낯선 땅을 고향처럼 애틋하게 만든 것이다.

  오늘, 둘째 딸이 그 당시 큰딸의 나이가 되었고, 계절은 여름에서 겨울로 바뀌었다. 남편은 머리숱이 눈에 띄게 줄었고, 나는 흰머리가 자연스럽게 보일 정도로 늘었다. 그렇게 눈에 보이는 변화 말고도 우리는 또 무엇이 달라졌을까. 내가 이번 제주도 여행에서 욕심을 부리는 것이 있다면 예전 여행에서 가족사진을 찍었던 곳마다 찾아가, 다시 똑같은 포즈로 사진을 찍는 것이다. 똑같은 장소에서 똑같은 인물들이 찍은 사진을 보면, 지나간 시간의 간극과 함께 손에 잡히지 않는 미래도 희미하게 가늠해볼 수 있을 것 같았다. 모든 미래는 과거에서부터 오니까, 우리가 오늘 이 자리에 멈추어 서서 과거를 깊이 성찰하는 이유도 보다 나은 미래를 꿈꾸기 때문이니까.

  우리는 한라산 중산간마을을 남북으로 관통하는 동부관광도로를 따라 제주시에서 남제주군 표선면 쪽으로 달렸다. 일단 가시리에서 순댓국과 돼지고기를 산 다음 시계 방향으로 해안일주를 할 생각이었다. 빗방울 흩어지는 제주 시내를 빠져나와 말들을 방목하는 중산간지대에 이르자 진눈깨비가 날리고 있었다.

  "오늘 한라산에서 캠핑하면 눈 볼 수 있겠다."

  이런 날씨면 해발 1,000미터가 넘는 관음사 캠핑장은 분명 온통 눈밭일 것이다.

"얘들아, 우리 한라산 가서 캠핑할까? 눈사람도 만들고 눈싸움도 하면 좋겠다."

나는 이렇게 아이들을 떠보았다.

"싫어! 그리고 또 산에 올라가자고 꼬실려고 그러지?"

둘째가 도저히 그렇게는 할 수 없다는 투로 작정한 듯 대답했다.

"아니야. 그럴 거였으면 아예 사륜구동차를 빌렸지. 그리고 우린 등산 준비도 안 했잖아. 겨울 산은 무서워. 제대로 준비하지 않으면 정말 위험해."

결혼 후 제주 시내에 신접살림을 차린 후배는 매일 한라산 산록도로를 넘어 남제주군에 있는 본가의 감귤 농장으로 출근을 하는데, 눈이 오면 아예 퇴근을 포기한다고 했다.

분명 한라산의 품에서 즐기는 눈밭 캠핑은 잊지 못할 추억이 될 것이다. 또 산에 올라 눈 덮인 백록담을 볼 수 있다면, 아이들은 제 발로 걸어올라온 길이 자랑스러울 것이다. 그해 여름 한라산을 올랐을 때, 다음엔 꼭 백록담까지 오르자고 약속했었으니까.

하지만 이번에는, 제주에서 아직 가보지 않은 곳에 주력하기로 했다. 오늘 밤 여장을 풀 돈내코 캠핑장도 그런 곳 중 하나였다. 돈내코는 한라산 남쪽 서귀포시에 있는 계곡이다. 돈내코란 이름은 멧돼지가 물을 먹던 냇가라는 뜻이다. 지금은 설령 멧돼지가 남아 있더라도 한라산 일주도로 로드킬Road kill의 재앙을 견디기 힘들 것이다. 다만 희귀식물인 한란과 겨울딸기가 자생하는 상록수 숲을 한겨울에 만날 수 있다는 것이 마음을 잡아끌었다.

순댓국은 그대로인데 우리가 변했네

"추울 텐데…… 괜찮겠어요?"

후배는 캠핑 짐만 보내놓고서 내내 우리를 걱정했다. 우리도 아무리 제주도라고 해도 워낙 바람이 많은 곳이니 방심할 수 없어, 옷차림을 단단하게 준비했다. 하지만 모두 기우였다.

"이 정도 날씨면 천국이 따로 없네."

"그러게. 제주도 사람들은 이걸 춥다고 느끼나 봐."

돈내코 캠핑장에 도착한 우리는 겨울을 도둑맞은 것처럼 당혹스럽기까지 했다. 큰 나무들로 울을 두른 캠핑장은 바람도 잔잔해서 소한, 대한 추위니 하는 말이 낯부끄러울 지경이었다. 캠핑장 둘레를 가득 뒤덮은 상록수 숲 때문에도 겨울을 실감할 수 없었다. 마치 우리가 비행기를 탄 것이 아니라 계절을 훌쩍 뛰어넘는 타임머신이라도 타고 날아온 게 아닌가 싶었다. 텐트를 치는데 손도 시리지 않았고, 취사장의 수도도 겨울철 동파 따위를 염려할 필요가 없어 보였다. 아쉬운 것은 차를 세운 곳에서 캠핑할 곳까지 짐을 들고 계단을 올라가야 한다는 점이었다.

드넓은 캠핑장은 우리 가족이 통째로 전세 낸 것과 마찬가지였다. 겨울철 제주도에선 다른 숙소들도 비어 있는데, 캠핑장에서 사람 만날 기대를 하는 것부터 무리였다.

"엄마, 순댓국이 이상해. 예전 그 맛이 아니야."

저녁은 밥만 새로 짓고, 가시리에서 사 온 순댓국을 데우고, 돼지고

기를 굽는 것으로 간단하게 차렸다. 그런데 뜻밖의 결과였다.

"순대도 예전만 못하네."

가족들 모두 기대에 못 미친다는 것이었다. 우리가 그리워하던 맛이 아니었다. 여름과 겨울의 차이일까. 아니면 가시리 순댓국도 원래부터 임진왜란 때 선조가 먹고 은어라고 불렀다가 다시 '묵'이 된 도루묵 같은 것이었을까. 우리는 순댓국보다는 그 여름 지난했던 여행의 추억을 기억하고 있었던 것 아닐까. 모든 게 그대로인데 우리만 변한 것 같았다.

"엄마, 왜 이렇게 맛이 다른 걸까?"

큰아이가 물었다. 가장 기대가 컸던 만큼 실망도 큰 모양이었다.

"네가 그때의 네가 아니니까 그렇지."

내가 대답했다.

"무슨 소리야?"

"예전에 네 몸에 있던 세포는 이미 다 죽었어. 네 몸은 다 새로 만들어진 거나 마찬가지야. 그래도 지금 네가 그때의 너랑 똑같다고 할 수 있겠어?"

우리는 순댓국 덕분에 아주 재미있는 이야깃거리를 찾았다. 나는 곧바로 다시 딸에게 물었다.

"그럼, 너를 너이게 하는 게 무얼까?"

나는 어떤 대답이 나올지 정말 궁금했다.

"생각!"

큰아이는 조금도 주저하지 않고 이렇게 대답했다. 그러고는 "하지만

나는 달라진 게 없어!"라고 확신에 차서 말했다. 정말 그럴까. 나는 딸에게 한 질문을 나 자신에게도 했지만, 쉽게 대답할 수 없었다.

그래도 멸치젓갈에 찍어 먹는 돼지고기와 한라산 소주의 맛은 변함이 없었다. 순대와 순댓국에 욕심을 부려 생고기를 적게 산 것이 후회스러웠다. 분명 우리에겐 변한 것도 있고, 변하지 않은 것도 있었다.

문득 그 여름 제주에서, 이 겨울 제주로의 시간이 우리 네 사람 모두에게 똑같이 흐른 것일까 궁금했다. 주어진 시간은 같을지라도 각자의 가슴속에 휘몰아친 변화의 물살은 모두 다를 것이다. 가장 큰 격랑은 초등학생에서 중학생이 된 딸아이의 가슴속에서 일었을까. 아니면 긴 여행을 끝내고, 직장 생활을 접어버린 내 안의 파도가 더 클까. 삼십 대의 마지막에서 마흔을 바라보며 초조하기만 한 엄마의 바다는 하루도 바람 잘 날이 없었으니까. 몸은 녹초가 되어 쓰러지는데도 통 깊이 잠들지 못하고, 종종 새벽녘 홀로 깨어 책장을 뒤적이거나 일기장을 펼쳐 들고 동이 트기를 기다리는 남편은 어떨까. 겉으로 보기에는 돌돌돌 노래하며 경쾌하게 흘러가는 시냇물처럼 투명해 보이는 둘째의 가슴속에 혹시 우리가 모르는 소용돌이가 일고 있는 것은 아닐까. 순댓국처럼 검고 진한 밤하늘은 별마저 삼켜버린 미궁 같았다.

그때 느닷없이 남편의 휴대전화가 울렸다. 갑자기 천국처럼 낯선 곳에 두둥실 떠 있던 우리를 일상으로 뚝 떨어지게 하는 소리 같았다.

"영화 '행복'을 봤는데, 자기 사는 꼴이 꼭 황정민 같더래."

중국에서 성공한 사업가로 이름을 날리고 있는, 그의 후배이자 나의 선배이기도 한 사람의 전화였다. 남편이 한참 동안 그의 넋두리를 들어주던 통화를 끝내고 던진 첫마디였다.

"제주도라니까 우리더러 사는 거 같이 산다는데……."

"그 형이야 맘만 먹으면 어디든 갈 수 있으면서 그런 소릴 해? 우린 얼마나 벼르고 별러서 여기 온 건데."

"자기는 끝도 없이 달려야만 한대. 당장 그걸 끊을 수 있는 것도 아니고……."

영화 '행복'을 화두로 인생을 논하기에는 우리에게 한라산 소주 두 병이 턱없이 부족했다. 영화에서 노후 자금으로 4억 원이 필요하다는 황정민의 말에 임수정이 그랬던 것 같다.

"오늘 잘 먹고 잘 살고 내일도 그렇게 살면 되지. 어디에 필요한지도 모르는 그런 큰돈이 왜 필요해요……."

황정민은 아마도 이렇게 대답했을 것이다.

"세상이 그렇게 간단한 게 아냐……. 넌 세상을 잘 몰라."

우리가 텐트 밖 가스 등불 아래서 술잔을 비우는 동안, 아이들은 텐트 속에서 PMP로 영화를 보느라 쥐 죽은 듯 조용했다. 제주도의 겨울밤은 이래저래 잠들기 어려웠다.

섬과 육지의 겨울이 다른 것처럼

제주도는 그리워했던 것만큼이나 우여곡절도 많았다. 남편은 다섯 번, 나는 네 번, 큰아이는 세 번, 막내는 두 번째 제주도 여행이었다. 저마다 보고 싶은 것도 달랐고, 즐기고 싶은 방식도 달랐다.

다음날 사라봉 등대에서의 하룻밤은 전날 캠핑장에서의 노숙과 제주까지 먼 길을 달려온 노독을 풀기에 좋았다. 등대에서 잔다고 했더니 둘째는 등대 계단에서 쪼그리고 자는 줄 알고 잔뜩 긴장했다고 해서 우리를 웃게 만들었다. 등대체험은 등대지기들이 묵는 숙소를 펜션처럼 개방하는 것이다. 그곳에서 뭍사람들이 제주 물건으로 장을 봐서 저녁상을 차리고, 섬사람인 신랑 신부를 등대로 초대한 것도 뿌듯했다. 여행이란 우리가 꼭 어딘가를 찾아가는 것만은 아니다. 우리 식구들의 문화 속으로 다른 누군가를 불러들이는 것 또한 우리의 일상을 변화시키는 새로운 여행이 아닐까 생각했다.

또 아이들에게 각자의 취향대로 고르게 한 테디베어박물관과 신영영화박물관은 현재 딸들의 관심사를 잘 들여다볼 수 있게 해주었다. 그래서 그것 역시 아이들 마음속 미로를 따라 들어가는 또 다른 여행이기도 했다. 큰딸은 틈만 나면 혼자 영화관에 가고 싶어 했고, 시나리오를 읽고 쓰는 일에도 관심이 많았다. 머릿속에 온통 새로운 아이디어들이 가득 차서 폭발할 지경이라고 말하는 아이에게, 나는 어떤 도움을 주어야 할까 고민하게 만들었다. 둘째는 바느질로 헝겊 인형을 만들어 선물하는 걸 좋아하는데, 테디베어를 만들 수 있는 인형 키트를 사 들고는 뛸 듯이 좋아했다. 집으로 돌아가 곰 인형을 다 만들 때까지 꽤 오랜 시간이 걸릴 것이다. 그래서 아마 가장 오랫동안 제주도의 추억을 되새김질할 수 있을 것이다.

남편과 나는 섬을 떠나기 전날 평생 잊지 못할 추억을 새로 만들었다. 다시는 서로를 안 볼 사람들처럼 싸운 것이다. 도저히 더는 같이 있을 수가 없어서 남은 일정 모두를 취소하고 공항까지 달려갔다가 표가 없어 되돌아오기까지 했다.

"엄마 아빠는 서로 좋아해서 결혼했으면서 이게 뭐야!"

심지어 울먹이는 딸들에게 이런 꾸지람까지 들어야 했다.

왜 그랬을까. 우리는 제주도 그 먼 곳까지 가서 도대체 왜 그랬을까. 우리는 결혼 생활 14년, 만난 지 19년이 되는데도 서로의 가슴 깊은 곳으로 이르는 길은 아직도 미로처럼 얽혀 있는 모양이다. 그래서 진짜 흥미진진한 여행은 낯선 남녀의 인생이 한길로 포개질 때부터가 아닌가 싶다. 부부는 분명 한길을 가지만, 같은 길 위에서도 늘 다른 꿈을 꾸었다 깨기를 반복하고 있는 것은 아닌지. 함께 두 딸을 키우면서도 어느 길로 인도해야 할지 몰라 갈팡질팡 우왕좌왕 좌충우돌 티격태격 서로가 붙잡은 방향키가 잘 맞지 않아 괴로워하는 것도 마찬가지다. 그래서 진짜 맨발로 꾹꾹 바닥을 눌러가며 찬찬히 걸어들어가야 할 길은 가장 가까운 상대의 마음속에 있는 것 같다.

우리는 이렇듯 제주도의 익숙하고도 또 낯설기만 한 길 위에서, 바깥풍경보다는 서로의 가슴속으로 깊이 침잠해 들어가는 새로운 길 찾기에 더 많은 에너지를 쏟았다. 물론 그것은 하루아침에 발견할 수 있는 것은 아니었다. 찾았다고 생각했다가도 금세 또 지워지고, 안개 속을 걷는 듯 길과 길 아닌 것들 사이의 경계가 순식간에 허물어지기도 한다.

그러나 사람 마음의 풍경과 달리 계절의 풍경은 크게 변함이 없었다.

여전히 우리의 머리 위를 비추는 위대한 태양은 하나뿐이고, 45억 년 동안 단 한 순간도 우리를 저버린 적이 없기 때문이다. 소한이 지나고 대한이 다가오는 제주 섬 곳곳에는 꼿꼿이 머리를 쳐든 시퍼런 마늘잎들이 칼날처럼 예리한 이파리로 바닷바람을 베고 있었다. 그 바람에 무리 지어 머리채가 흔들리는 유채꽃들은, 노란 병아리 같은 유치원생들이 와글와글 떠드는 것 같았다. 쑥쑥 땅을 뚫고 올라온 푸른 무청을 벼슬처럼 세운 실한 무들도, 밭두렁마다 줄지어 서서 육지로 팔려 갈 날을 기다리고 있었다. 육지의 식탁에서 맛보게 될 달고 시원한 햇무가 바다 건너 먼 곳에서 이만큼 자라 있다는 게 신기했다. 나는 집으로 돌아가면 무를 얇게 저며 만든 맑은 굴국이나 두툼하게 썬 무와 양지머리를 푹 곤 쇠고기 무국을 끓이면서도 제주도 생각이 간절할 것 같았다.

대한이 지나면서 추위는 차츰 누그러들기 시작한다. '춥지 않은 소한 없고 포근하지 않은 대한 없다'고 했고, '소한 얼음 대한에 다 녹는다'고도 했다. 그리고 다시 입춘이다. 우리는 제주도에 와서 서둘러 봄을 본 것 같지만, 아직 섬사람들에겐 여전히 추운 겨울이었다. 섬의 겨울은 육지의 겨울과 다르기 때문이다. 누구에게나 공평하게, 날마다 똑같은 태양이 떠오르지만 저마다 느끼는 절기는 모두 다를 것이다. 입춘부터 대한까지, 우리 가족이 절기를 따라 유목 생활을 하면서 배운 것이다.

제주도를 떠나기 전날 밤, 가족 모두가 영화관에 들어가 본 것은 '우리 생애 최고의 순간'이었다. 그리고 다음날 아침 일찍, 제주 하늘 높이 날아오르며 생각했다. 우리 생애 최고의 순간은 언제나 지금이라고. 그래서 언제든지 지금 다시 길을 떠나도 늦지 않다고.

닫는 글

열두 달 여행이 끝나자, 예상하지 못했던 더 큰 여행이 기다리고 있었다. 경기도 광주의 산마을에서, 북한산이 보이는 서울 도심으로 이사하게 된 것이다. 서울 탈출 10년 만에, 내키지 않는 길로 되돌아왔다. 그저 아주 잠시 머물 뿐이라고 위안을 삼는다. 꼬박 10년 만에 움직이다 보니, 버릴 것도 많고 바꾸고 새로 사야 할 물건도 많았다. 가능한 한 많이 버리고 그냥 버티고 적게 사는 쪽으로 마음을 굳게 먹었는데도 살림이란 게 뜻대로 쉽지 않았다.

주위 사람들은 대개 서울 재입성을 축하한다고 했지만 나는 그 인사가 달갑지 않았다. 집들이 선물로 무얼 사줄까 묻는 친구에게 나는 '밤과 어둠을 달라'고 해서 같이 웃은 일이 있다. 우리 가족이 시골로 내려가 '별밭'이라고 이름 지었던 옛집에는 어둠이 고스란히 내려앉으면 반딧불과 별만 빛이 났다. 마을 이장님이 우리 집 앞에 가로등을 달아준다는 것을 싫다고 돌려보내서, 한동네 사람들에게 핀잔을 들은 일도 있다. 우리는 가로등이 별빛을 삼키게 하고 싶지 않았다.

새집은 여기가 서울이 맞나 싶게 조용한 동네인데도, 밤이면 암막을 쳐야 할 정도로 주위가 훤하다. 별은 잊어야 했다. 그러던 어느 날 한밤중에 동네 산등성이 공원에 올라가보았는데, 뜻하지 않게 육안으로 카시오페이아를 찾을 수 있었다. 나는 왜 서울에는 별이 없다고 지레 겁을 먹었을까. 서울에는 별이 없는 게 아니라 별을 빛나게 해줄 밤이 죽었을 뿐이었다. 어둠과 그늘이 없는 사람은 빛과 양지를 고마워하고 그리워할 줄도 모른다. 앞으로는 어둠을 찾아 계속 여행을 떠나야겠다고 생각했다.

지난 10년 동안, 나는 '어디에 사느냐는 어떻게 사느냐'를 보여주는 것이라고 생각했다. 우리 부부는 선각자들이 '집은 보다 큰 육체'이고 '존재의 껍데기'라고 하는 말들을 삶의 게송偈頌이나 주문처럼 받아들이며, 시골에 집을 지었다. 그러나 어디에 살지를 자유롭게 선택할 수 있는 사람은 많지 않았다. 우리도 원하는 곳에서만 계속 살 수 있는 형편이 못 되었던 것처럼 말이다. 이제는 어디에 살든, 어떻게 사느냐가 중요하다는 생각에 다시 방점을 찍는다.

별도 어딘가로 찾아가야만 만날 수 있는 것이 아니다. 별은 늘 그 자리에 있어서 별이다. 별을 보려면 주위의 잡광들을 없애고 고요하게 어둠 속 내면의 눈을 열 준비가 먼저 필요하다. 아이들 눈 속에서 빛나는 별을 만나려고 해도 마찬가지였다. 멀고 높은 곳만 바라보는 부모의 생각과 잣대는 버리고 아이와 먼저 눈을 맞추어야 한다.

그래서 이삿짐을 풀자마자 제일 먼저 한 일이 베란다 콘크리트 바닥 위에 작은 텃밭을 만든 것이었다. 옛 마당에 있던 밭에 비하면 옹색하기 짝이 없지만, 토마토 4주, 고추 2주 그리고 상추 모종을 심고 나팔꽃과 울타리 콩도 심었다. 이제는 밭에 채던 돌나물이며 질경이, 쑥 같은 것들도 귀하고, 따기 귀찮아 땅에 떨어져 말라버리도록 눈길도 제대로 주지 않았던 오디나 산딸기 열매도 그립다. 흔한 것을 귀하게 여길 줄 알게 된 것이 다시 시작한 서울살이의 첫 공부였다. 너무 빨리 자라는 아이와의 관계도 다시 그렇게 마음공부를 시작해야겠다.

2008년 여름

감사드리며

자식 같은 책 《바람과 별의 집》을 떠나보낸 노미영 님과 《열두 달 야영 일기》로 새로운 독자를 만나도록 오랫동안 나를 설득하고 기다려 준 편집자 김영주 님. 두 분이 없었다면 이 책은 다시 태어나지 못했다. 고맙고 미안하다. 이십 대에 처음 책 만드는 일을 배웠던 선배의 손에서 책이 다시 태어났다는 사실이 기쁜 일이었다는 것도 여기 적어둔다.

오랜 시간이 흐른 뒤에 저자와 발행인으로 다시 만나게 된 양승윤 님 그리고 새 책을 위해 오랜 시간 땀과 지혜를 보태며 애써주신 전남식 님, 김용인 님 외 영림카디널의 모든 분들께도 감사드린다.

엄마가 쓴 책 때문에 늘 피곤해하는 딸들에게도 다시 한 번 고맙다. 강한바람 곁에서 늘 그렇게 빛나는 별에게도.

2013년 깊은 가을